KB247441

경청의 기술

KIKU: THE ART OF LISTENING

Copyright ⓒ Haru Yamada 2025
All rights reserved

Korean translation copyright ⓒ 2026 by RH Korea Co., Ltd.
Korean translation rights arranged with Intercontinental Literary Agency Ltd.
through EYA Co.,Ltd.

이 책의 한국어판 저작권은 EYA Co.,Ltd를 통한
Intercontinental Literary Agency Ltd. 사와의 독점 계약으로 ㈜알에이치코리아가 소유합니다.
저작권법에 의하여 한국 내에서 보호를 받는 저작물이므로 무단 전재 및 복제를 금합니다.

경청의 기술

말 한마디 안 해도 원하는 것을 얻는 듣기의 힘

야마다 하루 지음 | 정지현 옮김

RHK
알에이치코리아

(Contents

우리 안의 듣기 지능을
재발견하기 위해

인간처럼 듣는 행위를 통해 잡음을 소리로, 소리를 언어로, 언어를 이해로 바꾸는 생명체는 없다. 세계를 돌아다니며 다양한 언어 환경 속에서 자란 사회언어학자로서, 나는 사람들이 제각기 자신이 속한 세상을 특정 방식으로 다르게 암호화한 언어들을 들었다. 그리고 언어들을 통해 세상을 해석하고 이해하며 살아가는 모습에 매료되었다. 이러한 호기심이 정확히 언제 시작되었는지는 모르겠지만 도쿄에서 보낸 초등학교 시절이 가장 최초의 기억이다. 입학식 날 학교에 가는 버스 안이었다. 갑자기 궁금증이 떠올랐다. 왜 일본에서는 신호등의 녹색 불을 파랗다는 뜻의 '청신호'라고 부를까?

　나는 그날 공상가로 살아가는 데에는 대가가 따른다는 사실을 깨달았다. 버스 뒷자리에서 공상에 빠진다면 더욱 그렇다. 자칫 정류장을 놓칠 수 있기 때문이다. 도쿄에 가봤으면 알 것이다. 그 거대한 도시의 무수히 많은 교차로는 비슷비슷하게 생겼다. 뉴욕에서 도쿄로 돌아온 지 얼마 안 된 7살짜리에게는 더더욱 교차로들이 똑같이 보였다. 게다가 그때는 '마음속의 GPS'에 의존해야 했던 시절이 아닌가.

안내 방송을 듣지 못하면 내릴 정류장을 놓친다. 뇌에서 소리를 처리하는 청각 피질은 안내 방송이라는 형태로 전달된 소리를 분명히 들었을 것이다. 하지만 그 순간 신호등에 대해 생각하고 있었으니 기계적 진동을 전기적 신호로 변환하는 복잡한 듣기 과정은 모두 헛된 일이 되었다. 소리는 들었지만 귀를 기울이지 않았기에 엉뚱한 곳에 내렸고 길을 잃었다.

'듣기'는 하루를 성공적으로 보내는 데 필요한 정보를 얻는 과정이다. 목적지에 도착하는 일뿐 아니라, 그 과정에서 마주치는 사람들을 이해하는 데도 필수적이다. 듣기는 사람과 사람을 연결한다. 내가 양복 차림의 친절한 신사와 연결될 수 있던 것도 듣기 덕분이었다. 그가 10엔짜리 동전을 준 덕분에 집에 전화를 걸어서 어머니의 차를 타고 학교에 무사히 도착할 수 있었다. 듣기가 세상의 모든 문제를 완벽하게 해결해주는 건 아니다. 하지만 듣기는 세상과 사람들을 발견하게 돕는 인간의 지적인 내비게이션 장치다.

듣기는 타인을 이해하도록, 또한 그들이 나와 소통하려는 방식을 이해하도록 도와준다. 이 과정은 당신의 청각 피질에 닿은 소리가 인간의 목소리라는 것을 인식하는 순간 시작된다. 아는 목소리인가? 이 목소리가 말하는 단어들이 이해되는가? 처음의 듣기 과정은 단순해 보이지만 이후 지속될 듣기 과정의 중요한 토대가 된다. 그 토대를 바탕으로 우리는 익숙한 목소리에 반응하고, 덜 익숙한 목소리와의 대화에서 격식을 차리는 적절한 정도를 선택할 수 있으며, 상대방의 감정 에너지와 자신의 말을 맞추는 일도 가능해진다. 궁극적으로는 계속 상대방의 말에 귀를 기울일지, 그만 들을지를 판단할 수도 있다.

우리는 대화를 나누며 언어학자들이 '언어의 표층'이라고 부르는 '명확하게 들리는 단어나 문장'을 듣는다. 하지만 듣기 지능은 관계적·문화적 의미가 내포된 '심층 구조'까지 탐색하도록 한다. 인간의 듣기 능력은 올바른 정류장에서 내리게 만드는 일을 넘어선다. 이 책은 단순한 소리를 넘어 깊은 의미 구조에 도달하도록 돕는 듣기 지능에 대해 살펴본다. 그러한 듣기의 심오한 개념을 접한 것은 도쿄에서 내릴 정류장을 놓치고 나서 오랜 시간이 지난 후의 일이었다. 스쿠터를 타다가 넘어져서 입원한 런던의 중환자실에서였다. 그때 발견한 듣기 에너지는 내가 이 책의 핵심 개념을 떠올리게 하는 계기가 되었다.

4세기에 일본 최초의 여성 천황인 스이코 천황의 사신들이 중국에서 일본으로 가져온 한자 한 글자가 이 모든 것을 요약해줄 수 있다. 聽く 즉, '기쿠'라고 발음하는 이 단어는 '듣기'를 뜻하는 보물 같은 단어다. 이 단어를 이루는 작은 요소들이 합쳐지면 듣기의 비밀스러운 연금술이 완성된다. 왼쪽에는 귀耳가, 오른쪽에는 14개十四의 마음心이

자리한다. 이것들이 합쳐져서 '14개의 마음으로 듣는 사람'이라는 뜻이 되는 것이다. 14개의 마음으로 듣는다는 의미는 매우 중요하다. 듣기에는 다양한 채널 즉, 경로가 존재하고 이 경로들을 조율해서 대화 상황에 활용하기 때문이다. 이 책의 기본 토대를 이루는 처음 1~5장에서 5개 경로를 소개하고 이후에 나머지 9가지 경청 개념을 탐구할 것이다.

듣기의 범위는 광대하다. 듣기는 단순한 청각적 경험이 아니라, 시각과 촉각까지 아우르며 개인적·관계적·문화적 차원의 경험으로 확장되기 때문이다. 14개의 마음으로 듣기는 서라운드 사운드처럼 여러 감각이 어우러지는 방식으로 작동한다. 모든 감각을 통해 들으면 인간의 목소리와 언어가 종합된다. 이 책에서 함께할 듣기의 여정도 넓디넓다. 나는 세계를 떠돌다가 런던에 정착해 프랑스인 배우자와 가족을 꾸렸다. 이러한 내 경험들은 언어 문화가 특정 나라나 지역에만 국한되지 않으며 세대, 일, 사교 스타일과 같은 훨씬 더 넓은 개념적 영역도 포함한다는 사실을 보여줄 것이다.

자신이 어떤 방식의 듣기를 사용하는지 알아차리고 그 경로를 강화·확대하면 듣기 방식에 새롭게 눈뜨는 경험을 하게 될 것이다. 나도 그랬다. 아들이 도쿄의 지하철역마다 고유한 멜로디가 방송된다는 사실을 언급했을 때였다. 시각장애인에게 무슨 역인지 알려주려고 만들어진 그 멜로디를 수없이 들었지만 잊고 있었다. 마찬가지로 모든 사람의 목소리에는 고유한 멜로디가 있고 그들과 가까워질수록 멜로디를 잘 인식한다. 그리고 14개의 마음으로 듣기는 그 목소리를 계속해서 새로 발견하게 해준다.

듣기의 범위를 확장하면서 깊이도 추구할 것이다. 세상에 나오기도 전부터 발달시켜 온 듣기 지능을 새롭게 발견하게 될 것이다. 흔히 듣기는 '수용적 기술'로 여겨지지만 말하기 못지않게 필수적인 기술이다. 첨단 기술과 대중 연설이 우리의 관심을 사로잡지만 사실 듣기 기술도 항상 그 자리에 있었다. 심지어 우리가 잠든 순간까지도 끊임없이 정보를 습득하고 필요할 때마다 제 역할을 해낸다.

당신이 듣기 지능과 듣기 에너지를 다시 발견하도록 돕기 위해 이 책의 각 장에는 한자로 제목을 붙였다. 이 한자들은 각 장의 의미를 암시한다. 이러한 구성은 4세기경 스이코 천황이 사신들을 통해 중국에서 처음으로 문자 체계를 들여왔을 때 그 글자들이 그녀에게 와닿았던 의미와도 유사할 것이다. 일본어의 구어체 위에 덧입혀져 회화와 함께 사용된 이 한자들은 당시의 사상을 시각적으로 표현했을 뿐 아니라 일종의 암호화된 기술이기도 했다.

각 장의 끝에는 일상에서 적용할 수 있는 7가지 실용적인 포인트를 담았다. 자신의 듣기를 관찰하고, 되돌아보고, 실행하는 데 도움이 될 테다. 그중에는 그동안 알아차리지 못했던 듣기 능력을 정의하는 내용도 있고, 듣기에 대한 새로운 관점을 제시하는 내용도 있다. 그다음에는 직접 시도해볼 수 있는 3가지 과제가 제시된다. 이 과제들을 통해 자신의 듣기 능력에 조금 더 관심을 쏟게 되기를 바란다. 가족과 친구들에게도 아이디어를 공유해 모두가 듣기의 기쁨을 다시 발견할 수 있다면 더 바랄 것이 없겠다.

AP 통신과 반려동물 업체가 미국 여성 1,112명을 대상으로 실시한 설문 조사에서 응답자의 3분의 1이 배우자가 반려동물보다 듣기를 못한다고 답했다. 이 연구가 반려동물 업체와 함께 진행되었다는 사실을 깨닫고 문득 4장에서 다루는 신뢰성 경청Credibility Listening에 따라 설문 조사가 뜻하는 바를 해석해야 한다고 생각했다. 응답자의 3분의 2는 인간 청자로부터 도움을 받았고, 나머지 3분의 1은 반려동물 청자로부터 도움을 받았다는 의미다. 세계 인구의 절반을 남성이라고 가정한다면 커플의 약 17%가 반려동물이 배우자보다 더 나은 청자라고 생각한다는 결론을 내릴 수도 있다.

결국 인간이 청자 역할을 그리 나쁘게 해내지 않고 있지만 반려동물들에게 가해지는 부담을 조금 덜어줄 필요가 있다는 의미일지도 모른다. 듣기는 모두에게 유익한 행위므로 우리는 그 17%에 해당하는 사람들을 돕는 방법을 고민해봐야 한다. 특히 우리 주변에는 분명 자신이 17%에 속한다고 느끼는 사람이 있을 테니 말이다.

이 책의 궁극적인 목표는 원치 않는 소음과 잘못된 정보를 걸러내고 우리에게 중요한 사람들의 소리에 귀 기울이는 습관을 기르는 데에 있다. 듣기 지능과 에너지를 자세히 살펴보자.

`1`

14개의 마음으로 듣기

마음을 다해 듣는 경청

聴く*

어느 가을 토요일의 런던. 딸과 나는 스쿠터로 경주를 하고 있었다. 그런데 갑자기 앞바퀴가 걸리면서 몸이 핸들 너머로 튕겨 나가고 말았다.

바닥에 떨어지는 순간 턱뼈가 탈구되며 화살처럼 뾰족해졌다. 턱뼈는 고막을 뚫고 뇌를 감싼 막까지 파고들었다. 그 충격으로 두개골이 손상되어 뇌척수액이 새어 나왔다. 이러한 경우, 보통은 간단한 수술로 치료할 수 있다고 한다. 튜브를 삽관해 코에서 기도를 인공호흡기

---

*   어원학자들은 '聴く(kiku)'가 14개의 마음+四心' 또는 '10개의 눈과 마음+目心' 중 하나에서 유래했다고 추정해왔다. 후자는 '사四'를 옆으로 눕혀 '눈目'으로 읽는 해석이다.

로 연결해서 호흡을 돕는 상태에서 수술이 이루어진다.

그러나 내 경우에는 오히려 수술이 호흡을 방해했다. 튜브가 폐를 뚫어버린 것이다. 그래서 폐에 액체가 차서 질식하지 않도록 양쪽 가슴에 배액관을 삽입해야 했고, 이전의 튜브 삽관이 실패한 탓에 기관 절개술까지 받아야 했다. 즉, 호흡을 위해 목에 구멍을 뚫고 인공호흡기를 삽입하는 수술이 필요해진 것이다. 안타깝게도 삽입된 인공호흡기가 성대 바로 아래에 위치하는 바람에 '목소리 상자'라고 불리는 후두가 제 기능을 하지 못하게 되었다. 후두가 열리고 닫히며 소리가 만들어지는데 그것이 불가능해진 것이다.

나는 양쪽 폐에서 액체를 빼내는 2개의 배액관, 팔과 발에 꽂힌 9개의 링거, 목에 연결된 인공호흡기에 의존하고 있었다. 그해 가을, 내가 기대하고 희망에 부풀었던 내 모습과는 한참 거리가 먼 상태였다. 한 달이 지나면서 상태는 더욱 나빠졌다. 왼쪽 귀에서 전자음 같은 날카로운 소리가 들리기 시작한 것이다. 처음에는 24시간 내내 중환자실에 켜져 있는 형광등에서 나는 소리라고 생각했다. 하지만 곧 그 소리가 청각 장애 즉, 이명耳鳴이라는 사실을 알게 되었다.

이명은 다양한 형태로 나타나지만 어떤 형태로 나타나든 끔찍하다. 이명은 새롭게 발생한 청력 손실에 대한 일종의 환상 반응으로, 잃어버린 소리를 애도하듯 스스로 소음을 만들어낸다. 내 경우에는 날카로운 쉭 소리가 들렸다. 이 날카로운 소리는 음운학자들이 '무성 치찰음' 또는 '마찰음'이라고 부르는 소리들 즉, 정상적인 사람들에게는 s

와 f 같은 소리가 사라진 것을 보상하기 위해 만들어진 소리였다. 그 때쯤 확신했다. 나는 이제 더 이상 정상적인 사람이 아니었다. 말을 잃고 청력마저 손상된 상태에서, 나는 마이크도 스피커도 없는 녹음 장치가 되어버린 언어학자였다.

그러나 극한의 상황 속에서도 나는 인간이 생존을 위해 싸운다는 사실을 깨달았다. 버텨야 한다는 의지를 준 것은 6살과 7살이던 두 아이였다. 아이들은 내가 반드시 중환자실을 벗어나야 하는 이유가 되었다. 돌이켜보면 이러한 강한 의지는 병원이 주는 고립감에서 비롯된 것이었을지도 모른다. 직계 가족만 곁에 있고 다른 가족과 친척들은 일본, 미국, 프랑스에 흩어져 있는 상황이었다. 그래서인지 고립감이 더욱 현실적으로 다가왔다.

한편 집에 가고 싶다는 간절한 의지와는 별개로, 병원에 있는 동안 또 다른 깨달음을 얻었다. 말을 할 수 있을 때조차 사람들이 내게 귀를 기울이게 하는 일이 쉽지 않은데, 목소리가 없을 때는 그보다 훨씬 더 어렵다는 사실이다. 우리는 목소리로 다른 사람의 관심을 끈다. 특히 볼륨을 높일 수 있으면 더욱 그렇다. 보통 '소리치기'라고 부르는, 목소리로 하는 이러한 행동을 하지 못하게 된 데다가 중환자실에 있으니 나는 그저 침묵 속에서 침대를 덥히는 존재가 되었다. 병원 직원들의 관심에서도 밀려났다. 그저 그들이 주문처럼 되풀이하는 말만이 내 귓가에 맴돌았다.

"스스로 숨을 쉴 수 있어야 퇴원할 수 있습니다. 병원 방침입니다."

내 목소리가 전달되지 않는다는 사실에 풀이 죽었지만 그렇다고 완전히 무너진 건 아니었다. 어느 날 아침, '피를 빠는 흡혈귀' 때문에 깜짝 놀라 잠에서 깨어났다. 병원에서는 채혈사라고 불리는 존재였다. "좋은 아침입니다." 그가 유일하게 정상적으로 들리는 귀에 대고 큰 소리로 말했다. 형광등 불빛 때문에 잠을 제대로 못 잔 상태였지만 집으로 돌아가기 위해 필요한 정보를 알아내려는 의지는 여전히 강했다. 병실에 있던 노란색 메모장을 집어 들고 나는 본격적인 임무에 돌입했다. 가장 궁금한 것을 물어보는 임무 말이다.

'언제 끝날까요?'

채혈사는 비언어적 의사소통을 사용했다. 한 손으로 피를 뽑는 중에 다른 손의 검지를 들어올렸다. 나는 그 손짓이 피를 뽑는 데 1분이 걸린다는 뜻인지, 아니면 채혈사들이 머리가 깨진 환자들에게 기다리라고 말할 때 사용하는 제스처인지 알 수 없었다. 지금 생각해보면 전자의 의미였던 것 같다. 왜냐하면 채혈사는 곧이어 친절한 어조로 내 손글씨를 칭찬했기 때문이다. "의사가 되는 게 꿈이신가 보죠?" 그가 물었다. 나는 메모장에 빠르게 답을 적었다. '아뇨. 제 꿈은 여길 나가는 거예요'

그러자 채혈사는 내가 평생 잊지 못할 말을 했다.

"곧 나갈 거예요. 휴가가 영원할 순 없으니까요."

몇 년이 지난 지금도 채혈사의 말이 기억에 남아 있다. 단순히 웃음을 준 말이었기 때문이 아니라 그 말을 듣는 순간 이해할 수 있었기 때문이다. 나를 회복시킬 열쇠는 주변 사람들의 말에 귀를 기울이는 데 있다는 점을 말이다.

수술 일정, 예후, 그리고 회복 과정에 대한 의학적 정보도 물론 중요했다. 하지만 그뿐만이 아니었다. 채혈사가 건넨 '휴가 중'이라는 농담, 면회 시간 외에도 몰래 찾아와 아이들이 숙제하는 모습이나 고양이 화장실을 치우는 모습을 보여주던 가족들의 '시덥잖은 영상들'은 응원의 방식이었다. 스스로 호흡이 가능해질 만큼 회복하도록 동기를 북돋아주었다. 의료진의 치료와 14개의 마음으로 듣기라는 형태로 이어진 강력한 인간적 연결과 교감 덕분에 나는 회복될 수 있었다.

듣기는 신체적 건강뿐 아니라 개인적·사회적·문화적 차원의 건강까지도 지탱해준다. 나는 이 사실을 매우 힘들게 깨달았다. 하지만 14개의 마음으로 듣기의 혜택을 누리기 위해 꼭 스쿠터를 타다가 넘어지거나 머리를 다치는 경험을 할 필요는 없다. 필요한 것은 단 하나뿐이다. 지금부터 시작해 앞으로 14개의 듣기 경로와 다시 익숙해질 수 있는 작은 계기만 있으면 된다.

한 달이나 기다린 끝에 드디어 중환자실에서 나가도 된다는 소식을 들었다. 채혈사를 비롯한 의료진에게 작별을 고할 때 인공호흡기를 연결하기 위해 구멍을 뚫어 놓았던 목이 기쁨으로 메어왔다.

_____ 14개의 마음으로 듣기란?

듣기에 대한 연구를 시작하면서 모든 듣기가 같은 경로에서 이루어지는 것은 아니라는 개념을 처음 접했다. 발음은 같지만 의미가 다른 2개의 단어 '기쿠kiku'를 분석해서 예를 들어보겠다. 첫 번째 단어는 '14개의 마음으로 듣기'라고 부르는 '聴く'로, 이번 장의 제목이기도 하다. 이 단어는 사람이라는 채널에 집중하는 듣기를 의미한다.

다음 장의 제목이 될 두 번째 단어이자 앞으로 '정보적 경청'이라고 부를 '聞く'는 언어나 내용, 과제, 주제에 초점을 맞춘 듣기다. 일반적으로 '듣는다'라고 할 때는 정보적 경청을 떠올린다. 이 개념을 뜻하는 나타내는 한자 '聞'은 귀耳가 2개의 문門 사이에 자리한 형태로 이루어졌다. 마치 누군가가 문에 귀를 대고 안쪽의 정보를 얻으려 하는 모습을 연상시킨다.

14개의 마음으로 듣기와 정보적 경청은 서로 다른 채널에서 이루어진다. 전자는 개인적·관계적·문화적 목소리를 깊이 있게 듣는 것을 의미하며, 후자는 일반적으로 언어로 표현되는 표면적인 정보를 효과적으로 듣는 것을 의미한다. 중환자실로 돌아가 설명해보겠다. 나와 우리 가족은 진단, 수술 결과, 앞으로의 예후를 이해하기 위해 정보적 경청을 활용했다. 반면 채혈사, 가족, 그리고 나는 일상에서 서로의 목소리에 집중하며 14개의 마음으로 듣기를 실천했다.

우리는 이 2가지를 비롯한 다양한 듣기 채널을 사용하지만 일상에서는 정보적 경청을 더 중요하게 여기는 경향이 있다. 학교와 직장에서의 교육이 이 '생산적인 듣기 방식'이 더 중요하다는 인식을 강화하기 때문이다. 이 책에서는 이러한 인식에 의문을 제기하며, 14개의 마음으로 듣기를 구성하는 매우 강력한 채널을 살펴볼 예정이다.

그리스 철학자들도 마음을 다해 경청하는 유형의 듣기에 대해 생각했다. 그들은 이를 '메타meta 듣기'라고 불렀다. '메타'의 어원적 의미에는 '함께', '넘어서', '이후', '사이에서'라는 개념이 포함된다. 메타 듣기는 말하기와 함께 작용하는 소통 방식으로, 우리가 말을 하기 전과 말하는 동안, 그리고 말한 이후에 말의 현실적인 의미를 넘어서까지 듣기 위한 방식이다. 이러한 듣기 방식은 사람과 사람 사이의 공간 어딘가에서 마법처럼 존재한다.

14개의 마음으로 듣기는 예술과 과학이 결합해 만드는 시너지 효과나 다름없다. 인간 발달에 관해 가장 오랜 기간 동안 진행된 연구 중하나인 하버드 성인발달연구Harvard Study of Adult Development에서는 듣기가 만성 질환과 인지 기능 저하를 예방할 수 있다는 사실이 밝혀졌다.[1] 그리고 심장학 저널 《Heart》에 실린 한 연구에서는 자신의 말이 충분히 경청받고 있다고 느낀 사람들에게서는 관상동맥 질환, 뇌졸중 위험이 최대 3분의 1까지 감소했다는 결과가 보고되었다.[2]

14개의 마음으로 듣기를 이루는 채널은 듣기 에너지를 공급하는 물리적 감각인 청각에서 시작된다. 그러므로 먼저 듣기를 가능하게 하는 청각 시스템에 대해 살펴보자.

청각 시스템은 어떻게 작동할까?

우리의 청각 시스템은 최초의 방어선으로 설계되었다. 한밤중 갑자기 큰 소리가 나면 깜짝 놀라 잠에서 깨고 아드레날린, 노르에피네프린, 코르티솔과 같은 스트레스 호르몬이 분비되어 즉각적으로 투쟁 또는 도피 반응을 유도한다. '놀람 반사'가 당신의 스위치를 켜면 기도가 열리고, 혈액 순환이 빨라지며, 실제든 상상이든 잠재적인 위협에 대비하도록 몸이 경계 상태에 돌입한다. 하지만 잠깐이나마 상황을 고려할 여유가 생기는 순간 듣기 지능이 작동하기 시작한다. 아침에 알람이 울리면 깜짝 놀라 잠에서 깨지만 듣기가 활성화된 후에는 알람을 끄는 것처럼 말이다.

청각 시스템에서 놀람 반사와 정반대의 영역에서 이루어지는 듣기는 더욱 흥미롭다. 청각은 소리를 듣게 할 뿐 아니라, 소리가 없는 상태도 인식하도록 한다. 한밤중에 갑자기 들린 소리가 이내 정적으로 이어질 때, 화상 회의에서 상대방의 목소리가 나오리라고 기대했지만 아무 소리도 들리지 않을 때처럼 우리는 소리가 들릴 것이라고 예상했는데 들리지 않을 때도 불편함을 느낀다. "마이크가 꺼져 있어요! 마이크가 꺼져 있어요!"라고 외치는 상황을 떠올리면 쉽게 이해될 것이다.

다른 감각들과 마찬가지로 우리는 흔히 청각을 절대적인 것으로 여긴다. "들었어!"라고 단정짓듯이 말이다. 하지만 청각은 다양한 범위에서 작동하는 감각 센서다. 청각의 스펙트럼은 중요한 개념이다. 우리의 감각은 청각 범위의 양극단에서 경고 신호가 발생할 때 더욱 예민해지기 때문이다. 수화기 너머의 소리가 약할 때 우리는 바로 이를 감지하고 "여보세요? 잘 안 들려요."라고 말한다. 어떤 소리가 들리긴 했지만 소리가 약할 때 우리는 듣지 못했다고 인식한다. 마찬가지로 우리는 소리가 지나치게 크거나 귀가 아플 정도로 높은 음역대에 있는 소리도 감지한다.

한편 청각 범위에서 극단적인 지점에 있는 이러한 압력 변화는 쉽게 인식하지만 청각이 정상적으로 작동하고 있다고 가정할 때는 일반적인 범위의 소리에 크게 신경 쓰지 않는다. 나도 사고로 이명을 겪고, 치료를 위해 청능사를 찾아가게 되기 전까지는 그랬다. 내가 청능사에게 12살 때부터 눈에 별다른 문제가 없어도 정기적으로 안과 검진을 받아왔지만 청능사를 찾은 것은 처음이라고 말하자, 그는 안타깝게도 대부분의 사람들이 다 그렇다고 했다.

대부분 눈과 치아는 정기적으로 검진을 받지만 청각은 그만큼 돌보거나 관리하지 않는다. 아마도 우리가 젊음에 부여하는 문화적 가치 때문일 것이다. 청력 저하는 특히 노화와 쇠퇴의 부정적인 증표로 여겨지며 수치스럽게 받아들여진다. 하지만 이번 장의 마지막에 나오는 통계를 보면 청력 저하가 반드시 나이가 들어야만 겪는 문제가 아니라는 사실을 알게 될 것이다. 따라서 아직 청력 검사를 받아본 적이 없다면 받아보라고 권하고 싶다. 최소한 청력 저하에 대한 편견을 허무는 데 기여할 것이며, 동시에 자신을 보호하는 이 놀라운 감각 기관을 깊이 이해하고 청각이 보내는 신호를 더욱 예민하게 감지하는 보상을 얻게 될 것이다.

청각은 위험으로부터 당신을 지켜주는 보호자면서 당신의 듣기를 활성화하는 놀라운 시스템이기도 하다. 머리 밖에서 시작되어 뇌 안으로 들어가는 청각 시스템은 소리를 포착하는 안테나 역할을 하는 2개의 '귀'라는 위성 접시로부터 시작된다. 포착된 소리파는 길이 약 2.5cm의 외이도를 따라 이동한다. 외이도는 고막에서 끝난다. 중이에 위치한 고막은 직경이 1cm에 불과한 작은 기관이다. 어린 시절부터 성인이 될 때까지 크기가 변하지 않는다. 이 작은 기관에는 우리 몸에서 가장 작은 3개의 뼈가 자리잡고 있으며 진동을 만들어내는 중요한 역할을 한다. 고막에서 만들어진 진동은 달팽이 모양의 내이로 전달된다.

달팽이관이라고도 불리는 이 작은 완두콩 크기의 기관도 놀라운 능력을 발휘한다. 이 작은 초청각 센터 안에는 머리카락처럼 가느다란 세포들이 모여 있다. 마치 감각 산호초 즉, 바다에서 흔들리는 말미잘처럼 소용돌이치며 자리한다. 이 세포들은 고막이 만들어낸 기계적 진동을 감지해 이를 전기 신호로 변환할 준비를 하고 있다. 다음번에 누군가로부터 "너는 아무것도 바꿀 필요가 없는 사람이야."라는 말을 듣는다면 당신이 소리를 들을 때마다 중이와 내이 사이에서 벌어지는 경이로운 변화를 떠올려보라.

그리고 청각 과정의 끝자락에 다다를 때 당신의 청각 시스템은 마지막으로 놀라운 일을 해낸다. 전기 신호가 주파수 형태로 청각 경로를 따라 전달되어 '청각 피질'이라고 불리는 뇌의 청각 영역으로 보내진다. 바로 그곳에서 우리의 청각은 비로소 '듣기'로 꽃피어난다. 생태학자 존 뮤어는 이렇게 말했다.

> 불과 몇 분 전까지만 해도 모든 나무가 흥분 상태였다. 마치 경배하듯 포효하는 폭풍에 몸을 숙이고, 흔들리며, 소용돌이치고, 열정적으로 가지를 내던졌다. 겉으로 듣기에는 이제 이 나무들이 조용해진 듯해도 그들의 노래는 결코 멈추지 않는다.

소리는 당신이 들은 후에도 계속 들리며, 바로 그때서야 마침내 듣기가 시작된다. 듣기의 숲속에서는 연상 기억의 전기 폭풍이 일어난다. 과거에 들었던 소리들과 방금 들은 소리가 연결되면서 비로소 지금 들리는 소리에 대한 듣기가 시작되는 것이다.

그리스어의 '메타'라는 개념이 듣기에 적용된다는 점을 보면 14개의 마음으로 듣기는 항상 듣는 행위보다 앞서는 동시에 그보다 뒤에 일어난다. 우리가 청각적으로 듣기 위해서는 현재의 소리를 들으면서도 이를 과거에 들었던 소리의 기억과 연결할 수 있어야 한다.

인간의 놀라운 '듣기 능력'은 갑자기 발견된 새로운 개념이 아니다. 이미 수천 년 동안 존재해왔다. 5세기부터 11세기까지 색슨족 사냥꾼들은 사냥감을 찾아 귀를 기울일 때 이 능력을 활용했다. 우리가 이러한 사실을 아는 이유는 고대 색슨어 즉, 오래된 형태의 영어에서 'listen'이라는 단어가 '~을 찾기 위해 듣는다'라는 의미를 가지고 있었기 때문이다. 오늘날의 우리와 마찬가지로 고대에 살았던 색슨족도 단순히 '무언가를' 듣는 것이 아니라 '무언가를 찾기 위해' 들었다.

우리는 소리를 기억에서 불러와 현재의 환경 속에서 그 소리를 인식한다. 현재의 듣기는 과거의 청각적 경험에서 끌어온 소리를 바탕으로 미래의 소리를 찾는 반복적인 과정이다. 그렇다면 이러한 의문이 떠오른다. 우리는 무엇을 찾기 위해 듣는 것일까?

_____ 다른 사람의 목소리를 듣는 능력

내가 인공와우 이식 수술을 전문으로 하는 의사에게 청각이 왜 중요한지 설명해 달라고 했을 때 그는 웃으며 "그야, 우리가 지금 이렇게 하고 있는 것처럼 목소리를 듣기 위해서죠."라고 말했다.

청각은 사람의 목소리를 식별하도록 도와준다. 누군가 말할 때도 소음 속에서도, 목소리를 들을 수 있다. 소리치고, 노래하고, 웃고, 울 때도 우리는 발성 기관을 통해 만드는 이 에너지를 들을 수 있다. 소리의 크기와 주파수를 해석하는 능력을 타고났기 때문이다.

우리는 이 주파수를 음조로 해석한다. 사람은 평균적으로 50데시벨에서 80데시벨 사이의 음량과 20헤르츠에서 20,000헤르츠 사이의 주파수 범위를 감지함으로써 자신이 듣고 있는 소리가 다른 사람의 목소리인지 구분해낸다. 초음파 검사를 통해 밝혀진 바에 따르면 태아일 때인 약 4개월 때부터 사람의 목소리를 음량과 음조의 범위 안에서 감지할 수 있다고 한다. 따라서 아기가 태어날 때쯤이면 사람의 목소리를 매우 잘 듣는 존재가 되어 있는 것이다.

안타깝게도 자동차의 가치가 출고된 그 순간부터 떨어지듯이, 청력도 태어난 순간부터 서서히 감퇴한다. 하지만 이에 대한 보상이라도 하듯 우리는 듣기라는 기술을 얻는다. 비록 성인의 청력 범위는 아기나 청소년보다 떨어지고, 청각계의 슈퍼스타라고 할 수 있는 동물들에 비하면 미미한 정도지만 우리는 그 어떤 동물과도 견줄 만한, 어쩌면 능가하기까지 하는 능력을 지니고 있다. 바로 소리를 듣고 그 음조에서 의미를 찾아내며 언어를 이해하는 능력 말이다.

_____ 청각계의 슈퍼스타들!

동물들은 놀라운 청각 능력을 가지고 있다. 웹사이트 Hidden Hearing과 BioExplorer[3]의 정보를 바탕으로 선정한 최고의 청각 능력을 지닌 10가지 동물을 만나보자.[4]

1. 꿀벌부채명나방은 주파수를 30만 헤르츠까지 들을 수 있다. 이는 인간이 들을 수 있는 최고 주파수인 2만 헤르츠보다 15배

나 높다.

2. 박쥐는 밤에 사냥할 때 반향 정위(에코로케이션)를 사용한다. 날카로운 소리를 내고 그 반향을 감지하여 방향을 파악하며 때때로 나방을 잡는 데 활용하기도 한다.

3. 올빼미는 머리 양쪽에 위치한 특수한 귀 구조를 이용해 먹잇감의 위치를 매우 정확하게 감지한다.

4. 코끼리는 10킬로미터 떨어진 곳에서 들려오는 폭풍의 소리를 듣고 무리를 안전한 곳으로 이동시킨다.

5. 늑대는 가장 뛰어난 장거리 청취 및 소통 능력을 가진 동물이다. 10~16킬로미터 떨어진 곳의 소리까지 들을 수 있다. 늑대의 후손인 개도 뛰어난 청력을 지니고 있다. 그래서 당신이 현관문 앞에 도착하기 훨씬 전에 이미 도착 사실을 소리로 알아차린다. 어릴 때 우리집에서도 강아지를 키웠는데 가족들은 녀석을 일종의 지진 경보기처럼 여겼다. 도쿄에 지진이 발생했을 때 녀석은 우리보다 30초나 빨리 알아차렸다.

6. 고양이는 청력이 대단히 뛰어나다. 귀 한쪽에 30여 개의 근육이 있어서 소리가 나는 방향으로 귀를 돌리거나 원치 않는 소음에서 귀를 멀리 떨어뜨릴 수 있다.

7. 말은 무리를 보호하기 위해 파수꾼 역할을 하는 개체를 둔다. 귀를 앞으로 세우면 집중하고 있다는 뜻이고, 아래로 기울이면 흥분하거나 두려움을 느끼고 있다는 뜻이다.

8. 돌고래와 상어는 반향 정위를 이용해서 소리 지도를 만들어 길을 찾는다. 상어는 로렌치니 기관ampullae di Lorenzini이라는 전기 수용기로 미세한 전기장을 감지한다. 이를 이용해 자신의 위치를 파악하고, 물속에서 수천 킬로미터를 이동하며 항해할 수 있다. 아프리카에서 호주까지 32,187킬로미터 이상의 거리를 왕복하기도 한다.

9. 쥐는 뛰어난 청력을 가지고 있어서 먹이의 위치를 정확히 찾아낼 뿐 아니라 포식자의 접근도 재빨리 감지할 수 있다.

10. 비둘기는 깃털 아래에 숨겨진 귀를 통해 최저 0.05헤르츠의 낮은 소리까지 들을 수 있다. 덕분에 폭풍이나 지각 변동을 감지하여 자연 재해를 피해 이동한다.

14개의 마음으로 듣기 1: 음색

사람의 목소리에서 우리가 가장 먼저 듣는 소리는 음색이다. 음색은 목소리가 지닌 지극히 개인적인 특징이다. 어떤 목소리를 듣고 그것이 사람의 목소리임을 확인한 순간, 우리는 곧바로 그 음색을 분석하며 듣기를 시작한다. 음색을 인식하는 행위는 특정 개인의 목소리에 의미를 부여하며, 우리가 그들을 식별할 수 있도록 해준다. 다시 말해, 이전에 여러 번 들어서 아는 목소리면 우리는 그 사람 목소리의 음색을 통해 그를 식별할 수 있다는 의미다.

실제로 은행에서는 홍채나 지문 인식 대신 음성 인식을 보안 검사에 활용하기도 한다. 물론 완전히 동일한 목소리를 가진 두 사람이 존재하지 않는다는 사실을 과학적으로 증명할 수는 없지만 각자의 목소리는 유일무이하다. 하지만 은행에서 사용하는 신원 확인보다 더 중요한 사실이 있다. 바로 우리가 가족이나 가까운 친구들의 독특한 목소리를 알아들을 수 있다는 사실이다.

어떤 사람의 독특한 음색을 인식하는 행위는 단순히 그를 식별하게 해주는 것 이상의 의미를 가진다. 음색 인식은 듣기와 말하기가 오가는 소통의 시작점이 되기 때문이다. 예를 들어, 누군가 "안녕."이라고 말했을 때 그 목소리가 아버지의 것임을 알아차린 순간, 음색 인식은 더 이상 신원 확인에 그치지 않는다. 이제 두 사람 사이의 대화가 시작된다는 의미에 접어든다.

사람의 목소리는 언어를 통해 메시지를 전달할 뿐 아니라, 말하는 사람의 감정을 담은 메타 메시지도 함께 전한다. 잘 아는 사람의 어조가 변하면 우리는 그 변화만으로도 그의 감정 상태를 어느 정도 파악할 수 있다. 얼마 전 레스토랑에서 누군가 "아, 음식이 빨리 나와야 할 텐데. 아빠 목소리가 배고플 때의 목소리로 변했어."라고 말하는 것을 들었다. 이처럼 음색은 일종의 풍향계처럼 작용하여, 특히 가까운 사람들의 목소리로 그들의 감정 상태를 파악할 수 있도록 해준다. 14개의 마음으로 듣는 습관을 길러나가면 가깝지 않은 사람들의 목소리에서도 미묘한 변화를 감지할 수 있게 된다.

14개의 마음으로 듣기 2: 증폭기

성조가 있고, 성조를 공식화한 언어들이 있다. 중국어의 'ma'라는 단어는 4가지의 서로 다른 성조로 구분되는 4가지 뜻이 있다. 성조에 따라 '어머니', '삼베', '말', '꾸짖다'를 뜻한다. 중국어와 같은 성조 언어에서는 성조를 제대로 듣는 것이 그 언어를 이해하는 데 필수적이다. 성조를 제대로 듣지 못하면 중요한 메시지를 잘못 알아들을 수도 있고 누군가의 어머니를 말로 착각할 수도 있다. 이는 어느 언어권에서든 바람직하지 않은 상황이다.

구어체 영어에서는 성조(톤)가 공식적으로 정해져 있지 않다. 성조가 특정 소리에 고정되어 단어의 의미를 구별하는 역할을 하지도 않는다. 대신 영어 화자들은 대화의 분위기나 느낌을 전달하기 위해 성조를 활용하며, 전달하고자 하는 의미를 명확히 드러내기 위한 목적으로 성조를 사용한다. 단어의 특정 음절에 강세를 주어 강조하는 방식으로 말이다.

예를 들어, 어머니에게 인사할 때 "안녕하세요, 어머니. Hello, mother." 라고 말할 수도 있고 "안녕하세요, 어머니이! Hello, MOTHER!", "안녕하세요, 어어머니~ Hello, MOther~", 또는 "안녕하세요, 어머어니. Hello, moTHER."처럼 말할 수도 있다. 중국어와 달리 영어에서는 어떤 방식으로 말하든 어머니는 당신이 인사하는 상황임을 이해한다. 하지만 각각에서 느껴지는 어조의 차이는 분명히 인지할 것이다. 특히 평소 어머니를 부르는 방식과 지금 부른 방식이 다르다면 더욱 어조의 차이가 구분될 테다.

평소 당신이 어떻게 인사하는지에 따라 다르겠지만 "안녕하세요, 어머니이!Hello, MOTHER!" 하고 단어 전체를 크게 강조해서 말하면 화난 목소리로 들릴 수 있다. 반면 "안녕하세요, 어어머니~Hello, MOther~"나 "안녕하세요, 어머어니.Hello, moTHER."처럼 특정 음절에만 강세를 주면 비꼬거나 경멸하는 듯한 어조로 들릴 수도 있다. 물론 당신의 인사를 듣고 어떻게 느꼈는지는 오직 어머니만이 알고, 당신이 진정 의도한 바는 당신만이 알 것이다.

어떤 언어에서든 방금 사용한 '증폭기'처럼 상대방의 목소리 톤을 듣고 이해하는 능력까지 갖춰야 그 언어에 유창하다고 말할 수 있다. 특히 듣는 사람 입장에서 증폭기를 이해하는 능력은 중요하다. 왜냐하면 증폭기가 상대방이 당신과 관련하여 말하는 내용을 정확히 해석하는 데 도움이 되기 때문이다.

영어에서는 목소리의 톤을 놓친다고 해서 중국어처럼 언어 자체를 잘못 이해하게 되지는 않지만 지금 이 순간의 상황에서, 상대방과의 관계에 무슨 일이 일어나고 있는지를 이해하지 못하는 결과를 초래할 수도 있다. 듣는 사람에게 목소리 톤은 앞으로 일어날 상황에 대비하도록 돕는 일종의 표지판이 된다. '저 사람이 계속 화를 낼까?', '지금 주전자를 올리고 차를 준비해야 할까?'를 알아차리듯이, 목소리 톤은 청자에게 개인의 심리적 상태, 다른 사람들과의 원만하고 조화로운 관계에 대한 미묘한 정보를 제공하며 화자는 이를 통해 대화가 전개되는 동안 다음 단계로 어떻게 나아갈지 결정한다.

일본어도 성조 언어가 아니다. 물론 목소리 톤을 사용해 상대방과의 관계에 대한 정보를 전달한다. 하지만 일본어는 특정 단어를 강조할 때 증폭기를 높이는 대신 오히려 볼륨을 낮추듯 음절 사이를 끊는 방법을 쓴다. 영어로 "오. 마이. 갓."이라고 끊어서 말하는 것처럼 일본어에서는 단어의 음절 사이에서 소리를 낮춰 강조한다. 예를 들어, '정말 맛있다'라고 말할 때 "스.고쿠 오이시."라고 말함으로써 '정말'을 강조하는 것이다. 이것은 영어의 really에 강세를 두어 "It REAlly tastes good."이라고 말하는 것과 마찬가지다.

일본어 청자는 음의 범위에서 가장 낮은 부분과 가장 높은 부분에서 나타나는 강조를 모두 알아차리므로, 음절 사이의 미세한 침묵에 귀를 기울인다. 또한 화자는 말하기 전 눈을 크게 뜨고 숨을 들이마시면서 놀란 듯한 톤을 더해서 청자가 이해하고 즐길 수 있도록 관계적인 메시지를 전달한다. 이처럼 증폭기는 강조 효과를 낼 뿐 아니라 듣는 사람을 경험 속으로 끌어들인다.

14개의 마음으로 듣기 3: 변환기

영어에서는 목소리와 언어를 활용해 중요한 내용을 강조한다. 예를 들어, 딸이 어머니에게 "비가 왔어어!It raiiined!"라고 모음을 길게 늘여 말하면서 비가 온 사실을 강조했다고 해보자. 이때 어머니는 'it'의 평범하고 단조로운 높이의 소리에 비해 'rained'에서 나타난 크고 높은 소리로 변화를 감지한다. 이를 통해 대화하는 사람의 기분 변화까지 파악할 수 있다. 딸은 우산을 가져가지 않아서 비를 맞았기 때문에 짜증이 났을지도 모른다. 이처럼 목소리의 톤은 사람들 사이의 분위기 변화를 나타내는 변환기가 된다.

일본어 화자들도 소리를 길게 늘여서 말하며 목소리 톤을 변환기로 사용한다. 하지만 관계 속 분위기의 변화가 청자에게 중요한 정보므로 화자는 문장 끝에 명확한 톤 표지를 추가해 변화를 알린다. 일본어에서 가장 흔히 사용되는 2가지 톤 표지는 'ne'와 'yo'다. 'ne'는 '그렇지?'라는 뜻이고 'yo'는 영어에서 느낌표와 같은 역할을 한다. 따라서 "ame futta yoooo."라고 말하면 영어의 "It raiiined!"와 비슷한 느낌을 전한다.

어떤 언어에서든 듣기 능력은 단순히 단어를 이해하는 능력만을 의미하지 않는다. 듣기 능력에는 개인과 관계에 대한 의미를 제공하는 목소리의 톤을 이해하는 능력도 포함된다. 목소리의 톤을 이해해야 상대방의 말을 그대로 이해할 수 있다. 예를 들어 상대방이 비가 왔다는 사실을 언급할 때 비가 와서 기분이 언짢았다는 사실도 나타내는 증폭기나 변환기를 듣고 해석하지 못한다면, 상대방의 말을 들었어도 그 의미를 이해하지 못한다. 다행히도 모든 언어의 모국어 화자는 특별한 노력 없이도 언어의 뜻과 목소리의 톤까지 이해하는 능력을 갖출 수 있다. 부드러운 경청을 다룰 3장에서 보겠지만 우리의 듣기 능력은 학교 밖에서 습득되는 부분도 상당히 크다.

우리가 익숙하게 알고 당연하게 여기는 목소리 톤 변화의 한 예는 또 있다. 문장 끝에서 억양을 바꾸어 의미를 다르게 전달할 때다. 영어에서 일반적으로 문장 끝에서 억양이 내려가면 평서문이 되고, 올라가면 의문문이 된다는 사실을 잘 알고 있을 것이다. 다른 언어들도 평서문과 의문문을 만들 때 이러한 억양 패턴을 사용한다. 하지만 일본어를 포함한 일부 언어들은 톤보다는 언어 그 자체를 활용하기도 한다. 일본어에서는 'ka'라는 단어를 물음표처럼 사용해서 해당 문장이 질문임을 명확하게 나타낸다.

평서문이나 의문문처럼 일반적인 억양 패턴이 작용할 때 영어 모국어 화자들은 문장의 내용 즉, 단어 자체에 집중해야 함을 알고 있다. 또한 평서문의 끝에서 억양이 올라가거나 반대로 의문문의 끝에서 억양이 내려가는 등 높낮이의 변화를 들었을 때 이러한 억양이 관계적 의미를 추가하는 신호라는 점도 알고 있다.

조금 더 구체적으로 예를 들어보겠다. 할머니가 넘어졌고, 어머니가 평서문의 일반적인 하강 억양이 아니라 의문문의 상승 억양을 사용해서 "She's going to be okay?"라고 말했다고 해보자. 이 말을 문자 그대로 해석하면 '어머니는 할머니가 괜찮을 것이라고 생각한다'라는 메시지로 이해할 수 있다. 하지만 문장 끝에서 억양이 올라갔다. 어머니는 이 문장을 통해 3가지 메타 메시지를 전달하고 있다.

1. 어머니는 할머니가 괜찮기를 바라고 있다.

2. 어머니는 걱정하고 있으며, 할머니가 정말 괜찮을지 확신하지 못한다.

3. 어머니는 이 소식을 전하면서 내가 놀라지 않기를 바란다.

첫 번째 메타 메시지는 이 발언이 약간의 불확실성을 담고 있으며 화자의 말이 사실이 아니라 진심 어린 희망임을 청자에게 전달한다. 두 번째 메타 메시지는 화자 본인의 걱정을 강조하며, 세 번째 메타 메시지는 대화의 초점을 듣는 이에게로 이동시켜서 상대방이 이 소식을 어떻게 받아들일지에 대한 걱정을 표현한다. 이처럼 평서문에 일반적인 억양 대신 의문문의 억양을 사용하면 명시적인 내용 외에도 여러 가지 메시지를 전달할 수 있다. 14개의 마음으로 듣기를 실천하면 단순히 문자 그대로의 정보뿐만 아니라 함의된 메시지를 모두 들을 수 있게 된다.

평서문 끝에 의문문 억양을 더하면 그 내용에 여러 가지 의미가 더해지는 반면, 문법적으로는 의문문인 문장의 억양을 올리지 않으면 가볍고 장난스러운 분위기가 만들어진다. 당신이 부엌에서 미끄러졌다고 해보자. 당신이 다치지 않았다는 사실을 확인한 뒤 가족 구성원이 문장 끝에서 억양을 올리지 않고 또박또박 "괜. 찮. 니."라고 말한다. 이는 실제로 다쳤는지를 묻는 것이 아니라, 약간 장난스럽게 관심을 표현하는 것이다.

채혈사가 나에게 했던 농담을 떠올려보면 이해하기 쉽다. 그는 "곧 나갈 거예요. 휴가가 영원할 순 없으니까요."라고 말했다. 병원에 입원해 있는 상황을 '휴가'라고 표현하면서도 진지한 하강 억양을 사용함으로써 그는 내가 집에 가고 싶어 한다는 사실을 알고 있다는 메타 메시지를 유머러스하게 전달하는 데 성공했다. 메타 메시지가 정확하게 전달될 때 우리는 상대방에게 진정으로 이해받는 듯한 기분을 느낀다.

14개의 마음으로 듣기 4&5: 음량과 음조

일전에 '기쁨-슬픔-분노'라는 아이스브레이킹 기법을 활용하는 역량 개발 워크숍에 참여한 적이 있다. 이 기법은 배우들이 연기 중 감정을 끌어내는 훈련을 할 때 사용되는 기법이다. 진행자는 배우들이 이 기법을 연습할 때는 과거의 기억을 활용해 기쁨, 슬픔, 분노의 감정 상태를 불러일으키지만 이번에 진행될 워크숍에서는 영상을 보며 이 감정들을 찾고 논의하면서 서로를 알고 친밀감을 형성하는 방법으로 활용할 예정이라고 설명했다.

대부분 이러한 방식의 아이스브레이킹을 처음 접한 우리들은 축구 팬들이 술집에서 함께 응원하는 영상을 보았다. 누군가가 영상 속 사람들의 감정 상태를 '기쁨'으로 분류했다. 여기저기서 웅성거리며 찬성했다. 하지만 영상이 계속되면서 영상 속 사람들의 톤이 변하기 시작했다. 개개인들을 자세히 살펴보자 일부는 노래하는 게 아니라 소리를 지르고 있었고, 또 일부는 응원하는 게 아니라 울고 있는 듯했다. 기쁜 것인지, 화가 난 것인지, 슬픈 것인지 더는 확신할 수 없었다. 그러던 중 누군가가 이들이 응원하는 팀이 경기에서 졌을지도 모른다는 추측을 내놓았다. 이 의미에 집중해서 듣자, 영상 속 사람들이 표현하는 다양한 감정을 인식할 수 있었다.

영상을 다시 보면서 일상적으로 접하는 감정들이 다차원적이라는 사실을 되새겼다. 대개 감정은 여러 가지가 뒤섞여 있고 복잡하다. 분류하기 어려운 경우가 많다. 웃는 얼굴이 보이고 웃음소리가 들리면 기쁨의 감정으로 인식하기 쉽다. 워크숍 참가자들이 축구 팬들을 보고 그들이 느끼는 감정을 '기쁨'으로 분류했던 것처럼 말이다. 하지만 주의 깊게 듣고 볼수록 감정의 미묘한 차이를 더 잘 인식할 수 있게 된다.

우리는 극단적인 상태의 감정을 가장 뚜렷하게 인식한다. 사람의 감정 인식 능력이 소리의 크기와 음높이가 극단적으로 변할 때 나타나는 흥분 수준과 맞물려 작동하기 때문이다. 청자가 가장 정확하게 구별할 수 있는 감정은 분노다. 일반적으로 분노가 큰 소리로 표현되기 때문이다.

사람의 목소리가 낼 수 있는 가장 큰 소리로 말할 때(보통 90~100데시벨을 넘어간다) 그 말을 들으면 놀람 반사가 작동한다. 잠재적인 위협으로터 자신을 보호하기 위해 아드레날린이 급격히 분비되고 근육이 수

축된다. 신체적 공격을 받을 때와 같은 반응이다. 분노의 감정을 가장 정확하게 감지할 수 있는 이유는 우리의 청각 처리 시스템이 평소 범위를 벗어난 음량을 위험 신호로 인식하기 때문이다. 화가 나서 크게 소리치는 것도, 조용하게 쉭쉭거리는 것도 전부 평소의 음량을 벗어난다.

기쁨-슬픔-분노 중 우리가 두 번째로 쉽게 인식하는 감정은 슬픔이다. 하지만 슬픔도 높은 강도로 표현될 때만 인식된다. 음의 주파수가 크게 변화할 때 사람은 이를 음조로 해석하면서 듣는다. 울음은 강한 음조 변화를 동반하므로 우리는 울음 소리를 들으면 슬픔을 인식한다. 비록 그 사람의 얼굴을 보지 못해서 표정을 확인할 수 없더라도 슬픔을 인식할 수 있는 것이다. 문장에서 억양 변화를 듣고 분위기의 변화를 이해하는 것과 마찬가지로, 우리는 음조의 변화를 듣고 아기의 기분을 파악한다.

앞서 아기들은 넓은 주파수 범위에서 음조를 듣고 감지하는 능력이 뛰어나다고 했지만 성인은 아기의 울음소리를 듣고 그 의미를 이해하는 능력을 갖췄다. 한 연구에서 부모와 부모가 아닌 성인들을 대상으로 실험한 결과, 모두 아기의 울음소리를 구별할 수 있다는 사실이 밝혀졌다. 도움을 요청하는 울음, 어떤 물건을 가리키는 울음, 항의하는 울음 등 아기의 울음소리를 구별할 수 있었기 때문에 실험 참가자들은 아기의 목소리에 따라 적절하게 반응할 수 있었다.[5] 이러한 측면에서 보면 듣는다는 행위는 단순히 울음소리를 인식하는 행위가 아니라, 신중하게 귀 기울여 듣는 과정을 통해 적절한 반응을 찾는 과정이기도 하다.

상대방의 신체적 불편함을 알아차리고 이를 해결해줄 수 있을 때 청자는 만족감을 느낀다. 아기를 돌보는 성인은 아기가 불편함이 해소되어 느끼는 안도감을 분명하게 감지할 수 있다. 우리가 누군가의 감정적 불편함을 감지할 때 불편함을 덜어주고 싶어 하는 것도 자연스러운 일이다.

그러나 안타깝게도 듣고 인식하는 많은 감정에 대해 항상 즉각적인 해결책을 제공할 수 있는 것은 아니다. 일상의 대화는 배고픈 아이에게 음식을 주는 일처럼 단순한 해결책으로 끝나지 않는다. 문제를 해결해주는 데서 그치는 것이 아니라, 깊은 관심으로 귀를 기울이며 함께해줘야 한다. 14개의 마음으로 듣기를 통해서 말이다. 누군가의 말을 온전히 들어주는 행위 자체가 상대방에게 진정으로 이해받고 있다는 느낌을 주기 때문이다.

_____ 보고 듣고 이해하기

"어리석은 자는 자신을 타인으로 본다. 지혜로운 자는 타인을 자신으로 본다."

내가 스쿠터에서 떨어져 머리를 부딪치기 전까지는 일본 조동종의 창시자인 도겐 선사의 가르침을 자주 인용하곤 했다. 이 말은 공감의 원칙을 되새기게 해주는 주문처럼 느껴졌다. 타인의 입장이 되어보는 것이 중요하다는 사실을 일깨워주었다. 하지만 이 인용문을 예로 들어서 공감에 대해 설명할 때마다 의문이 들기도 했다. 과연 타인의 입장이 되어보는 것만으로 그들의 감정을 진정으로 알 수 있는지 말이다. 타인의 입장이 되어본다는 것 자체가 결코 쉬운 일이 아니며, 결국 그들이 느끼는 감정을 그대로 온전히 느낄 수는 없다는 생각이 들었다.

중환자실에 입원해보고 나서야 이 말에 담긴 진정한 의미를 깨달았다. 단순히 타인의 입장이 되어보라는 게 아니다. 타인과 나 사이에 존재하는 관계적 공간 속으로 들어가서 들으라는 뜻이다. 채혈사가 보여준 태도가 바로 그랬다. 매일 중환자실에서 일하는 그는 내가 그곳에서 느끼는 불편함, 집에 돌아가고 싶은 마음을 이해하고 공감했다. 14개의 마음으로 듣기가 바로 상대방과 나 사이의 관계적 공간 속으로 들어가 그곳에서 함께하며 귀를 기울이는 행위다.

듣기가 두 사람 사이의 공간에서 이루어진다는 개념은 '인간人間'을 뜻하는 단어에도 담겨 있다. '사람人'과 '사이의 공간間*'이라는 한자로 이루어진 이 단어는 모든 듣기 경험이 두 사람 사이의 공간으로 들어

---

*   정보적 경청과 마찬가지로, '사이의 공간'을 나타내는 한자 '간間'에는 문門이 들어 있지만 이 경우에는 문에 귀가 붙어 있는 형상이 아니라, 해日가 2개의 문 사이에 자리하고 있다. 마치 문 틈으로 빛이 스며드는 모습을 떠올리게 한다.

가 타인에 대해 조금 더 깊이 이해할 수 있는 기회를 제공한다는 의미를 내포한다. 도겐 선사와 같은 선불교 승려라면 진정한 소리의 고요함 즉, 침묵을 발견할 수 있는 곳이 바로 그 '사이의 공간'이라고 말할 것이다.

정말로 좋은 대화에서는 우리가 실제로 말하고 들은 내용보다 대화가 끝난 후의 느낌이 더 중요하다. 그 느낌은 서로가 14개의 마음으로 듣기를 실천할 때 생기는 에너지가 남기는 감각이다. 만약 누군가가 "무슨 이야기했어?"라고 물었을 때 방금 나눈 따뜻한 대화를 떠올리면서 미소를 지으며 "아, 별거 아니야."라고 답한 적이 있는가? 그렇다면 당신은 그 '사이의 공간'에서 14개의 마음으로 듣기를 경험한 것이다. 상대방이 나를 진정으로 보고 듣고 이해한 것이다.

_____ 14개의 마음으로 듣는 목소리

우리의 청각은 목소리로 사람을 구분한다. 목소리의 크기와 높낮이, 강약이나 톤의 변화를 통해 그 순간 상대방의 목소리를 듣고 정보를 얻음으로써 그 사람이 누구인지 안다. 소리 치는 낯선 사람이든 우는 아기든, 누군가의 목소리에 집중하면 그 사람이 기쁜지, 화가 났는지, 슬픈지를 파악할 수 있다. 그리고 목소리에 담긴 감정은 하나가 아니다. 복잡하게 변화하는 여러 감정이 목소리에 뒤섞여 있다. 목소리는 청자의 뇌에서 다양한 신경 호르몬을 분비해 상대방의 말을 듣도록 유도한다. 이를 통해 14개의 마음으로 듣기가 활성화되면 사이의 공간에서 상대방을 보고 느낄 수 있다.

때로 공감은 부담스럽게 느껴진다. 마치 좋은 사람이 되려면 반드시 갖춰야 할 덕목이며, 공감하지 않으면 좋은 사람이 아니라는 듯 단정되기도 한다. 하지만 사실 공감은 우리가 일상에서 소중한 사람들과 함께할 때 자연스럽게 발휘되는 직관적인 행위다.

음색, 증폭기, 변환기, 음량, 음조라는 채널을 통해서 들으면 상대방의 복잡한 감정적 우선순위와 관계의 뉘앙스를 들을 수 있다. 딸이 "엄마아!!" 하며 말할 때 딸이 배고프다는 사실을 알아차리는 행위가 바로 공감이다. 공감은 우리가 자주 소통하는 가족과 가까운 친구들을 이해하는 방식이기도 하며, 이제 막 알아가려는 사람들을 이해하는 과정이기도 하다. 누군가 우리의 주의를 사로잡아서, 귀 기울여야만 할 때 14개의 마음으로 듣는 방식은 상대방을 이해하는 데 충분한 정보처리 능력을 갖추도록 해준다. 단순히 그 사람이 누구인지 알아보는 것을 넘어, 그가 오늘 어떤 하루를 보내고 있는지까지 알게 한다.

또한 듣기는 뛰어난 청각 능력을 가진 동물들과 같은 힘의 경지에 도달하게 해준다. 사람보다 15배 높은 주파수를 듣는 꿀벌부채명나방, 16킬로미터나 떨어진 곳의 소리를 감지하는 늑대, 반향 정위를 이용해 아프리카에서 호주를 오가는 상어처럼 우리도 듣기를 통해 슬픔을 받아들이고 위로하며, 분노를 누그러뜨리고, 상대방의 말에 귀를 기울이고, 관계를 더 탄탄하게 쌓을 수 있다.

결국 내가 중환자실에서 깨달은 사실은 14개의 마음으로 듣기가 단순히 스스로 호흡하기 위해 발휘한 능력이 아니라, 감각을 공유하는 공간 속에서 타인과 함께 살아가기 위해 갖춰야 할 능력이라는 사실이었다.

당신이 가지고 있을지도 모르는
14개의 마음으로 듣는 능력 7가지

- 큰 소리를 들으면 놀람 반사가 작동해서 위험을 감지하고 자신을 보호한다. 사람은 큰 음량과 넓은 주파수 범위를 듣고, 이를 신경 호르몬 반응과 연결해 각각 분노와 슬픔의 감정으로 인식한다.

- 우리는 단순히 목소리를 듣는 것이 아니라, 이전에 들은 것과 현재 듣고 있는 것을 연관짓는다. 이것이 청각적 인식을 경청으로 전환하는 방식이다.

- 음색을 통해 아는 사람의 익숙한 목소리를 알아들을 수 있다.

- 증폭 요소를 듣고 화자가 중요하게 여기는 요소를 파악할 수 있다. 영어에서는 강세가 들어간 단어, 일본어에서는 스타카토처럼 끊어지는 말투가 그렇다.

- 사람은 전환 요소 즉, 억양의 변화를 알아차린다. 억양의 변화는 공감을 나타내는 관계적 메시지나 장난을 의미한다. 예를 들어, 평서문의 억양이 하강에서 상승으로 변하면 관계적 메타 메시지를 전할 수 있고, 반대로 의문문의 억양이 상승에서 하강으로 바뀌면 아이러니나 장난스러움을 전달할 수도 있다.

- 사람은 음량과 음조를 듣고 감정을 인식한다. 분노는 증폭된 음량으로, 슬픔은 음조 변화로 감지하기 쉽다.
- 더 깊게 들으면 보다 복잡한 감정을 이해한다. 이러한 감정은 조언을 통해 해결책을 제시할 때보다 '사이의 공간'으로 들어가 공감할 때 가장 잘 느낄 수 있다.

이번 장의
핵심 요약 ②

14개의 마음으로 듣기 활용법 3가지

- 목소리 식별 게임: 가족이나 친구들과 함께 눈을 감고 목소리만으로 누가 말하는지 맞혀보자. 당신의 목소리 식별 능력은 어느 정도인가? 익숙한 사람들의 목소리에서 무엇을 들을 수 있는가? 한 친구가 이러한 말을 했다. 친구들을 집에 초대했을 때 화기애애한 분위기 속에서 대화하는 목소리를 옆 방에서 가만히 듣고 있을 때 큰 즐거움을 느낀다고 말이다. 뭐라고 말하는지는 들리지 않지만 목소리만으로도 즐거운 분위기가 느껴지면서 기분이 좋아진다고 했다. 익숙한 목소리를 들을 때 어떤 점이 가장 좋은가? 대화 내용이 들리지 않아도 그들이 무슨 이야기를 하는지 알 수 있는가?
- 아기 울음소리 듣기: 아기가 큰 소리로 울고 있는가, 혹은 소리의

높낮이가 위아래로 크게 변하고 있는가? 이러한 변화를 통해 아기가 우는 이유를 알아챌 수 있는가?

- 듣기 채널 점검하기: 누군가의 말을 들을 때 14개의 마음으로 듣기의 채널을 어떻게 활용해 듣고 있는지 관찰한다. 목소리 식별, 듣기 채널 점검을 통해 친구들과의 대화를 활성화하고 가까운 사람들을 더욱 깊이 이해해보자.

14개의 마음으로 듣기의 채널

- 음색
- 증폭기
- 변환기
- 음량
- 음조

이번 장의
핵심 요약 ③

청력 검사를 잊지 말자!

세계보건기구WHO에 따르면 세계적으로 15억 명이 넘는 사람들이 청력 손실을 겪는 중이다. 65살 이상의 사람들 중 거의 3분의 1이 심각한 청력 손실을 경험한다. 하지만 청력 손실은 노인들만의 문제가 아니다. 약 3천 4백만 명의 어린이가 청력 손실을 겪고 있으며, 그중 60%는 감염이나 약물과 같은 예방 가능한 원인 때문에 청력 손실을 겪는다. 또한 세계적으로 12~35살인 약 11억 명의 젊은이들이 소음성 난청에 노출되어 있다.

청력 손실은 자신도 모르는 사이 서서히 진행된다. 영국 왕립청각장애연구소RNID에 따르면 대부분의 사람은 40살 무렵부터 청력이 감소하기 시작한다. 미국에서는 청력이 아주 좋거나 괜찮다고 답한 성인 4명 중 1명이 이미 청각 손실을 겪고 있다고 밝혀졌다.[6] 영국에서도 6명 중 1명이 어느 정도의 청력 손실을 겪고 있으며, 그보다 더 많은 사람들이 청력이 손실되는 상황조차 인지하지 못한다.

청력 손실은 의료 및 교육적 치료와 지원에 투입되는 막대한 비용을 발생시킨다. 게다가 뼈아픈 개인적 손해도 문제다. 청력을 잃는 일은 단순히 몇 개의 유모세포나 신경 섬유를 잃는다는 뜻이 아니다. 청력이 손상되면 듣기 능력도 사라진다.

다행히도 현대 기술과 최첨단 보청기의 발전 덕분에 청력 손실은 보완 가능하다. 요즘 보청기는 일반 이어폰처럼 보이기 때문에 착용하고 있어도 남들이 알아차릴 일이 거의 없다. 하지만 청력 검진과 보청기를 쉽게 이용할 수 있음에도 사람들은 청력을 잘 관리하라는 조언을 좀처럼 따르지 않는다! 심지어 영국에서는 청력 검사가 무료다. 그런데도 일반적으로 청력 손실이 시작된 후 10년이 지나서야 도움을 받고는 한단다. 이마저도 주변의 개입이 있고 난 뒤에야 비로소 조치하는 경우가 많다.

그나마 다행인 점이 있다. 연구에 따르면 청력 손실은 우울증을 유발할 수 있으며 치매 위험을 최대 5배까지 증가시킬 수 있지만 보청기 착용과 같은 치료를 받으면 우울증이나 치매 위험을 줄일 수 있다는 사실이 밝혀졌다.[7] 듣기는 보기만큼이나 중요하다. 우리가 주변에서 일어나는 일들을 자세하게 인식하려면 들어야 한다.

아마도 당신은 난청이 없을 가능성이 클 것이다. 하지만 내가 만난 청능사가 말했듯이 치료보다 예방이 더 중요하다. 평소 청력 검사를 받고 관리해야 14개의 마음으로 듣기를 온전히 활용할 수 있다는 점을 기억하자.

2

정보적 경청

문 앞에서 듣기

聞く

듣기는 무언가를 찾는 데 도움을 준다. 벨이 울리면 전화기가 어디에 있는지 알듯 말이다. 공항에서는 안내 방송을 듣고 탑승구를 찾기도 한다. 집에서도 직장에서도, 여가 시간에도 우리는 궁금한 것을 묻고 들어서 답을 찾는다. 인간이 발전시킨 가장 지적인 도구 중 하나로써, 듣기는 필요한 정보를 찾고 이해하기 위해 언어를 활용하도록 해준다.

듣기 지능이 없으면 우리는 가장 기본적인 정보조차 얻을 수 없다. 4살 때 뉴욕에서 나는 영어 없이는 아무것도 찾을 수 없다는 사실을 알게 되었다. 3년 뒤 도쿄에서도 같은 깨달음을 얻었다. 이번에는 일본어가 없으면 안 된다는 사실을 말이다! 7살짜리 아이가 교실에서 나와 복도를 따라 화장실을 찾아가는 모습을 상상해보라. 친절한 친구들이 손가락으로 가리킨 방향으로 갔지만 복도 끝에는 똑같이 생긴 3개의 문 위에 3개의 표지판이 걸려 있었다. 나는 게임 참가자가 된 듯한 기분을 느꼈다. 하나의 문을 선택해서 들어갔다. 하지만 내가 들어선 곳은 간절히 찾던 화장실이 아니라 교장실이었다!

초등학교의 첫 등교 날, 버스 안내 방송을 듣지 않아 정류장을 놓치는 바람에 길을 잃었던 이야기를 기억하는가? 우여곡절 끝에 학교에는 도착했지만 학교 안에서 길을 찾아야 하는 또 다른 과제가 남아 있었다. 어머니는 아이들이 초등학교에 입학할 때까지 꼭 글자를 읽지 못해도 괜찮다는 교육부의 권고를 따랐다. 하지만 다른 아이들은 나와 달리 '화장실'이라는 표지판을 읽을 수 있었다. 그렇게 나는 혹독한 현실을 깨닫게 되었다. 언어가 없으면 가고 싶은 곳으로 향하는 올바른 문조차 찾을 수 없다는 사실을 말이다.

이번 장에서는 정보적 경청에 대해 살펴볼 것이다. 정보적 경청은 구어를 통해 불과 몇 초 전까지 몰랐던 지식을 습득하도록 해준다. 정보적 경청은 문 밖에 있는 당신이 문 안의 사람들이 사용하는 모든 암호화된 말을 듣게 해주는 비밀번호와도 같다. 이것이 바로 이번 장의 제목에 사용된 '聞く'라는 글자에 담긴 의미다.

언어는 수천 년 동안 다양한 분야의 학자들을 사로잡았다. 언어학자, 어휘학자, 문학평론가, 심리학자, 철학자, 사회학자, 인류학자, 신경생물학자들은 물론이고 정치, 마케팅, 비즈니스 분야에서 언어의 활용을 연구한 이들도 언어의 복잡성을 탐구해왔다. 언어 사용을 탐구할 때 우리는 언어를 '정보information'로 분석한다. 이 단어는 언어를 형성하고 전달하는 2가지 의미를 포함하고 있다. 다시 말해, '정보'는 형성되고 전달된 언어를 뜻한다. 이번 장에서는 언어에 관한 공식적인 연구와 정보 공유 과정이 실제로 이루어지는 방식을 탐구하면서 이 2가지 의미에 대해 살펴볼 것이다.

노벨상을 수상한 경제학자이자 심리학자인 대니얼 카너먼Daniel Kahneman은 정보를 능동적으로 받아들이는 방식에 대한 이해를 개척했다. 그는 뇌가 정보를 처리하고 결정을 내리는 2가지 방식을 빠른 생각 시스템과 느린 생각 시스템으로 설명했다. 그 이론 덕분에 우리는 정보적 경청 채널도 2가지 방식으로 구성된다고 이해할 수 있게 되었다. 하나는 단순한 언어에서 정보를 찾는 '빠른 듣기' 방식이고(기차역에서 안내 방송을 듣는 것처럼) 다른 하나는 대화 속에서 제공되는 보다 복잡한 언어 정보를 통해 관계적 의미를 찾는 '느린 듣기' 방식이다.

정보적 언어를 듣고 이해하려면 빠른 듣기와 느린 듣기 모두가 필요하다. 이 2가지 방식의 듣기에 대해 알아보기 위해 먼저 언어가 뇌의 어느 영역에서 처리되는지 살펴볼 것이다. 그다음 어휘학자들이 그러듯 우리가 마음속에 저장하는 단어로서의 언어를 탐구할 예정이다. 이렇게 듣는 단어를 살펴본 후에는 기계 언어가 어떻게 빠른 듣기를 모방하는지에 대한 예시를 살펴보고, 마지막으로 느린 듣기에서 대화 중인 두 사람의 정보적 경청을 가능하게 하는 핵심 원리를 살펴보면서 이번 장을 마무리할 계획이다.

뇌에서 정보적 언어를 듣는 과정

뇌는 언어가 탄생하는 곳이다. 이는 17세기부터 이어져온 신경해부학자들의 이론으로, 그때부터 듣기에 관한 연구가 과학의 영역으로 자리잡기 시작했다. 신경해부학계에서는 19세기의 생리학자 에두아르트 히치히Eduard Hitzig와 구스타프 프리치Gustav Fritsch의 연구를 획기적인 전환점으로 여긴다. 이들은 개의 뇌를 실험해 대뇌 피질 내에서 서로 다른 지각 영역을 식별했다.

같은 시기에 해부학자 리하르트 헤슐Richard Heschl은 뇌의 측두엽에서 청각을 담당한다고 여겨지는 영역을 발견했다. 오늘날 '헤슐 이랑Heschl's gyrus'으로 알려진 이 영역은 일차 청각 피질이라는 이름으로 더 자주 불린다. 과학계에서는 이 영역이 언어를 듣고 처리하는 역할을 한다는 점에 동의하고 있다.

19세기에 음향학자들은 소리가 공기·물을 통해 어떻게 전달되는지 연구하고 있었다. 물리학자이자 의사였던 헤르만 폰 헬름홀츠Hermann von Helmholtz는 소리의 파동 이론을 생리학과 연결했다. 그는 파동 이론을 기반으로 악기에서 발생하는 소리를 탐구했고 진동, 공명과 같은 소리의 특성을 상세히 설명했다. 헬름홀츠는 귀가 복합적인 소리를 분해함으로써 음높이를 인식한다는 개념을 발전시켰으며, 1장에서 다룬 소리의 고유한 특성인 음색의 개념을 제시하기도 했다.

한편 신경해부학자들 사이에서는 뇌에서 언어가 정확히 어디에 위

치하는지에 대한 논의가 더욱 심층적으로 이루어지는 중이었다. 신경
병리학자 칼 베르니케Carl Wernicke와 피에르 폴 브로카Pierre Paul Broca
는 언어 장애를 앓는 환자들의 증상과 뇌의 손상된 부위의 연관성을
연구하며, 청각적 언어 처리가 뇌의 서로 다른 두 영역에서 이루어진
다는 개념을 발전시켰다. 한 영역은 언어 생성과 관련이 있고, 다른
영역은 언어 이해를 담당한다는 개념이었다. 이들은 운동 피질 근처
좌측 전두엽에 손상을 입은 환자들이 단어 형성이나 유창한 말하기에
어려움을 겪는 반면 측두엽의 외측 열lateral fissure에 손상을 입은 환
자들이 말하는 능력 자체는 있으나 이해할 수 없는 언어를 만드는 모
습을 관찰한 후 위와 같은 결론에 도달했다.

이들의 연구로 실어증이라는 언어 상실 상태의 유형이 세분화되었
다. 말하기의 유창함에 어려움을 겪는 유형은 '브로카 실어증'으로, 이
해 가능한 언어를 생성하는 데 어려움을 겪는 유형은 '베르니케 실어증'
으로 불린다. 특히 베르니케 실어증은 언어 이해에 큰 영향을 미쳤다.

언어 기능을 담당하는 뇌의 영역에 대한 이 이론들은 오늘날 신경
학 분야에 흡수되었지만 환자마다 나타나는 차이 때문에 여전히 논
란을 낳고 있다. 실제로 뇌의 신진대사 활동을 조사하는 자기공명영
상MRI과 기능적 자기공명영상fMRI과 같은 진단 도구를 통해 사람마다
뇌의 작동 방식이 다르다는 사실이 밝혀졌다. 예를 들어, 일부 언어
상실 환자들은 언어 능력을 회복할 수 있는 반면 어떤 환자들은 그렇
지 못했다. 새로운 연구가 진행될 때마다 사람마다 뇌는 다르게 작동

하며 이전에 알려진 것보다 훨씬 더 복잡하고 가소성이 크다는 사실이 밝혀지는 중이다.

오늘날 뇌의 언어 기능을 연구하는 학자들은 언어가 신경 경로 내에 고정된 것이 아니라 유동적이고 서로 영향을 주고받는 방식으로 표현된다고 본다. 브로카 영역은 조음과 단어의 장기 기억 저장을 주로 담당한다고 여겨지며, 베르니케 영역은 소리와 의미 인식을 담당한다고 여겨진다. 이 영역들은 뇌의 특정 부분에 고정된 것이 아니라 서로 동적인 소통을 해서 말하기라는 행위를 이뤄낸다고 본다. 이는 뇌가 시각과 같은 다른 감각적 정보원으로부터 받은 정보를 통합하여 언어를 듣고 완전히 이해하는 과정을 보다 설득력 있게 설명한다.

이 모든 이론은 뇌가 언어를 유연하게 처리할 수 있는 이유를 설명해준다. 하지만 인간의 뇌는 방대한 양의 정보를 처리하는 능력을 갖추고 있긴 해도 그 용량이 무한한 것은 아니며, 과부하가 걸리면 최상의 성능을 발휘하지 못한다. 뇌가 효율적으로 작동하려면 듣기 능력이 최적화되어야 한다. 빠른 듣기와 느린 듣기는 각각 고유한 방식으로 듣기의 최적화를 제공한다. 이제부터 차례대로 살펴보자.

_____ 빠른 듣기와 느린 듣기

북적거리기로 유명한 기차역에서 아이를 잃어버렸다고 해보자. 가장 먼저 나타나는 스트레스 반응은 싸우거나 도망치는 행동이 아니다. 그럴 때 우리는 얼어붙는다. 고맙게도 내가 극심한 공포로 마비되어 있을 때 몸이 본능적으로 대응해 강력한 공황 호르몬을 분비했다. 아드레날린이 기도를 확장시키고 갑자기 사라진 아이를 찾는 데 집중할 수 있도록 혈액을 추가로 공급하는 동안, 내 청각 시스템은 언어학자들이 '선택적 청각 주의'라고 부르는 기능을 활성화했다. 선택적 청각 주의가 작동되자 주변의 소음이 줄어들고 그 순간 집중해야 할 대상에 초점이 맞춰졌다. 세계에서 세 번째로 시끄러운 기차역인 파리의 북역에 서서, 나는 잃어버린 7살짜리 딸과 관련된 안내 방송이 나올까 귀를 기울이고 있었다.

빠른 듣기의 효율성을 극대화하기 위해 우리는 특정 정보를 표적으로 삼는다. 정보가 최우선이며 우리가 찾아야 할 목표다. 이 모드에서 들으면 주변의 다른 대상이나 사람에 신경 쓰지 않고 신속하게 정보를 얻을 수 있다. 라디오에서 특정 채널을 찾는 것처럼 집중 대상이 단일하고 명확하다. 오로지 정보가 목표기 때문에 북적거리는 기차역에서도 소음과 같은 방해 요소를 적극적으로 배제한다.

그러나 이렇게 하나의 대상에 집중하는 일은 쉽지 않다. 여러 소리가 동시에 주의를 끌기 때문이다. 시끄러운 카페에서 친구의 말을 들을 때는 어느 정도 주의를 통제할 수 있다. 화상 통화 중에는 배경의 소음을 줄이고 화자의 음성을 강조하여 청각적 주의를 조정하기도 한다. 하지만 북적거리는 기차역처럼 소음이 끊임없이 청각 범위 끝자락에서 주의를 끄는 환경에서는 주의를 통제하기가 어렵다. 안내 방송만 주변 소음보다 약간 높은 약 100데시벨 정도의 음량으로 설계된 게 아니다. 사이렌도 우리의 주의를 끌며, 현재 집중하고 있는 상태를 방해하기도 한다.

청각 범위의 상한선을 초과하는 음량은 우리의 주의를 끌도록 설계되어 있다. 100데시벨을 넘는 사이렌 소리는 심리적 각성[1]을 유도해 그 소리를 알아차릴 수밖에 없도록 설계된 경고 신호다. 경고 신호는 어느 정도의 음량이든, 소리가 크든 작든, 긍정적이든 부정적이든, 음악 소리든 소음이든, 결혼식 종소리든 화재 경보든, 우리의 주의를 끌어 소리를 지르게 만든다. 사이렌은 '지금 당장 하던 일을 멈추고 길을 비켜!'라고 외치는 소리나 마찬가지인 셈이다.

이제부터가 흥미로운 부분이다. 빠른 듣기 모드가 작동하는 상태에서 사이렌 소리를 들으면 우리는 즉각 반응하고 내포된 지시를 따르게 된다. 경고 신호가 요구하는 사항에 따라 즉시 도로에서 길을 비켜준다. 하지만 스스로에게 느린 듣기를 허락하는 순간, 우리는 그 지시의 의미를 개인적으로 해석하기 시작한다. 사이렌 소리가 요구하는 신호에 대한 주의와 그 소리를 들었을 때 하고 있던 일(출근길에 운전하는 일, 딸을 찾는 일)에 대한 주의가 뒤섞인다. 빠른 듣기가 이루어진 순간에 보였던 즉각적인 반응을 되돌아보기 시작하면 그제서야 느린 듣기를 할 수 있게 된다. 그렇게 자신의 관심사를 생각하면 사이렌 소리를 개인적으로 해석하여 자신의 길을 계속 가게 된다. 내 남편의 경우에는 구급차를 따라가면서 더 빠르게 운전하는 것이었고, 내 경우에는 기차역에서 사이렌 소리를 들으면서 다시 아이를 찾는 일에 집중하는 것을 의미했다.

사랑하는 사람의 음색처럼 소리와 언어는 개인적인 연상 기억을 불러일으켜 그것을 더 잘 기억하도록 돕는다. 한 연구에 따르면 개인화된 정보 단서는 일반적인 단서보다 기억을 현저히 향상시킨다고 한다.[2] 느린 듣기 시스템은 똑똑하다. 개인적인 기억이 가장 생생한 기억이라는 사실을 알고 있기 때문이다. 개인화된 듣기는 일반적인 정보를 지금 이 순간, 자신이 놓인 상황에서 가장 적절한 정보로 만들어준다.

정보적 경청을 하면 선택적 청각 주의가 활성화되어, 일반적인 의미를 떠올리고 새로운 경험을 통해 이를 다듬고 갱신한다. 아침에 알람이 울릴 때를 떠올려보자. 알람 소리는 '일어나!'라는 일반적인 의미를 전달한다. 오전 일찍부터 회의가 있거나 비행기를 타야 하는 날이면 알람 설정의 의미와 개인적인 의미가 일치한다. 이때는 알람 소리를 빠르게 듣고 곧바로 일어날 것이다. 하지만 오전에 회의가 없고 재택 근무를 하는 날이면 느린 듣기가 작동해서 알람 소리를 그날의 일정에 맞게 해석하고 침대에 조금 더 누워 있을 것이다. 알람 소리를 침대에서 5분만 더 누워 있어도 된다는 의미로 개인화할 수도 있다. 그러면 아마도 더 자려고 정지 버튼을 누를 것이다!

우리는 각 소리에 의미를 부여하고 새로운 경험을 할 때마다 그 의미를 갱신하는 과정을 통해 의미-소리의 컬렉션을 확장해나간다. 목소리의 음색, 톤, 단어, 심지어 세탁기가 빨래 종료를 알리고자 내보내는 기계음까지 모든 소리가 의미-소리 컬렉션에 포함된다.

  정보적 경청에 필요한 소리와 단어를 배우는 일은 조림造林(나무를 심어 숲을 조성하는 일) 프로젝트와도 같다. 우리 내면의 사전에 일반적인 의미뿐 아니라 개인적인 의미도 함께 채워나가는 과정이다. 빠른 듣기를 하려면 선택적 청각 주의가 필요하지만 느린 듣기를 하면 평생의 경험이라는 자원을 활용하여 듣는 내용을 자신에게 의미 있게 만들 수 있다. 빠른 듣기와 느린 듣기 시스템은 정보적 경청에서 단어와 그 의미를 파악하는 과정에서 서로를 보완한다.

  딸을 잃어버린 사건의 결말을 미리 말하자면 결국 아이를 찾았다. 만약 찾지 못했으면 지금 그 이야기를 꺼내지도 못할 테다. 사실 나는 두 번이나 딸을 찾았다. 처음에는 빠른 듣기를 통해 안내 방송을 듣고 아이의 존재를 확인했고, 두 번째는 느린 듣기로 신중하게 확인 과정을 거쳐 마침내 직접 딸을 품에 안게 되었다.

  내가 어떻게 느린 듣기를 통해 스스로뿐 아니라 타인까지 배려하며 들었는지에 대해서는 조금 뒤에 자세히 이야기하겠다. 그 전에 대화에서 상대방의 개인적인 의미를 고려할 필요 없이 일반적인 의미에 집중하며 듣는 경우의 정보적 언어가 무엇인지에 대해 살펴보고자 한다. 우선 단어부터 시작해서 문법으로 이어가겠다. 단어와 문법은 종종 딱딱하고 지루한 것으로 오해받기 쉽지만 사실 이 둘은 언어를 구성하고, 대화 속에서 의미를 만들어내는 중요한 요소들이다.

말의 숲을 가꿔라

'단어言葉'를 뜻하는 한자는 글자 그대로 해석하면 '말의 잎'이라는 뜻이다. 나무의 최종적인 표현은 잎이다. 잎을 보고 나무를 알아보는 것처럼 우리는 목소리를 통해 사람을 알아본다. 마찬가지로 말소리는 우리가 특정 언어를 인식하는 방식이기도 하다. 나무를 모르는 사람에게는 모든 잎이 똑같이 보인다. 하지만 나무를 아는 사람에게는 모든 잎이 다르게 보이며, 잎들이 모여 나무의 전체적인 인상을 형성한다는 사실을 안다. 이렇게 우리는 단어의 숲을 관리하며 다양한 언어 나무를 돌본다.

언어 데이터베이스 사이트 에스놀로그Ethnologue 3에 따르면 인류는 7,100개 이상의 구어口語를 구사한다. 하지만 그중 약 90%는 사용하는 사람이 10만 명도 되지 않는 소수 언어다. 언어의 기원과 상호 관계를 연구하는 언어역사학자들은 세계의 모든 언어를 언어 계통수의 가지로 시각화한다. 영어는 인도유럽어족에 속하며 언어역사학자의 관점에서 보면 영어 단어를 들을 때마다 '언어의 숲속에서 인도유럽어족의 게르만어파 가지에 달린 단어 잎을 듣는 셈'이다.

언어를 구성하는 단어 목록을 정리하는 방법으로도 언어를 분류한다. 언어학자들은 이 단어들의 모음을 '어휘집lexicon'이라고 부른다. 어휘집은 '함께 사용하는 말'이라는 의미다. 어휘집이 정리된 것을 '사전dictionary'이라고 한다. 우리는 사전을 인쇄된 형태로 접하기 때문에 문자 언어로 인식하지만 사실 사전이라는 단어는 '말하다'라는 뜻의 라틴어 'dicere'에서 유래했다. 따라서 사전은 본래 말로 사용되는 언어를 기록하는 목적을 가진다. 사전에 담긴 단어들은 일반적인 말의 잎이며 우리는 단어를 사용함으로써 개인적인 의미를 부여한다.

다시 말하자면 우리는 안내 방송처럼 상대방을 고려할 필요 없이 서술되는 말을 따라갈 때는 빠른 듣기를 하며 단어들의 일반적인 의미를 듣는다. 반대로 대화를 나누며 천천히 말을 들을 때는 말들의 일반적인 의미를 넘어, 한 사람에서 다른 사람으로 전달되는 개인적인 뉘앙스를 이해하려고 노력한다. 모든 개인의 말하기는 똑같거나 획일적인 사전 같은 말이 아니기 때문에 동일한 내용을 이야기하고 있다고 생각해도 실제로는 동일한 의미가 아닐 때가 있다.

초기의 사전은 주로 학습을 위해 언어를 설명하는 용도로 만들어졌다. 가장 오래된 영어 사전 중 하나는 영국의 문법학자이자 시인이었던 갈런드의 존John of Garland이 파리대학교에서 가르치던 시절인 1220년에 편찬한 사전이다. 하지만 현재까지 알려진 최초의 영어 사전은 1604년 로버트 코드리Robert Cawdrey가 출판한『알파벳 순서로 된 단어 일람표Table Alphabeticall』로, 약 2,543개의 단어를 수록하고 있다. 이 사전의 제4판은 여전히 옥스퍼드대학교의 보들리언 도서관에서 보관 중이다.

코드리는 '어렵지만 일상적인 단어'의 이해를 돕기 위한 목적으로 사전을 만들었다고 했다. 여기서 '어려운hard' 단어란 아마도 흔히 사용되지 않는 단어를, '일상적인usual' 단어는 일반적으로 대화에서 사용되는 단어를 뜻했을 것이다. 즉, '어렵지만 일상적인 단어'란 가끔 들을 수는 있지만 항상 쓰이지는 않는 단어들을 의미했다.

영어에서 가장 유명한 어렵지만 일상적인 단어들은 1755년에 출판된 새뮤얼 존슨Samuel Johnson의 사전에서 찾아볼 수 있다. 이 사전은 지금도 런던 플리트 스트리트 근처 그의 옛 거처에 전시되어 있다. 존슨 박사의 『영어 사전A Dictionary of the English Language』은 이후 1884년에 출판된 영어 사전의 어머니라고 불리는 『옥스퍼드 영어 사전Oxford English Dictionary』이 나오기 전까지 널리 사용되었다.

1989년까지 『옥스퍼드 영어 사전』은 20권, 21,728쪽에 달하는 방대한 규모로 확장되었다. 2010년에 출판된 제3판에는 60만 개 이상의 단어가 수록되었으며, 이는 다른 사전들과 비교해도 압도적인 규모다. 프랑스어 단일 사전 중 가장 널리 사용되는 『르 프티 로베르Le Petit Robert』의 제40판에는 6만 개의 단어가 수록되어 있다. 영어 사전에 수록된 단어가 훨씬 더 많은 이유는 프랑스가 1066년 노르만을 정복하면서 프랑스어 단어들이 영어에 대거 유입되었기 때문이다.

단순히 사전에 수록된 단어 개수로 언어의 지배력을 따지는 건 어리석은 일이다. 스크래블Scrabble 게임을 즐겨 하는 사람이라면 알겠지만 모두가 『옥스퍼드 영어 사전』에 수록된 60만 개의 단어를 알고 있지는 않다. 영어 모국어 화자가 아는 일반적인 단어를 분석한 연구가 이를 뒷받침한다.

언어학자들이 20억 개 이상의 단어로 이루어진 텍스트 데이터베이스인 옥스퍼드 영어 코퍼스Oxford English Corpus를 조사했다. 옥스퍼드 영어 코퍼스에 포함된 단어 중 상위 25개 단어가 우리가 가장 잘 알고, 문자 언어에서 가장 자주 사용되는 단어들의 약 3분의 1을 차지한다. 이는 곧 우리가 일상적으로 말할 때 코드리의 『알파벳 순서로 된 단어 일람표』에 수록된 '어려운 단어'보다 '일상적인 단어'를 훨씬 자주 사용한다는 사실을 반증한다. 즉, 우리는 많은 단어를 알고 있지만 실제로는 그중 일부만 습관적으로 사용하는 것이다.

옥스퍼드 영어 코퍼스와 같은 단어 기록 텍스트를 분석하면 가장 많이 사용하고 읽는 단어들을 파악할 수 있다. 하지만 실제로 말하고 듣는 단어의 수를 정확히 파악하기는 어렵다. 구어를 기록하는 데에 물리적·기술적 어려움이 존재하기 때문이다. 기계가 필사와 집계 작업을 대신하게 된 후에도 언어학자들은 여전히 의미를 어떻게 분류할 것인가 하는 큰 과제에 직면해 있다. 예를 들어, 'fly'라는 단어를 '곤충'과 '공중을 나는 동작'이라는 2가지 의미로 구분하는 것은 비교적 쉽지만 문법적 변형을 어떻게 다뤄야 할지는 복잡한 문제다. 'fly'와 'flew'는 각각 별개의 단어로 간주해야 하는가, 하나의 단어로 보아야 하는가?

이 지점에서 문법이 개입하여 딜레마를 해결한다. 문법은 언어를 다루는 강력한 도구다. 규칙을 통해 언어를 제한하면서도 동시에 한 문장에서 단어를 무한히 조합하고 생성할 수 있게 해준다. 특히 문법은 의미를 담고 있다는 측면에서 유용하다.

이를테면 'fly'와 'flew'가 각각 현재형과 과거형이라는 것을 모국어 화자는 직관적으로 이해한다. 하지만 영어를 배우는 제2언어 학습자는 이를 분석적으로 익힌다. 이 두 단어는 각각 다른 의미를 지닌 별개의 단어다. 어제 도착한(flew) 비행기와 오늘 도착할(fly) 비행기는 서로 전혀 다른 개념이다. 만약 활용형 변화를 무시하고 'fly'와 'flew'를 별개의 단어로 간주한다면 미래의 행동을 나타내는 현재형 'fly'는 어떻게 처리해야 할까? 예를 들어, "I fly tomorrow."라고 말하면 제2언어 학습자가 단순 현재 시제로 배운 'fly'가 정해진 미래의 일정을 나타내는 데 쓰인다. 'fly'라는 개념에 또 하나의 의미가 추가된다.

단어가 단순히 문자적 의미만 가지는 게 아니라 관용적·은유적·개인적 의미도 포함한다는 점 때문에 상황은 더욱 복잡해진다. 예를 들어, '무언가가 날았다(something flew)'라고 말할 때 'flew'는 실제로 공중을 날았다는 뜻이 아니라 빠르게 움직였다는 의미일 수도 있다. "She flew out the door."라고 하면 빠르게 문 밖으로 나갔다는 뜻이지 실제로 날아갔다는 의미는 아니다. 'Time flies'라는 표현도 마찬가지다.

그리고 기차역에서 한 친절한 남성이 준 정보에 따르면 내 딸도 그렇게 사라졌다. 그는 "She flew that way."라고 말했다. 안타깝게도 주변을 360도로 둘러보며 확인한 끝에, 딸이 정말로 인파 속을 빠르게 지나갔다는 사실을 깨달을 수밖에 없었다. 딸은 어디에도 보이지 않았다. 이렇듯 단어는 단순한 문법적 의미뿐 아니라, 상황에 따라 달라지는 맥락적 의미도 지니기 때문에 구술되는 단어의 수를 정확히 집계하기 어렵다.

한편 단어를 세는 것이 매우 어려운 과제임에도, 벨기에 겐트대학교의 마크 브리스바르트Marc Brysbaert 교수는 한 사람이 아는 평균 단어 수를 집계하는 연구에 도전했다. 그는 2016년 미국인을 대상으로 한 연구에서 참가자들이 20살까지 약 4만 2천 개의 단어를 식별할 수 있으며, 60살까지 식별하는 단어가 4만 8천 개로 증가한다는 결과를 도출했다.[4] 하지만 어떤 단어를 식별한다는 뜻이 그 단어를 '들어본 적이 있다'라는 뜻일 수는 있어도, 그 단어의 의미(혹은 모든 의미)를 '안다'라고 말할 수는 없다. 아마도 이것이 다른 연구에서 집계된 영어 단어 수가 훨씬 더 낮게 나온 이유일 것이다.

예를 들어, 《이코노미스트The Economist》에서 진행한 2013년 미국인 대상의 연구에서는 한 사람이 아는 평균 단어 수가 20살까지는 2만 개, 60살까지는 3만 5천 개라고 하였고,[5] 영국의 어휘학자이자 사전 편찬자인 수지 덴트Susie Dent는 성인의 어휘가 4만 개에 이를 수 있지만 대부분의 영어 모국어 화자는 약 2만 개 수준의 단어를 안다는 견해를 내놓았다.[6] 2만 개의 단어라고 하면 적어 보인다. 하지만 그럼에도 이 숫자는 일본으로 돌아갔을 때 2천 자가 넘는 한자를 익히느라 애를 먹었던 내 입장에서 보면 여전히 사용하고 듣기에 상당히 많은 단어처럼 느껴진다.

'어렵지만 일상적인 단어'를 알면 스크래블이나 워들Wordle 게임에서 확실히 유리하다. 하지만 게임에서 이기는 것보다 더 중요한 부분에서 생각해봐야 한다. 심리학자들은 뛰어난 어휘력이 청자의 인지 부하를 줄여준다고 믿는다. 듣기의 경우에는 더 많은 단어를 알수록 다른 사람들이 말하는 내용을 더 쉽게 이해할 수 있다는 의미로 해석되기도 한다. 하지만 더 많은 단어를 알수록 무조건 인지적 부하가 줄어들까? 영어 화자와 청자는 극히 적은 수의 단어를 사용해서 소통한다. 영어에서 가장 많이 사용되는 25개 단어 목록을 보아도 이러한 경향을 알 수 있다.

영어에서 가장 많이 사용되는 25개 단어[7]

1. the	2. be	3. to	4. of
5. and	6. a	7. in	8. that
9. have	10. I	11. it	12. for
13. not	14. on	15. with	16. he
17. as	18. you	19. do	20. at
21. this	22. but	23. his	24. by
25. from			

위의 단어들은 우리가 문법적 요소로 간주하는 언어의 연결 요소들이다. 문법은 의미를 정확히 전달하고, 말하고자 하는 내용을 개인화한다. 가장 많이 사용되는 단어 목록 최상위에 있는 'the'는 특정 대상

을 명확히 지정하는 역할을 한다. 바로 전까지 'a'로 표현되던 단어에 'the'가 붙으면 특정 단어로 바뀐다. 'the'는 위 목록에서 열 번째로 많이 사용되는 단어인 'I'라는 화자가 말하려는 내용을 개인화해준다. 우리는 듣기를 통해 이렇게 작고 사소한 문법 요소들을 체계적으로 분석하여 원하는 정보를 얻는다.

문법은 언어를 효율적으로 만들어 듣기의 속도를 최적화하는 데 도움을 준다. 원하는 내용을 전달하려고 지나치게 많은 단어를 사용할 필요가 없어지며, 사람들의 말을 듣고 이해하기 위해 방대한 어휘력을 갖출 필요도 없어진다. 20세기 초까지 일부 집단에서는 '어휘력이 뛰어날수록 지능이 높다'라는 믿음이 널리 퍼졌고 오늘날에도 이 고정관념은 다양한 형태로 등장하고 있다. 하지만 많은 단어를 안다고 해서 자동으로 듣기 이해력이 향상되는 건 아니다. 또한 방대한 어휘력을 가졌다고 해서 반드시 듣기 능력이 뛰어난 것도 아니다.

실제로는 오히려 반대에 가깝다. 영어 사전에 수록된 단어 수에서도 알 수 있듯이 영어 단어의 방대한 규모는 청자가 듣는 과정에서 의미를 잘못 해석할 가능성을 높인다. 영어는 약 15억 명의 화자가 사용하는 가장 널리 쓰이는 언어며, 다양한 모국어를 가진 사람들이 소통을 위해 사용하는 국제 공용어lingua franca다.

오늘날 영어가 이렇게 중요해진 이유는 명백하다. 영어를 배우는 제2언어 학습자가 전체 화자의 4분의 3을 차지하기 때문이다. 영어 사용자 중 75%가 영어를 제2언어로 배운다. 한편 중국어의 제2언어 사용자 비율은 18%에 불과하다. 따라서 대다수의 영어 화자가 이중 언어 사용자라는 사실은 우리가 영어를 들을 때 다른 언어 문화를 지 닌 사람들의 말을 듣는다는 사실을 의미한다.

영어로 대화할 때 '같은 영어'를 듣고 있다고 생각하지만 실제로는 그렇지 않은 경우가 많다. 수많은 연구가 제2언어를 말하고 이해하는

언어	L1 - 모국어 화자 수	L2 - 제2언어 화자 수	L1+L2를 합친 화자 수
1. 영어*	3억 8천만 명	11억 3천 5백만 명	15억 1천 5백만 명
2. 표준 중국어†	9억 4천 1백만 명	1억 9천 9백만 명	11억 4천만 명
3. 힌디어	3억 4천 5백만 명	2억 6천 4백만 명	6억 9백만 명
4. 스페인어	4억 8천6백만 명	7천4백만 명	5억 6천만 명
5. 현대 표준 아랍어‡	0명	3억 3천 2백만 명	3억 3천 2백만 명
6. 프랑스어	7천 4백만 명	2억 3천 8백만 명	3억 1천 2백만 명
7. 벵골어	2억 3천 7백만 명	2천 7백만 명	2억 7천 8백만 명
8. 포르투갈어§	2억 3천 6백만 명	2천 7백만 명	2억 6천 4백만 명
9. 러시아어§	1억 4천 8백만 명	1억 8백만 명	2억 5천 6백만 명
10. 우르두어	7천만 명	1억 6천 8백만 명	2억 3천 8백만 명

* 크리올어 제외 † 중국어 방언 제외 ‡ 방언 제외 § L1+L2를 합친 화자 수는 반올림된 값

2024년 세계에서 모국어 및 제2언어로 가장 많이 사용되는 10대 언어 [8]

방식에 다른 언어·문화에 대한 지식이 영향을 미친다고 밝혀냈다. 우리는 보통 이렇게 '서로 다른 영어'를 억양이나 지역적 표현을 통해 알아차린다. 하지만 다른 장에서 다룰 문화 간 소통에 따르면 언어의 문화적 요소는 한 문화에서 다른 문화로 전이될 수 있으며, 이에 따라 온갖 혼란과 오해를 불러일으킬 수도 있다.

따라서 영어의 제2언어 화자가 영어 사용자의 4분의 3을 차지한다는 사실은 화자와 청자 모두에게 더 큰 부담을 안긴다. 화자가 의도한 의미가 청자에게 그대로 전달되지 않을 수도 있다는 점을 강조하고 싶다. 개인이 의미를 주관적으로 해석한다는 점만으로도 대화 중인 두 사람이 단어의 동일한 의미를 공유하는 것이 어렵다. 영어를 사용한 소통에서는 화자의 문화적 다양성 때문에 이러한 불일치가 더욱 커진다. 그 결과, 영어를 듣는 사람들은 단어의 일반적인 의미뿐 아니라 개인적·문화적 의미를 포함한 비일반적인 의미에 노출될 가능성이 크다.

이는 문화 간 소통에서 흔히 발생하는 오해와 마찬가지로, 대화하는 사람들이 같은 내용에 관해 이야기하고 있다고 생각하지만 실제로는 그렇지 않은 상황을 초래한다. 문화 간 오해에 대해서는 6장에서 더 자세히 다루기로 하고, 지금은 영어가 널리 사용된다는 점이 오해의 소지를 만들기도 한다는 사실을 기억하자.

제2언어 화자의 높은 비율과 영어 단어의 방대한 규모는 화자에게는 명확한 언어를 사용해 말하는 태도를, 청자에게는 열린 자세로 해석하는 태도를 요구한다. 특히 소통하는 사람들이 서로에 대해 익숙하지 않은 상황에서는 화자가 단순하고 명확하게 말함으로써 오해를 줄이고 청자가 더 쉽게 이해하도록 말해야 한다. 그렇다고 해서 원활한 의사소통의 책임이 오직 화자에게만 있는 건 아니다. 청자도 의미의 모호성을 열린 태도로 받아들이고 대화를 통해 소통의 의미를 탐색해야 더 좋은 관계가 형성된다. 예를 들어, 의미가 모호할 때 "당신이 의미하는 것이 이것인가요?"와 같은 질문을 던지는 것이다.

물론 대화 상황에서 던지는 질문은 바로 묻기에 바로 적절하지 않은 질문이 될 수 있으며, 대화가 조금 더 지속된 다음 질문하는 게 좋을 때도 있다. 질문을 던졌어도 정보적 의미를 찾는 데에는 시간이 걸리기도 한다. 묻는 과정이 빠르다고 여겨질 수도, 느리다고 느낄 수도 있다. 어쨌든 이렇게 대화 상황에서는 질문을 던지며, 운송 번호를 추적하듯 즉각적으로 정보를 얻거나 느리게 귀 기울이며 시간을 쏟아야 할 수도 있다는 점을 기억하자.

_____ 빠른 듣기로 필요한 정보를 찾아라

정보를 빠르게 들으려면 기존에 알고 있는 단어를 표적 삼아서 들어야 한다. 그렇지 않으면 머릿속에서 우리는 2만 개 이상의 단어들을 뒤져야 할 뿐 아니라, 문법에 따른 다양한 방식의 조합까지 고려해야 하므로 뇌에 과부하가 올 수 있다. 더 쉽게 말하자면 고작

20개의 단어만으로도 엄청난 수의 문장을 생성할 수 있기 때문이다. 이론적으로 20개의 단어로 조합할 수 있는 문장의 수는 10^{20} 즉, 100,000,000,000,000,000,000개에 이른다.[9] 어떤 문장을 듣든 그 문장을 이해하기 위해서 가능한 모든 단어의 조합을 암기하는 건 현실적으로 불가능하다. 모든 단어로 문장을 말하고 이해하려면 수십억 년이 걸릴 것이다.

다행히 뇌는 그렇게 식으로 작동하지 않는다. 우리는 언어의 유한한 규칙을 학습함으로써 무한한 문장을 생성할 수 있다. 영어를 모국어로 사용하는 사람들은 대개 정규 교육을 받기 전 규칙을 습득한다. 우리는 빠른 처리 성능을 갖춘 기계를 보며 감탄하지만 기계는 인간을 모델로 만들어졌다. 인간은 매우 빠르게 들을 수 있으며, 기계가 이러한 능력을 갖추기 전부터 이미 그러한 능력이 발달해 있었다.

인공 지능[AI]이 등장하기 훨씬 전인 1956년, 수학자이자 언어학자인 노암 촘스키[Noam Chomsky]와 수학자이자 의학 박사인 마르셀-폴 쉬첸베르거[Marcel-Paul Shützenberger]는 '인간의 무한한 문장 생성 능력'을 설명하는 모델을 제안했다. 당시 학계 밖에는 거의 알려지지 않았지만 촘스키-쉬첸베르거 모델은 계산언어학과 인공 지능의 발달에 영향을 미쳤다. 또한 컴퓨터가 인간의 언어를 시뮬레이션하고 이해하게 만드는 기반을 마련했다. 단어와 문법에 의미를 부여하고, 다음에 올 단어와 그 위치를 결정하는 규칙을 생성함으로써 촘스키-쉬첸베르거 모델은 기계에 '말하고', '듣는' 방법을 가르치는 연구에 처음으로 중요한 진전을 이루어냈다.

이 모델이 영향을 미친 기본적인 수준의 기계적 활용 사례 중 하나가 정보 추출 기술이다. 정보 추출에는 여러 검색 알고리즘을 적용할 수 있지만 인간의 빠른 듣기 방식을 이해하는 데 활용할 수 있는 기술은 '해싱hashing'이다. 다른 선형 알고리즘이 2만 개의 단어가 저장된 데이터 풀에 들어가 단어를 하나하나 검색하는 방식이라면 해싱 검색은 특정 단어에 코드화된 데이터를 부여하여 정보를 어디에서 찾아야 하는지를 더 구체적으로 지시하는 방식으로 작동한다. 즉, 해싱은 일종의 지름길을 제공하는 기술이다.

한 기술 기업의 엔지니어에게 기계가 어떻게 '듣는지' 물었을 때 그는 컴퓨터가 특정 단어 패턴을 인식하고 이를 데이터베이스에 저장된 패턴과 대조함으로써 즉, 인간의 빠른 듣기를 모방해서 듣는다고 설명했다. 컴퓨터는 특정 단어의 주변 맥락을 검색해 해당 단어가 데이터베이스에서 얼마나 자주 또는 드물게 등장하는지를 기준으로 가장 가능성 높은 의미를 추정한다. 마치 우리가 열차 운행 일정을 알리는 안내 방송에서 목적지를 해싱하여 필요한 정보를 빠르게 찾는 방법과 비슷하다. 특정 단어를 듣기 위해 선택적 청각 주의를 활성화하고 있기 때문에 안내 방송이 스피커를 통해 나오면 필요한 정보를 쉽게 찾을 수 있다.*

빠른 듣기에서 단어를 추적할 때 우리는 기계에 가르친 방식과 똑같은 방식을 쓴다. 단어의 맥락을 스캔하는 것이다. 우리는 자주 초기 정보를 바탕으로 다음에 일어날 일을 예측한다.

예를 들어, 기차역의 안내 방송이 켜질 때 들리는 화이트 노이즈가 그렇다. 이 소리는 내 왼쪽 귀에서 나는 이명과 비슷하다. 기차역에서 정기적으로 방송되는 열차 운행 일정 안내는 보통 짧은 음악 소리와 함께 시작된다. 기차를 타려고 할 때는 그 익숙한 멜로디를 듣고 반가워하겠지만 잃어버린 딸과 관련된 개인적인 정보를 찾고 있을 때면 그리 반갑지 않을 것이다. 그래서 안내 방송이 켜진 후 음악 소리가 흘러나오는 대신 잠시 멈췄을 때 나는 기대감을 느꼈다. 이러한 면에서 보면 단어에만 의미가 있는 게 아니라 단어들을 구분하는 멈춤에도 의미가 담겨 있다.

해싱된 단어 앞에 무엇이 있는지를 보면 정보를 전달하는 언어에서는 그 뒤에 뒤따를 말, 톤의 변화, 멈춤의 내용을 예측할 수 있다. 우리가 메시지를 추적하고 빠르게 듣기 위해 어떤 신호를 사용하든, 그 모든 과정은 눈 깜짝할 사이에 일어난다. 신경심리학자들의 계산에 따르면 겨우 0.2초 정도밖에 안 되는 시간이다.[10]

내가 안내 방송에서 딸의 이름을 해싱 처리한 다음 겪은 일도 그렇다. 안내 방송에서 딸을 찾았다는 말과 함께 "아이의 보호자께서는 안내 센터로 와주시기 바랍니다."라는 지시를 들었다. 빠른 듣기는 우리

---

*　　　기계 언어가 노암 촘스키 교수의 연구로부터 영향을 받았다는 사실은 매우 아이러니하다. 그는 인간의 언어를 기계의 성능과는 완전히 다른 하나의 예술적 표현으로 보기 때문이다.

가 찾는 정보를 얻는 최적의 방법을 알려주지만 헬로키티 인형을 든 딸이 가슴께에 산탄총을 찬 2명의 보안 요원 사이에 끼어 있는 모습을 발견했을 때의 감정까지 설명해주지는 못한다. 나의 데이터베이스에 그 기억이 영원히 저장되어 있음에 감사한다. 느린 듣기가 가져다주는 이점이 얼마나 큰지를 너무도 선명하게 일깨워주는 기억이기 때문이다.

———— 느린 듣기로 의도를 읽어라

기차역의 안내 센터에서 딸을 다시 만난 후에야 나는 비로소 숨을 돌릴 수 있었다. 하지만 그다음으로 해야 할 일을 맞닥뜨렸다. 내가 정말로 길 잃은 아이의 보호자라는 사실을 확인하는 보안 검사 통과였다.

보안 검사를 통과하는 과정에는 대화가 포함되었다. '대화converse'라는 단어의 어원이 'con(함께)'과 'verse(구절)'를 합쳐 '구절을 함께 두다'에서 나온 것과 달리, 내가 겪은 대화는 그렇게 단순하고 직선적이진 않았다. 사람은 의미에 영향을 미치는 중요한 규칙은 따를 수 있지만(예를 들어 영어에서 주어S, 동사V, 목적어O 순서와 같은 문장 구조가 그러하다) 모든 단어를 완벽한 문법 구조에 맞춰 배치한 '완전한 문장'으로 말하지는 않는다. 모국어 화자는 대부분 문법 규칙을 의식하지 않는다. 종종 단어를 생략하기도 하며 단어가 불필요하거나 쉽게 떠오르지 않을 때는 몸짓을 사용하기도 한다. 하지만 그래도 듣는 사람들은 화자가 전달하려는 의미를 해독할 수 있다는 점이 놀라울 따름이다.

정보 전달 언어가 불완전·부재하거나 때로는 모순되는데도 청자는 어떻게 이해할 수 있는 것일까? 그 이유를 설명해주는 연구가 있다. 특히 3명의 연구자를 주목해야 한다. 앞에서 소개한 대니얼 카너먼은 동료인 아모스 트버스키Amos Tversky와 함께 인간의 사고 체계를 빠른 생각과 느린 생각이라는 2가지 체계로 설명했다. 여기에서도 카너먼의 사고 체계를 빌려와서 우리가 정보 전달 언어를 들을 때 해싱과 같은 단축 방식을 사용하여 빠르게 들으며 정보를 처리하고, 결정을 숙고할 때는 천천히 듣는다는 사실을 이해하고자 한다.

단어를 해싱 처리해서 빠르게 들을 때는 완전한 문장이 필요하지 않다. 반면 천천히 사고하며 누군가의 말을 곰곰이 되새길 때는 상대방이 의미한 바를 이해하기 위해 누락된 퍼즐 조각을 찾아서 맞출 시간이 필요하다. 느린 듣기를 할 때 우리는 상대방이 한 말을 자신의 내면에 존재하는 사전과 대조해보며 의미를 파악한다. 이 사전에는 단어에 대한 정보뿐 아니라 사람들이 그 단어를 실제로 사용하는 다양한 방식에 대한 정보도 담겼다.

두 번째로 주목해야 할 학자는 바로 언어철학자 J. L. 오스틴J. L. Austin이다. 그는 혁신적인 연구를 내놓았다. 1955년 하버드대학교 강연에서 오스틴은 말이 실제로 수행력을 갖는 행동을 유발한다는 개념을 발전시켰다. 그는 '단어는 발화 행위며, 이 발화 행위를 통해 우리가 특정한 일을 수행할 수 있다'고 했다. 주례자가 "이제 두 사람이 부부가 되었음을 알립니다."라고 말하는 순간 결혼식이라는 행위가 완료되는 것처럼 말이다. 오스틴은 발화 행위 이론에서 언어의 기본적인 기능을 다음의 7가지로 구분했다.

1. 어떤 사실을 진술하거나 서술하는 단언
2. 정보를 요청하는 질문
3. 지시를 내리는 명령
4. 미래의 행위에 대한 약속
5. 유감이나 후회를 표현하는 사과
6. 참여를 제안하거나 요청하는 초대
7. 제안이나 요청에 대한 거절

실제로는 7가지보다 더 많은 유형의 발화 행위가 존재한다. 하지만 자주 쓰이지 않는 단어들을 뜻하는 코드리의 '어렵지만 일반적인 단어'처럼 그 외 기능들은 흔히 사용되지 않는다. 이 7가지 기능이 우리가 일상적으로 사용하는 보편적인 기능이자, 우리가 말할 때 사용하는 문장 문법의 기본적인 규칙이다.

만약 누군가가 "거기에 갈 수 없게 되어서 기분이 안 좋아."라고 말하면 비록 '미안하다'라는 단어를 직접 사용하지 않았고, 더 직접적으로 설명하지 않더라도 다섯 번째 유형인 사과를 의미한다는 점을 알 수 있다. 풀이 죽은 강아지 같은 눈빛으로 비언어적 신호만 보낼 때도 마찬가지다. 우리는 내면의 사전을 참조함으로써, 상대방이 말로 모든 정보를 제공하지 않더라도 그 의미를 이해한다.

일상적인 대화에서 자신이 이러한 '일반적인 기능들'을 얼마나 자주 사용하는지 한번 의식해보라. 특히 일상에서는 초대와 거절이 가장 흔하게 쓰인다. 예를 들어, 동료에게 "커피 마시러 갈래?"라고 물었을 때 "끝내야 할 일이 있어."라는 답이 돌아왔다고 해보자. 동료는 당신이 커피를 마시자고 초대한 의도를 이해했으며, 비록 직접적으로 거절하지 않았어도 당신은 동료의 말에서 거절의 의미를 이해할 수 있다. 다행히 동료는 부드럽게 거절했다. "아니, 나는 너와 커피를 마시러 가고 싶지 않아."라고 말하지 않았다. 물론 후자의 문장이 더 정확하고 직관적인 대답이겠지만 말이다.

이처럼 느린 듣기는 직접적인 거절의 말이 없어도 거절의 기능을 이해하도록 도와준다. 느린 듣기는 마치 문장을 엑스레이로 투시하듯이, 직접적인 단어가 없어도 상대방이 의도한 기능을 파악할 수 있게 해준다.

기차역의 안내 센터에서 보안 요원은 "신분증을 볼 수 있을까요?"라고 물었다. 이는 오스틴의 이론에서 두 번째 기능인 질문에 해당하는 발화 행위면서 동시에 세 번째 기능인 명령의 역할도 수행하는 문장이다. 앞선 장에서 살펴본 기쁨-슬픔-분노라는 감정들이 뒤섞여 나타나는 것처럼 발화 행위도 여러 기능이 결합한 형태로 이루어질 때가 많다. 그리고 우리는 이렇게 여러 기능이 결합된 문장을 들어도 자연스럽게 내재된 의미들을 인식한다. 나는 신분증을 보여주며 응답했다. 보안 요원의 질문에 '예'라고 답한 동시에 명령에 따른 행동이었다. 왜냐하면 '예'라는 대답이 딸과 다시 만나기 위한 중요한 절차라는 점을 알고 있었기 때문이다.

이처럼 일련의 기능을 수행하고 이에 반응하는 과정으로 이루어지는 인간의 언어는 기계 언어의 매력적인 모델이 된다. 컴퓨터언어학자들과 인공 지능 프로그래머들은 인간의 언어 사용 방식을 자연어 처리NLP 기술이라고 부르며 이를 본떠 기계 언어를 설계했다. 오늘날 자연어 처리 기술은 기계 번역과 정보 검색 같은 인공 지능 응용 분야에서 널리 사용되고 있다. 게다가 프로그래머들은 그 한계를 확장해 음성 인식, 감성 분석 같은 느린 듣기 영역에서도 언어를 탐구하고 있다.

우리가 정보 전달 언어를 들을 때 그 정보가 불완전하더라도 이해할 수 있는 이유를 설명해주는 마지막 언어학자는 철학자 폴 그라이스Paul Grice다. 그라이스는 간접적이거나 모호하거나 심지어 주제에서 벗어난 언어여도 우리가 듣고 이해할 수 있는 이유를 협력 원칙Cooperative Principle이라는 개념으로 설명했다. 모든 대화는 화자와 청자가 서로 협력하려는 협의를 바탕으로 이루어진다는 이론이다. 협력 원칙을 따르기 위해 의사소통을 하는 사람들은 어떤 대화에서든 다음의 4가지 격률을 따라야 한다.

- **질**Quality**:** 자신이 진실이라고 믿는 사실만을 말하라.
- **양**Quantity**:** 필요한 만큼의 정보를 제공하라.
- **관련성**Relevance**:** 주제와 관련된 정보를 제공하라.
- **태도**Manner**:** 모호한 표현을 피하고 명료하게 전달하라.

그라이스는 대화에서 대부분의 사람이 어떤 의미를 전달하려 하며, 이를 협력 원칙에 따라 최적의 방식으로 수행하려 한다고 가정했다. 여기서 최적의 방식이란 바로 진실하고 관련성이 있으며 명료하고 적절하게 소통하는 방식이다. 그라이스의 협력 원칙은 인간이 협력을 바탕으로 일상적인 대화를 이해한다는 보편적인 개념을 뒷받침한다. 그는 대화에서 사람들이 협력하려고 한다는 가정이 정보의 기능을 이해하는 데 도움을 준다고 주장했다.

예를 들어, 동료에게 커피를 마시자고 했을 때 "끝내야 할 일이 있어."라는 답이 돌아온다면 직접적으로 거절의 말을 하거나 "갈 수 없어."라고 하지 않더라도, 협력적인 방식으로 거절 의사를 전달하고 있음을 이해할 수 있다. "끝내야 할 일이 있어."라는 말은 요청을 거절하는 암묵적인 기능을 한다. 그리고 이 말의 의미를 이해하려면 동료가 대화에 협력하고 있으며 초대에 대한 적절한 응답을 하고 있다고 가정해야 한다.

안내 방송이 송출하는 정보 전달 언어는 다른 사람과의 상호 작용을 통해 얻는 정보 전달 언어와 다르다. 안내 방송을 들을 때는 화자를 신경 쓸 필요가 없기 때문이다. 반면 다른 사람을 고려해야 하는 대화에서는 정보 전달 언어의 관계적 측면까지 고려해야 한다. 그래서 우리는 말하고자 하는 바를 정확히 표현하지 않고, 사회적 관계를 고려해 예의를 지키려고 거절을 완곡하게 표현하는 경우가 잦다. 거절은 비협력적인 행동으로 여겨지므로 거절의 충격을 완화하고 마치 'no'라고 말하지 않는 듯한 방식으로 거절하는 방법을 고안하는 것이다.

일본인은 직접적으로 'no'라고 말하지 않는 특성으로 유명하다. 일본과 미국 은행가들의 대화를 비교한 연구에서 나는 일본인들이 'no'라는 단어를 직접적으로 사용하지 않거나 심지어 아무 말도 하지 않으면서 '아니오'를 표현하는 10가지 방법을 확인했다.

사실 영어에서도 거절하는 방법은 있다. 질문에 답하지 않는 방법이다. 만약 청자에서 화자로 바뀐 사람이 겉으로는 '아니오'처럼 들리지만 직접적인 거절이 아닌 방식으로 반응한다면 이는 원만하고 친근한 분위기를 만들기 위해 명확하고 모호하지 않게 말해야 한다는 협력 원칙의 격률을 어기는 것이 된다. 예의를 고려하여 규칙을 살짝 우회하는 방법을 아는 것도 대화에서의 협력에 포함된다.

그러나 협력 원칙이 위태로워지는 순간 청자는 상황을 더 주의 깊게 파악해야 한다. 나도 취리히의 고속도로에서 그러한 경험을 한 적이 있다. 검은색 차를 탄 남자가 나를 쫓아오며 옆에 바짝 붙어서 손짓했다. 나는 그 제스처를 부적절한 제안으로 오해했고, 속도를 높였지만 그는 제한 속도를 넘기면서도 계속 따라왔다. 그의 행동은 매우 이상하게 느껴졌다.

고속도로에서 빠져나와 정지 신호에 걸려서 멈췄을 때 그는 내 차 옆에 차를 멈추더니 창문을 내렸다. 나는 시선을 피하며 거절이라는 비언어적 신호를 보냈지만 그는 오히려 더 강한 반응을 보였다. 소리치기 시작한 것이다. 마침내 귀 기울일 수밖에 없는 상황이 되었고, 그제야 그가 나를 쫓아온 이유를 알아차렸다.

"타이어가 이상해요!"

그는 오스틴이 언급한 첫 번째 기능인 단언을 사용해 내 차의 타이어가 위험할 정도로 바람이 빠진 상태라는 사실을 알려주고 있었다! 부적절한 행동을 한 것이 아니라, 오히려 정보 전달을 위해 친절한 행동을 하고 있던 것이다. 이렇듯 정보적 경청은 우리가 그 기능을 인식하도록 경고하는 신호를 정확히 파악하는 능력을 포함한다.

이전 장에서 논의한 경고 신호 중 하나는 증폭이다. 고속도로에서 그 운전자가 했던 행동처럼 소리치는 행위는 평소 말할 때의 목소리 범위를 넘어서는 음성 증폭의 형태를 띤다. 무언가가 비정상적인 상황임을 알리는 신호 역할을 하는 것이다. 마치 자동차의 방향 지시등처럼 청자는 이러한 신호를 활용하여 일반적인 기대와 맞지 않는 정보적 언어를 인식한다.

증폭, 전환을 비롯한 목소리 톤의 변화 요소를 주의 깊게 들으면 14개의 마음으로 듣기를 적용하여 정보적 언어를 더욱 깊이 이해할 수 있다. 하지만 시간을 두고 신중히 생각해야 즉각적으로 분명하지 않을 수도 있는 그 기능을 파악할 수 있다. 이러한 식으로 언어를 활용해서 듣기를 수행하면 느린 듣기를 통해 상황을 제대로 파악할 시간을 확보하게 된다.

─────── 토끼와 거북이처럼 듣자

우리는 태어나면서부터 듣기 경험을 통해 정보 전달 언어를 축적한다. 청각 피질은 그 정보를 다른 인식 정보와 통합할 수 있도록 보조 증거를 제공한다. 그다음 청각 피질은 정보를 뇌의 다른 영역으로 보내 추가적인 언어 처리를 수행하게 한다. 이러한 언어 처리 영역 어딘가에는 우리가 다른 사람들과의 사회적 관계 속에서 공유할 준비를 마친 '일반 사전'이 있다. 우리는 단어를 해싱하여 정보를 빠르게 얻는 과정에서 소리, 단어, 문법, 그리고 멈춤의 의미가 수록된 개인적인 사전을 확장해나간다. 인간의 단어를 추적하고 정보를 찾는 능력은 매우 탁월하다고 입증되었으며, 이제는 이를 본떠 만들어진 기술이 우리가 하는 일을 훨씬 더 빠르게 처리할 수 있게 되었다.

속도에 매료되기 쉽지만 언어를 통해 다른 사람을 이해하려고 할 때는 빠른 것이 항상 더 좋은 것은 아니다. 종종 오해가 발생할 때 이 사실을 깨닫게 되는데, 놀랍게도 오해는 서로 잘 아는 사람들 사이에서도 낯선 사람들 사이에서만큼이나 자주 일어난다. 우리는 기계의 속도에 매료된 나머지, 정보를 빠르게 처리하는 데 능숙해졌을지 모르지만 정작 서로를 이해하는 데 필요한 정보를 '협력적인 방식으로 천천히 듣는 능력'을 사장시키고 있는지도 모른다.

앞으로의 듣기에서는 빠른 정보 처리 기술에서 이룬 발전을 신중하고 깊이 있는 이해로 보완해야 한다. 일상 속 듣기는 이솝 우화 『토끼와 거북이』의 미묘한 조합과도 같다. 토끼의 빠른 속도와 거북이의 느리지만 끈기 있는 태도를 높이 사는 것처럼 말이다.

정보를 듣고 이해하는 역량에 관심을 기울인다면 토끼의 속도와 거북이의 신중함을 모두 가질 수 있다. 즉각적으로 필요한 정보를 얻을 때 예를 들어, 기차역 승강장에서 나오는 안내 방송을 들을 때는 토끼처럼 빠르게 듣기를 활용하면 된다. 당신은 무엇을 원하는지, 무엇을 찾고 있는지 스스로도 잘 알고 있다. 그렇게 원하는 정보를 빠르게 얻을 수 있다는 건 만족스러운 일이다. 반면 타인과의 대화에서는 협력 원칙이 제대로 작동하도록 충분한 시간을 들여야 한다. 누군가를 진정으로 이해하기 위해서는 내면의 거북이를 깨워 느린 듣기를 실행해야 한다. 그래야 말로 표현되지 않은 암묵적인 의미까지도 포착할 수 있기 때문이다. 빠른 듣기와 천천히 듣기, 이 2가지 듣기 시스템을 모두 활용하면 청자는 토끼와 거북이의 능력을 최적화하여 원하는 정보를 효과적으로 찾을 수 있다.

기쿠聞< 즉, 정보 전달 언어를 듣는 일은 문 안으로 들어갈 수 있는 접근권을 얻는 일과도 같다. 오스틴의 말을 인용하자면 이것은 듣기를 통해 행위를 수행하는 방식이며, 이를 통해 우리는 배울 수 있다.

달라이 라마가 말했듯이 말하기는 이미 알고 있는 것을 반복하는 행위지만 듣기는 새로운 것을 배우는 과정이기 때문이다.

일본의 초등학교에 입학하고 나서 나는 신문을 읽을 정도가 되려면 반드시 익혀야 하는 2천 자 이상의 한자를 배우기 시작했다. 그때부터 나는 정보 전달 언어를 듣는 것이 학습 과정에서 얼마나 중요한지 깨달았다. 정보를 신속하게 얻고자 할 때든, 시간을 두고 누군가를 이해하고자 할 때든 마찬가지다. 빠른 듣기와 느린 듣기, 우리는 이 2가지 듣기 방식을 모두 활용해야 한다. 그래야 정보 전달 언어를 접할 때 학습을 최적화할 수 있다.

정보적 경청의 7가지 핵심

● 듣기는 선택적 청각 주의를 통해 필요한 정보에 초점을 맞추고 불필요한 배경 소음을 줄여줌으로써 사물과 사람에 대한 이해를 돕는다.

● 우리는 듣는 정보에 보편적인 의미와 개인적인 의미를 부여하며, 듣는 내용에 고유한 사회적 중요성을 부여한다.

● 우리는 빠른 듣기와 느린 듣기를 한다. 정보를 효과적으로 이해하고 습득하려면 이 2가지 듣기 시스템이 모두 필요하다.

● 빠른 듣기를 하면 자신이 원하는 단순하고 구체적인 정보를 얻는다. 예를 들어, 탑승하려는 기차의 승강장 번호를 확인하는 경우가 이에 해당된다.

● 기계도 인간처럼 '해싱'을 사용하여 우리가 빠르게 들을 수 있도록 돕는다. 우리는 단어를 해싱하여 일부 단서를 기반으로 미리 의미를 예측하면서 듣는다.

● 우리는 상호 협력을 통해 느린 듣기로 간접적인 언어를 이해하고 대화에서 빠진 부분을 채운다.

● 인간은 발화 행위를 듣고 언어의 기저에 깔린 기능(예: 약속, 요청)을 이해하고, 대화 속에서 예의와 암묵적 의미를 감지한다.

정보적 경청을 위한 3가지 성찰
: 빠르게 정보를 찾고 천천히 사람을 알아가라

● 최근에 원하는 정보를 빠르게 얻기 위해 특정 단어를 태그하거나 해싱했던 경험이 있는가?

● 직접 '아니오'라고 말하지 않고 거절했던(혹은 거절의 말을 들었던) 경험을 떠올려보자. 어떤 방식으로 그렇게 표현했는가?

● 대화에서 빠진 단어들을 스스로 채우고 상대방의 말을 이해하기 위해 느린 듣기를 실행한 경험을 떠올려보자.

3

부드러운 경청

초심을 실천하는 사람

初心者

"우루루 까꿍!"

우리는 아기에게 말할 때 발달 언어학자들이 '유아어baby talk'라고 부르는 언어를 사용한다. 유아어로 아기에게 말을 걸고 귀를 기울인다. 그리고 답해주기를 기다린다. 많은 사람들이 이 느낌을 잘 알 것이다. 우리에게 온전히 집중해주는 사람은 드물기 때문에 아기는 매력적이다. 만약 누군가를 자신의 편으로 만드는 방법을 배우고 싶다면 기업 임원들을 연구하기보다 청각·시각의 초점을 오롯이 당신에게만 맞추는 아기들을 살펴봐야 한다.

아기가 당신에게 집중하는 이유는 간단하다. 아기들은 듣기를 우선시하기 때문이다. 아기에게는 말하기가 아니라 듣기가 언어 습득의 출발점이다. 듣기는 자궁 안에서부터 시작되고, 태어날 무렵이면 아기의 청력 범위는 어른들을 능가한다. 아기들은 약 20~20,000헤르츠에 이르는 인간의 청각 범위 양극단을 모두 들을 수 있으며, 이는 대부분의 10대 청소년들이 들을 수 있는 범위보다 넓다.

그보다 내가 아기들의 청력에서 정말 부러워하는 점이 있다. 바로 들을 때 집중하는 강도다. 아기였을 때의 당신은 도겐 선사가 말한 공감을 보여주는 훌륭한 본보기 그 자체였을 것이다. 타인을 자신처럼 여기는 공감 능력의 측면에서 말이다.

사실 아기에게는 타인을 자기 자신으로 보는 일이 쉽다. 듣기를 시작한 얼마 전까지만 해도 어머니의 소리를 곧 자기 자신이 듣는 소리로 들었기 때문이다. 임신 16주에서 25주 사이의 태아는 자궁 안에서 바깥세상에서 일어나는 일을 듣는 능력을 갖춘다. 자궁 밖을 볼 수 없고 폐는 양수로 가득 차 있는 상태에서도 듣기 능력은 목소리를 내는 능력보다 약 5개월이나 앞서 발달한다. 발성은 보통 태어날 때 폐에 있던 양수를 내보낸 뒤에 울음소리로 처음 표현된다.

태아에게 듣는다는 행위는 신생아가 듣는 행위와는 조금 다르다. 소리는 어머니의 양수 속 진동으로 전달되기에 태아는 양수 안의 음파를 통해 어머니 목소리의 메아리를 듣는 셈이다. 하나의 탯줄로 연결된 태아와 어머니는 마치 한몸처럼 세상의 소리를 듣는다. 일본어로 '함께'를 뜻하는 '잇쇼一緒'가 '하나一'와 '끈緒'이라는 두 글자로 이루어진 것은 두 사람이 하나의 실로 연결되어 있다는 의미를 나타내는

지도 모른다.

 아기들은 하나의 끈으로 이어진 화자의 소리를 감지하는 것뿐 아니라 적극적으로 경청한다. 아기가 자궁 밖에서 보호자가 말하는 소리를 듣기 시작하면 곧 보호자를 자기 자신처럼 여기고 계속 귀 기울인다. 이는 자연스러운 흐름이다. 자궁 안에서 20주 동안 고도로 집중적이고 맞춤화된 청각 훈련을 쌓은 결실로, 이 새로운 대면 청취의 경이로움을 깨달은 아기의 흥분은 눈을 동그랗게 뜬 표정과 혀를 내밀며 내는 소리, 다리를 차는 모습에서 고스란히 드러난다.

 이번 장에서는 아이들이 언어 능력을 갖추기 전 습득하는 학습 기술인 부드러운 경청을 어떻게 익히는지 살펴볼 예정이다. 먼저 우리에게 왜 부드러운 경청이 필요한지, 그리고 이러한 초기 언어 학습이 새들이 지저귀는 소리를 익히는 방식과 어떻게 닮았는지 여러 관점에서 알아볼 것이다. 그다음에는 아이들이 언어를 듣는 법을 어떻게 배우는지를 탐구한다. 신경학적 연구를 바탕으로 첫 언어를 듣는 결정적 시기를 살펴보고, 모방을 듣기의 한 형태로 인식할 수 있다는 사실도 논의해볼 것이다.

 가정은 아이들이 언어를 배우는 곳이지만 동시에 정보 전달 언어를 위한 14개의 마음으로 듣기를 해나갈 미래에 필요한 에너지를 제공하는 근원지기도 하다. 당신은 부드러운 청자로서 내면에 숨겨진 중요한 학습 기술을 발견하게 될 것이며, 발달 심리학자들이 '패스트 매핑(빠른 연결)'이라고 부르는 방식을 통해 아이들이 그 기술을 어떻게 체계적으로 활용하는지도 알게 될 것이다.

패스트 매핑은 언어학자들이 '의미장semantic field'이라고 부르는 '서로 관련 있는 의미를 가진 단어들의 집합'을 우리가 어떻게 발전시키는지를 살펴보는 중요한 출발점이 된다. 의미장이 우리가 세상을 개념화하는 방식과 학습하고 듣는 방식에 어떻게 영향을 미치는지도 살펴보자. 그리고 마지막으로 어릴 때 갖고 있었던 부드러운 경청 능력을 다시 일상으로 가져와 소통에 활기를 불어넣는 방법을 제안해보겠다.

_____ 만성성 듣기: 명금류와 인간

생물학에는 살아 있는 유기체를 구별하는 여러 분류 체계가 존재해왔다. 20세기 초반에 발전한 흥미로운 범주는 바로 '만성성altricial과 조성성precocial'이다. 출생·부화 시의 발달 정도와 보호자에게 의존하는 정도를 기준으로 동물을 분류하는 것이다. 'altricial'은 라틴어에서 유래했으며 '양육하는'이라는 뜻이다. 이는 태어난 후 돌봄과 보살핌이 필요한 새끼를 가리킨다. 'precocial'도 라틴어에서 유래했으며 '일찍 익는'이라는 의미를 지닌다. 태어나자마자 또는 부화 직후 비교적 바로 독립할 수 있는 능력을 갖춘 종을 가리킨다.

말, 사슴, 오리나 거위 등 일부 조류처럼 태어난 직후부터 스스로 먹이를 먹고 부모를 따라다닐 수 있는 동물들이 조성성에 속한다. 반면 설치류, 인간, 특히 명금류를 포함한 조류처럼 태어난 후 생존을 위해 보호자로부터 보살핌과 먹이를 제공받아야 하는 동물들은 만성성으로 분류된다.

'노래하는 조류'를 뜻하는 명금류는 대표적인 만성성 동물이다. 명금류는 부화 후 부모의 노래를 듣고 흉내 내는 연습 과정을 거쳐서 자신의 노래를 발달시킨다. 연구에 따르면 부모의 노래를 배우는 행위가 명금류의 생존에 필수적이고, 녹음된 노래를 듣는 것보다는 실제 개체와 상호 작용을 하면서 노래를 배울 때 학습 효과가 더욱 확실하다고 한다.[1] 부모의 노래를 듣지 못하고 상호 작용 없이 자란 명금류는 불완전한 노래를 구사하는 모습을 보였다. 이러한 연구 결과를 통해 만성성 동물인 명금류가 부모와 함께하는 동안 노래를 부르는 방법뿐 아니라 듣는 방법도 학습한다는 사실을 유추할 수 있다.

마찬가지로 인간의 아기도 보호자와의 상호 작용 경험을 통해 목소리와 언어를 학습한다. 역시 만성성 동물에 속하기 때문에 인간도 자궁 내에서 청각이 발달하기 시작하는 시점부터 보호자의 목소리와 말소리를 듣고 이를 본보기로 삼는다.

아기의 첫 발성은 울음이다. 초기에 아기가 내는 울음은 말하는 법을 배워서 낸 음성이라기보다는 불편함이나 괴로움을 표현하는 수단이다. 옹알이와 가르랑거리는 소리를 내기 시작하면서 비로소 보호자의 발성을 따라 하려고 시도한다. 하지만 이 단계에서도 아직 아기들이 내는 소리는 언어의 전조predecessor는 아니다. 아기는 유아어를 들을 때 그 노래하는 듯한 과장된 억양에 집중하며 멜로디를 익힌다.

"잘 잤어? 밤새 엄마 잠 못 자게 했지? 그래, 그랬지!"와 같은 유아어를 들으면서 언어를 학습한다.

아기는 생후 약 3개월경부터 마치 명금류가 처음으로 노래를 부르듯 옹알이와 가르랑거리는 소리를 내면서 보호자의 유아어에 반응하기 시작하며 관계적 메타 메시지를 전달한다. '듣고 있어요. 들었어요'라는 의미처럼 아기의 옹알이는 듣고 말하는 능력이 있음을 표현한다. 마치 어른들이 대화 중에 "응.", "그래." 하고 반응하면서 상대방의 말에 집중하고 있음을 나타내는 신호와도 같다.

아기들은 보호자의 목소리에 반응하는 법을 배우면서 짧은 소리 단위와 그 사이의 일시적인 멈춤에 집중한다. 마침내 아기들이 이러한 소리를 재현하기 시작하면 처음에는 단순한 옹알이처럼 들린다. 옹알이는 듣기에서 말하기로 전환되는 중요한 언어 학습 과정으로, 언어학자들이 운율prosody이라고 부르는 요소를 아기들이 익히는 데 도움을 준다. 운율은 성대를 통해 숨을 내뿜으며 만들어지는 언어의 일반적인 리듬과 멜로디를 의미한다. 다시 말해, 아기들은 언어를 배울 때 개별 음소를 하나씩 배우는 게 아니라, 전체적인 멜로디를 먼저 듣고 익히는 방식으로 학습하는 것이다.

이는 성인이 외국어를 배울 때 흔히 사용하는 방법과는 대조적이다. "마, 마, 마."와 "바, 바, 바."와 같은 반복적인 소리는 아기들이 듣고 연습하는 초기 발성이다. 그리고 나서 시간이 흐르면 대화 속에서 사용되는 구분된 단어인 "엄마mama!"와 "아빠baba!"로 발전한다.

옹알이를 하면 일반적으로 아기가 '말하기 시작했다'라고 표현한다. 옹알이는 생후 9~10개월 무렵부터 시작되며, 아기의 듣기와 말하기 발달 과정에서 중요한 단계다. 하지만 아기마다 발달에는 큰 차이가 있다. 성장 차트는 평균적인 발달 단계를 가늠하는 기준이지만 때때로 부모들에게 불필요한 불안감을 유발하기도 한다. 어쨌든 아기는 성인이 되면서 자신이 사용하는 언어에서 약 2만 개의 단어를 익히는 과정을 거칠 것이다. 이 과정은 가정에서 시작된다. 가정은 모국어 학습의 중심지면서 듣기를 배우는 핵심 장소다.

가정에서 학습하는 부드러운 경청

20년 전 내가 일본의 비즈니스는 '부드러운 상호 의존sweet inter-dependence'이라는 개념을 기반으로 작동한다고 이야기했을 때 이상한 시선을 받곤 했다. 이 개념은 언어 습득과 함께 부드러운 경청을 이루는 2가지 핵심 요소를 제공한다. 당시에는 감성 지능에 대한 인식이 거의 없다시피 했으며, 직장에서도 감정과 관련된 모든 개념이 철저히 배제되었다. 감정과 정서에 대한 논의가 전혀 없던 건 아니다. 스탠퍼드대학교 경영대학원의 대인관계 수업과 같은 강의에서는 이러한 주제가 신중하게 다루어지기도 했다.

그러나 감정 표현 자체가 '감상적'이라고 가볍게 치부되어 경영학이나 실제 비즈니스 연구에서는 다소 주변적인 위치에 머물렀다. 아기 때 가정에서 경험한 유대감이 가정 밖의 환경에도 존재해야 한다는 생각은 당시에는 여전히 많은 불편함을 초래했다. 이번 장에서 나는 직장 상사를 껴안으라고 권하지는 않는다. 다만 부드러운 경청이 오직 아기들과 그들을 돌보는 보호자들 사이에서만 이루어지는 것이라는 생각에는 반박할 예정이다.

부드러운 경청은 처음 경청을 배우는 과정에서 형성되는 힘이 바탕이 된다. 성인이 된 후에도 우리는 대화나 상호 작용 도중 상대방에게 주도권을 맡기는 경우가 있다. 이는 어른들이 아이들에게 하는 방식이며, 아이들이 가정에서 부드러운 경청을 사용할 때 어른들에게 하는 방식이기도 하다. 대화에서 상대방이 주도권을 갖게 하면 그들을 발화자로 만들 수 있다. 그들이 말하는 동안 우리는 부드러운 경청자의 역할을 수행함으로써 대화하는 사람들 사이의 공간에서 관계를 이어주는 부드러운 힘을 계속해서 만들어낸다.

일본 문화에서는 부드러운 경청이 '달콤한 상호 의존'이라고 부르는 맥락에서 사용된다. 상호적인 보살핌을 주고받는 관계는 어떻게 맺어졌느냐에 따라 매우 긍정적인 결과를 가져올 수도 있고, 반대로 부정적인 결과를 초래할 수도 있다. '달콤한 상호 의존' 또는 '달콤함'은 일본어 '아마에ㅂㅊ'에서 유래했다. 이 개념은 응석, 의존 등 다양하게 번역된다.

아마에는 다양한 스펙트럼 범위에서 나타난다. 돌보는 사람과 돌봄을 받는 사람이 모두 달콤함을 경험할 수 있는 나이·경계를 초월했다는 점이 특별한 지점이다. 아마에에 기반한 상호 의존은 보호자와 아이들 사이에서뿐 아니라 가정 밖 성인들 사이에서도 관찰된다. 예를 들어, 직장에서 동료가 당신에게 무언가를 배우려는 적극적인 태도를 보일 때 그 태도 또한 아마에의 한 형태로 볼 수 있다는 뜻이다.

아마에는 매우 민감하면서도 강력한 감지기다. 그래서 아마에가 지나치거나 부족하게 표현되는 경우, 보살피는 사람은 지나치게 응석을 받아주거나 냉담해질 수 있다. 때로는 보살피는 사람의 반응에 따라 보살핌을 받는 사람은 이기적으로 변하기도 한다.

듣기를 배울 때 아이는 부드러운 경청을 무한히 누린다. 부드러운 경청은 청소년기를 거쳐 성인이 되면서 사회적 관습에 의해 제한되는 관계적 아마에와 달콤한 상호 의존의 한 형태다. 수많은 요구 사항에 직면한 성인들은 무한한 아마에를 누릴 수 없다. 아마에의 표현이 사회적 집단에 의해 억제되고 조절된다. 하지만 다행히도 상호 의존을 중요하게 여기는 문화권에서는 성인이 되어서도 어린 시절에 경험했던 달콤한 상호 의존을 경험할 수 있다.

팬데믹 기간에 일본을 방문했을 때 우리 가족은 나의 아버지를 15분 동안만 면회할 수 있었다. 보통 이 이야기를 들려주면 대부분의 사람은 그럴 수밖에 없으리라는 생각에 고개를 끄덕인다. 15분이 지나고 간호사가 병실로 들어왔다. 그때 그는 예상과 달리 우리를 내쫓지 않았다. 아버지가 침대 끝자락에 앉은 손주들에게 자신의 학창 시절에 대해 자랑스럽게 이야기하는 모습을 본 간호사는 방문 규정에 재량을 발휘하여 계속 머물 수 있도록 허락해주었다.

상황에 맞게 규칙을 살짝 비트는 작은 행동만으로도 공공의 안전과 효율성을 위해 만들어진 엄격한 규칙조차 부드럽게 만들 수 있는 것이다. 그래서 부드러운 경청은 '내어줌'이라고도 불린다. 아마에에 기반한 상호 의존을 우선시하고 관계를 가장 중요한 가치로 두는 방식의 듣기가 바로 부드러운 경청이다.

———— 부드러운 경청의 강도를 높이면 언어 학습 효과도 높아진다

아기와 보호자도 아마에에 기반한 상호 의존을 24시간 내내 유지하는 건 아니다. 아마에로 의사소통하는 시간을 줄이는 대신 부드러운 경청의 또 다른 핵심 기능을 활용해 언어 학습 효과를 높일 수 있다. 돌봄이 필요한 상태로 태어나는 아기들은 언어의 운율(음악적 요소)에 대한 감각을 익힌 후 놀라울 정도로 복잡하고 정교한 문법과 의미 체계를 왕성하게 습득하기 시작한다.

아마에에 기반한 상호 의존은 아기들이 문법을 배우는 데 중요한 역할을 한다. 전통적인 언어 학습 과정에서 흔히 볼 수 있는 방식 즉, 규칙을 먼저 가르치고 그 적용 방법을 익히게 하는 것은 언어 학습의 동기를 쉽게 꺾어버린다. 하지만 한 연구에 따르면 보호자와 아기 사이에서 형성되는 달콤한 상호 의존과 같은 풍부한 감정적·관계적 연결을 활용해 언어 습득의 기회를 만들면 기억이나 정보를 유지하는 능력이 높아진다고 한다.[2] 예를 들어, 한 연구에서 참가자들에게 감정적인 내용과 관련된 단어, 그렇지 않은 단어를 기억하도록 했을 때 참가자들은 감정적인 내용과 연관된 단어를 더 잘 기억했으며 단어의 출처도 더 정확하게 떠올렸다.[3]

따라서 모국어를 배우는 아이들이 교실에서 외국어를 배우는 사람들보다 더 효과적으로 배우는 건 당연한 일이다. 아이들은 매일 보호자와의 상호 작용 속에서 직접적이면서 의미 있는 감정적 경험을 풍부하게 쌓기 때문이다. 이렇듯 우리는 부드러운 경청이 이루어지는 환경에서 가장 효과적으로 언어를 학습한다.

언어 청취 습득의 결정적 시기는?

언어 발달 연구는 말하기에 초점을 맞추는 경향이 크지만 아기의 듣기 능력에 집중하는 연구에서는 언어 학습에 생물학적 기한이 있는지에 대한 문제를 논한다. 이에 대한 대답은 '그렇다'였다. 신경학자들은 뇌가 언어 학습에 최적화되는 결정적 시기가 존재한다고 주장해왔다. 일부 연구에서는 결정적 시기를 7~8살까지라고 보며, 이 시기 이전에 배운 언어는 모국어 화자처럼 자연스럽게 구사할 수 있고 억양이 거의 남지 않는다고 주장한다.[4]

그러나 일반적으로 학계에서 언어 습득에 가장 적절한 시기로 보는 때는 사춘기 이전이다. 이 시기는 신경학자 에릭 하인츠 레네버그^{Eric} Heinz Lenneberg가 처음 제안했는데, 이 시기에 뇌는 높은 신경 가소성을 보이며 언어 처리 능력이 가장 뛰어난 상태라고 관찰된다.[5]

모국어 습득의 발달 단계가 개인마다 다르듯이 '억양 없이' 유창하게 언어를 구사하는 능력도 사람마다 다르다. 학습 환경도 언어 학습을 크게 좌우한다. 내 어머니는 레네버그가 제시한 결정적 시기를 지난 18살 이후에 영어를 배웠다. 하지만 어머니는 일본식 억양 없이 영어를 구사하며, 처음 영어를 접한 곳이 미국 켄터키주였기 때문에 남부 특유의 억양이 묻은 영어로 말한다.

언어를 듣고 어휘를 습득하는 능력이 지능의 척도는 아니지만 우리는 종종 그렇게 믿도록 교육받는다. 이 믿음은 철자 맞추기 대회에서부터 직장에서의 프레젠테이션에 이르기까지 다양한 방식으로 강화된다. 학교에서나 직장에서나 복잡한 단어를 능숙하게 사용하는 능력을 가치 있게 여기는 경향이 크다. 어휘력이 풍부한 아이는 지능이 높을 뿐 아니라 성공할 가능성이 높다는 생각에 따라, 학교에서는 전통적으로 말하기 능력을 우선시해왔으며, 그 결과 듣기 능력은 뒷전이 되었다.

어휘력은 여전히 발달적 지능의 지표로 여겨진다. 아동의 언어 발달을 추적하기 위해 구사하는 단어 수를 세는 연구를 수행한 학자 중 클라우스 바그너^{Klaus Wagner}가 있었다. 1972년 바그너는 9살 테레사의 블라우스에 작은 마이크를 부착하여 804분간 녹음을 진행했다. 테레사가 말한 독일어 단어는 총 28,142개였다. 바그너의 정량적 분석이 아이의 지능을 평가하는 데 활용될 수 있는지에 대해서는 논란의 여지가 있었지만 녹음 파일을 들은 대부분의 독일어 화자들은 테레사가 9살이라는 어린 나이에도 유창한 언어 구사 능력을 보였다는 데 동의했다.

바그너의 연구가 아동의 언어 발달과 지능에 대해 어떤 의미를 갖는지는 명확하지 않다. 이는 사용한 단어 수를 세는 것만으로 테레사가 얼마나 많은 개념을 알고 있는지 정확하게 측정하기 어렵기 때문이며, 다른 언어였다면 전혀 다른 단어 수가 계산되었을 가능성이 높기 때문이다.

언어학자 데이비드 크리스털David Crystal도 이 점을 지적한다. 예를 들어, 독일어 Einbahnstrasse를 영어로 번역하면 one way street이라는 3개 단어로 표현되지만 둘은 동일한 의미다.[6] 이는 앞 장에서 살펴본 바와 같이, 알고 있는 단어의 수가 지능과 반드시 상관관계를 갖는 건 아니라는 주장을 뒷받침한다. 만약 단어 수가 지능의 척도면 3개 단어인 one way street를 듣고 이해하는 영어 화자가 Einbahnstrasse라는 1개 단어로 똑같은 개념을 이해하는 독일어 화자인 테레사보다 더 지능이 높다는 결론이 나온다. 하지만 이러한 결론은 타당하지 않다.

성인과 마찬가지로 아이들도 새로운 단어를 들을 때 이미 아는 단어 위주로 들으면서 배우고 듣는 이해력을 강화해나간다. 언어 습득의 결정적 시기에 대한 논쟁은 지금까지 계속되고 있지만 어쨌든 우리는 이 분야의 초기 연구 중 상당수가 실험실에서 이루어졌거나 제대로 된 환경에서 성장하지 못한 환자들을 대상으로 이루어졌다는 점을 기억해야 한다.

미국 캘리포니아주 아카디아에서 발견된 13살의 야생 아이 지니 Genie는 인간의 언어와 접촉 없이 오랜 기간 고립된 상태로 지냈고, 결국 모국어를 유창하게 습득하지 못했다. 아이들에게 부드러운 경청을 실행하고 가르치는 보호자가 꼭 알아야 할 사실이 있다. 지니가 언어를 습득하지 못한 이유는 보호자가 수요일과 목요일 밤에 일하느라 바빠서 동화를 읽어주지 않았기 때문이 아니고, 극단적인 방임으로 인해 언어 청취와 이해의 발달에 심각한 어려움이 생겼기 때문이라는 사실이다.

보호자들은 아이들의 언어 발달을 어떻게 돕는 것이 최선일지 고민한다. 너무 걱정할 필요는 없다. 아이들은 모국어 습득을 놀랄 만큼 태연하게 해낸다. 아이들은 자신만의 운율로 언어의 음악을 만들고 이후 점차 단어 덩어리들을 익힌다.

일부 언어교육학자들은 전 세계의 모든 아기가 보편적이고 자연스러운 과정을 거쳐 소리를 습득한다고 주장한다. 먼저 a, i, u와 같은 발음하기 쉬운 유성음 모음을 발성하고, 점차 모음을 자음과 결합하여 'mama'와 같은 쉬운 단어를 형성하는 방향으로 발전한다는 것이다.

아기가 말하는 첫 단어가 주양육자를 가리키는 단어라는 이론은 보호자에게 아주 매력적으로 들린다. 나도 그 생각에 깊이 빠져들었다.

하지만 이 환상은 첫째를 낳으면서 깨졌다. 아이가 처음으로 말한 단어는 'mama'도 아니었고, 두 번째로 가능성이 높은 'papa'도 아니었다. 그것은 바로 'conco'였다. 1976년부터 2003년까지 운항했던 초음속 여객기 콩코드Concorde를 뜻하는 단어 말이다.

이 경험은 우리 부부에게 아기의 언어 발달 단계와 첫 단어의 통계적 확률은 그저 참고만 하는 게 좋다는 사실을 깨닫게 해주었다. 기준은 어디까지나 평균적이고 전형적인 사례일 뿐이며, 자신의 아이가 보이는 언어·듣기 발달 과정과는 일치하지 않을 수도 있다. 그 이후로 나는 아기의 첫 단어에 대한 사전적 이해를 수정했다. 그리고 부드러운 경청을 통해 얻은 개인적인 깨달음을 추가했다. 아이가 내 뱃속에 있었을 때 런던 하늘에 퍼지던 콩코드의 초음속 소리가 바로 아이가 처음 들은 가장 흥미로운 소리 중 하나였을 가능성이 크다는 깨달음을 말이다.

일반적으로 생후 약 16주 이후부터 아기들은 소리 묶음을 만들고 이를 주의 깊게 듣기 시작한다. 생후 몇 년 동안 서서히 진행되는 긴 과정의 시작이다. 단어를 인식하는 법을 배우고 연습하는 초기 단계라고 할 수 있다. 아기가 처음으로 인식하는 단어 중 하나는 자신의 이름이다. 보호자는 유아어로 이루어지는 대화에서 아기의 이름을 자주 사용하며 과장된 억양으로 말하곤 한다.

아기가 자신의 이름을 듣고 인식하는 과정에서 이루어지는 사회적 상호 작용은 부드러운 경청에 매우 중요하다. 이름이 불리는 경험은 뱃속에서 나온 후 처음으로 직접 대면한 상호 작용을 통해 자신이 식별되는 경험이기 때문이다. 자신의 이름을 듣는 일은 결국 '타인이 나를 어떻게 인식하는지'를 인식하는 과정으로 이어진다. 아기는 자신의 이름이 불리는 소리를 들으면 고개를 돌려 부르는 사람을 바라본다. 이러한 행동은 상대방이 자신과 분리된 존재임을 이해하는 연습이 되어준다.

어머니와 아기가 더 이상 신체적으로 연결되어 있지 않은 상황에서 듣기는 보호자와의 유대감을 유지하고 그들을 사회적 존재로 인식하는 중요한 수단이다. 아기들은 생애 첫 언어 환경에서 보호자의 말을 들으며 자신의 이름을 인식하는 과정을 통해 이후 더욱 정교한 의사소통을 위한 기초를 쌓는다.

또한 아기는 자신의 이름이 자신을 가리키는 것임을 인식하면서, 의사소통이 화자와 청자 사이에서 이루어진다는 개념을 이해하기 시작한다. 부드러운 경청의 이 첫 단계는 아기가 자궁 밖의 세상에 적응하는 데 도움을 준다.

바깥세상에서 아기는 언어에 운율이 존재한다는 점을 처음으로 배운다. 언어에 운율이 존재한다는 사실은 청자를 고려한 관계적 목소리의 톤이 존재한다는 의미며, 이 톤은 궁극적으로 언어의 의미를 뒷받침하는 역할을 한다. 아기의 옹알이는 마치 가사 없이 흥얼거리는 멜로디 같은 형태다. 이후 아기는 생후 10~14개월 사이에 그동안 익힌 운율에 단어를 하나씩 채워 넣기 시작한다.

아기였던 우리가 소리를 단어로 구분하는 법을 알기 전에는 언어가 어떻게 들렸는지 기억해낼 수는 없다. 하지만 아마도 개별 단어로 분리되지 않고 'hippopotomonstrosesquippedaliophobia'처럼 여러 개의 낱말이 붙어 있는 연속적인 소리로 들었을 것이다. 아이러니하게도 예로 든 이 단어는 '긴 단어에 대한 공포증'이라는 의미로 영어 단어 중 가장 길이가 긴 단어다.

우리가 처음 이해한 단어가 무엇이었는지는 알 수 없지만 'mama', 'dada', 'baby', 'milk', 'bye-bye', 'hello', 'no', 'yes', 'dog', 'cat' 같은 짧고 익숙한 단어들이 유력한 후보일 것이다. 가족에게 자신이 처음 말했던 단어가 무엇이었는지 물어보고, 친구들과 공유해보자. 이러한 대화를 나누다 보면 자신의 첫 관심사가 무엇이었는지에 대한 흥미로운 통찰을 얻을 수도 있다.

레벨 업
: 생후 두 번째 해와 의미장의 발달

견고한 듣기 토대가 마련되면 아이들은 생후 2년째가 되는 해부터 본격적으로 어휘를 확장해나간다. 주변에서 가리킬 수 있는 사물이나 사람뿐 아니라, '오다come'와 '가다go'처럼 동작을 나타내는 단어도 인식하기 시작한다. 생후 2년째가 되면 아이들은 장소, 양, 시간과 같은 추상적이고 개념적인 정보도 이해하며, 이를 소리 내어 말함으로써 자신이 습득한 듣기 지식을 표현한다. '여기Here', '더More', '다시Again' 같은 단어가 그렇다.

새롭게 습득한 어휘가 더해지면서 아이들의 듣기 욕구는 기하급수적으로 커진다. 그리고 마침내 '여기 오다come here', '더는 안 돼no more'처럼 2개의 단어를 조합하는 단계에 도달하게 된다. 발달언어학자들은 이를 '전보문telegraphic speech 단계'라고 부른다. 전보문과 목소리 톤에 대한 새로운 이해가 합쳐지면 아이들은 어느 순간부터 자신이 들어왔던 어른들의 문장과 비슷한 문장을 구사한다. 언어 학습에 익숙해진 아이들은 전보식 문장에 억양을 결합하는 방법을 배운다.

예를 들어, 'more'와 'juice'를 합친 전보문의 억양을 올리면 "More juice?"라는 질문이 되고, 억양을 내리면 "More juice!"라는 요구가 된다. 또한 보호자의 말을 여러 번 들으면서 아이들은 결국 'no'라는 단어를 배운다. 이는 전보문에서 가장 강력하게 사용할 수 있는 단어 중 하나로, "No more!그만" 또는 "No go!안 가"와 같이 의사를 분명하게 표현하는 데 사용된다.

전보문 단계는 흔히 '끔찍한 2살Terrible Twos'이라고 불리는 발달 시기와 맞물린다. 이 시기에 아이들은 거울 속 자신의 모습을 인식하는 단계를 넘어, 타인의 시각에서 자신을 바라보는 의식도 발달시킨다. 이러한 부드러운 학습soft learning의 증거로, 아이들은 전보문을 사용하여 "Chris more juice."처럼 자신의 이름을 넣어서 의사를 표현하기도 한다. 그리고 생후 2년째 해의 후반부쯤이 되면 추상적인 문법 개

넘을 이해하기 시작하면서 자신의 이름 대신 인칭 대명사를 사용한다. "Me more juice!"와 같은 식으로 말이다.

단어의 숲을 넓힌다

생후 2년째 해를 보내는 내내 어휘에 대한 욕구는 계속 확장된다. 아이들은 단어를 듣고 습득하기 위한 새로운 전략을 적극적으로 발달시킨다. 이전 장에서 정보적 경청에 대해 다루면서 일본어의 '단어'가 '말의 잎'으로 표현된다는 점을 언급한 바 있다. 언어학자들은 아이들이 듣기 능력을 확장하는 방법으로 '의미장'을 발달시킨다고 본다.

의미장은 서로 연관된 의미가 있는 단어들의 집합으로, 마치 공통된 주제를 가진 단어의 나무들이 모여 이루는 숲과 같다. 예를 들어, '나무'라는 단어의 의미장에는 물리적인 구성 요소인 줄기, 가지, 잎, 뿌리, 나무껍질 등이 포함된다. 또한 나무가 생산하는 것과 관련된 단어들 예를 들어 씨앗, 열매, 수액 등이 포함되며, 수관이나 광합성처럼 더 복잡한 개념도 더해진다.

의미장은 문화에 따라 달라진다. 일본어 화자의 경우, 나무에 대한 의미장은 해당 한자인 '木'의 시각적 표현에 영향을 받을 가능성이 크다. 예를 들어, 나무 두 그루林는 숲woods을 의미하고, 세 그루森가 모이면 삼림forest을 뜻한다. 또한 일본어 사전에서는 단어들이 알파벳 순서가 아니라 의미장에 따라 분류되는데, 앞에서 언급한 나무木, 문

門, 마음心과 같은 한자가 의미장의 기준이 된다.

의미장에 대한 인식은 듣기에 대한 이해 발달에 중요한 역할을 한다. 이는 우리가 단어를 개별적으로 인식하는 게 아니라, 다른 단어 및 개념과 연결된 상태로 받아들인다는 점을 깨닫게 해준다. 어떤 말을 들을 때 우리는 각 단어를 분리된 개념으로 인식하지 않고, 같은 의미장에 속한 다른 단어들과 함께 연결된 형태로 이해한다. 즉, 'mama'라는 소리를 들을 때는 단순히 '엄마mama'라는 개념만 떠올리는 게 아니라 '아빠baba'처럼 연관된 개념도 함께 인식한다는 의미다.

아기들은 'ma ma ma'나 'ba ba ba' 같은 소리를 내면서 자신만의 가설을 세우고 이를 반복적인 옹알이를 통해 시험한다. 그리고 보호자의 반응은 물론이고 청각적 듣기를 보완하는 시각적·촉각적 듣기 같은 다른 감각적 단서를 통해 얻은 피드백을 이용해서 가설을 확인해 나간다. 예를 들어, 보호자가 숲에서 나무를 가리키며 '나무'라는 단어를 발음하면 아이는 들은 단어를 보호자가 가리킨 나무와 연결짓는다. 만약 보호자가 "저기 봐, 네 형이 나무처럼 서 있네."라고 말하면 '나무'에 대한 의미장은 형과 연결되고, 나무의 단단한 특성과 관련된 다른 개념들과도 겹쳐진다. 시간이 지나면서 각 단어는 자신의 의미장 내에서 뿐 아니라 타인의 의미장과도 연결되며, 단어의 숲은 더욱 풍성하고 긴밀하게 얽힌다.

아이들은 의미장이 확장되는 경험을 하면서 발달심리학자들이 패스트 매핑이라고 부르는 학습 도구를 사용한다. 패스트 매핑은 새로운 단어에 노출되었을 때 새로운 단어와 그 의미 사이의 초기 연상이 제한된 노출만으로도 빠르게 형성되는 인지 과정을 가리킨다.

아이가 새로운 단어를 들으면서 동시에 익숙하지 않은 물체, 예를 들어서 책을 보았다면 그 단어를 한 번만 들었어도 책과 빠르게 연관 지을 수 있다. 비록 처음에는 패스트 매핑을 통해 이해한 단어의 의미가 정확하지 않을 수도 있지만 이는 큰 문제가 되지 않는다. 이후 그 의미를 정교하게 다듬어나갈 기회가 생기기 때문이다. 아이가 잡지를 책이라고 불렀어도 성장하면서 언젠가 얇고 유연한 책이 잡지라고 불린다는 사실을 배울 기회가 생길 것이다.

정리해 말하자면 패스트 매핑은 단어의 초안이자, 단어의 의미가 완전히 정립되기 전의 시험 버전beta이다. 일부 언어학자들은 아이들이 언어를 생성하고 빠르게 연결하는 행위가 인간 본성에 내재된 능력이고, 마치 컴퓨터가 프로그래밍되어 있는 것처럼 우리가 이 능력을 타고난다고 주장한다. 한편 다른 언어학자들은 아이들이 단어에 반복적으로 노출됨으로써 이러한 능력을 학습한다고 주장한다.

아이가 자신의 말로 단어를 재생산하기 전 단어를 어떻게 개념화하는지에 대해서는 아직 확실한 결론이 나지 않았지만 두 이론 모두 아이들이 가정 밖에서 쓰이는 단어의 일반적인 의미를 배우기 전 먼저 자신만의 사전을 구축한다는 사실을 설명해준다. 우리는 먼저 집에서 목소리와 정보 전달을 위한 언어를 듣는 법을 배우고, 이후 학교나 직장에서 이를 확인하고 수정하거나 확장한다.

의미장은 이름과 그에 부여된 성격적 특성을 포함하도록 확장되며 이러한 확장은 세상을 인식하는 방식을 형성한다. 나는 대학교에 들어간 뒤에야 이솝 우화『개미와 베짱이』의 진짜 결말을 알게 되었다. 내가 여태까지 들었던 이야기는 어머니가 일본식으로 각색한『개미와 매미』였다.『개미와 매미』는 원작과 전혀 다른 내용이었다.『개미와 베짱이』에서 개미는 도움을 요청하는 베짱이를 거절하고 굶어 죽게 내버려두지만『개미와 매미』에서는 개미가 여름 내내 노래로 즐겁게 해준 매미를 집 안으로 들인다.

부드러운 경청은 의미장을 학습하는 과정의 정확성을 측정하는 척도로 삼기보다 사람들이 자신의 세계에서 무엇을 가치 있게 여기는지에 주목하는 방식으로 접근한다. 그렇기에 부드러운 경청에는 학습과 갱신이라는 과정이 포함되며, 새로운 정보를 적극적으로 받아들이도록 유도할 뿐 아니라 이미 배운 정보를 보완·수정하거나 바꿀 만큼 유연함을 유지하는 데 필요한 에너지도 제공한다. 듣기는 기존에 배운 것을 내려놓는 잊기unlearning를 수반하기도 한다.

부드러운 경청: 모방에 대한 정정

흔히들 아이들이 모방을 통해 언어를 배운다고 생각한다. 직접 보았던 행동을 따라 하고, 들은 말을 반복한다고 말이다. 어린아이가 어른의 말을 따라 하는 모습을 떠올릴 때 우리는 아이가 어른이 말한 단어를 그보다 질적으로 떨어진 형태로 만들어내고, 모방 과정에서 말이 약화되는 형태를 떠올린다. 하지만 DJ가 다른 아티스트의 음악을 선별해 전달하거나 영화 감독이 소설을 각색해 영화를 제작하듯이, 모방은 듣기를 통해 인식한 것을 새롭게 재현하는 행위다. 배움이라는 행위를 자신만의 방식으로 재창조하는 방법인 것이다.

예일-뉴헤이븐 병원에서 목사로 일하는 친구가 병원에서 사용된 대화록을 공유해주었다. 목사가 환자와 나눈 대화는 상사, 동료들과 공유된다. 그중 어떤 대화에서 환자는 목사가 자신에게 보여준 경청에 감사하며, 목사가 해준 것처럼 부드러운 경청을 자주 연습해야겠다고 말한다. 친구는 환자가 결심한 이 모방이야말로 사목하는 사람이 받을 수 있는 최고의 찬사라고 말했다.

모방은 아이의 듣기 능력 발달에 중요하다. 아이들은 보호자, 가족, 친구들을 관찰하면서 선택적 청각 주의가 어떻게 작용하는지 배우고, 자기가 말할 차례가 되었을 때 언어를 개인화하고 조율하는 방법을 익힌다. 이러한 학습에는 많은 에너지가 필요하다. 아이들은 이를 14개의 마음으로 듣기를 뜻하는 문자인 '청聽'에 담긴 모든 감각을 활용해 소모한다. 눈과 귀뿐 아니라, 마음에 담긴 에너지도 함께 사용하는 것이다. 우리가 모방한 단어들은 신경 신호가 되어 뇌의 의미장을 지나가며, 반복적인 듣기와 다시 듣기를 통해 정교하게 다듬어진다.

과거에 들었던 것을 떠올려서 만들어낸 모방 표현은 시간이 지나면서 다양한 환경에 맞추기 위해 점점 더 정교해진다. 그래서 맥락을 활용하여 다음에 일어날 일을 예측할 수 있게 된다. 이미 어른과의 상호 작용을 통해 상대방의 목소리를 듣는 방법에 대한 긍정적인 피드백을 받았고, 어른의 유아어 소리에 미소를 보이면 더 많은 대화와 더 긴 놀이가 이어진다는 사실을 학습한 아이는 이러한 행동을 반복하여 더욱 긴 대화를 지속해나간다.

언어학자들은 이러한 과정을 '차례 주고받기'라고 부른다. 이것이 바로 아이들이 어른들의 반복적인 주고받기 과정을 익히는 방식이다. 단순히 모방하는 것에서 그치지 않고, 어른들로부터 대화를 지속하도록 상호적인 격려를 받으면서 소통의 기초를 익히는 것이다.

유아 교육에 관한 연구에 따르면 함께 책을 읽는 것 같은 차례 주고받기는 아이들의 듣기 능력을 향상시키고, 언어 이해력을 깊게 하며, 표현의 폭을 넓혀준다고 한다. 대화에서 차례 주고받기를 모방하는 아이와 교대로 책을 읽으면 상호 반복이 재현되어서 아이의 부드러운 경청 능력이 향상된다.

차례 주고받기를 모방하는 것은 듣기의 원리를 이해하는 데도 도움이 된다. 화자의 입장에서 차례 주고받기는 '내가 말하고, 그다음 네가 말하는 방식'일 수 있지만 청자의 입장에서는 훨씬 더 복잡한 과정이다. '나는 네 말의 의미가 이것 같아서 이렇게 대답하는 것'이라는 방식으로 반응하기 때문이다. 보호자는 아이가 들은 말을 처리할 수 있도록 시간을 주고 답을 기다려줌으로써 차례 주고받기를 가르칠 수 있다. 아기는 옹알이나 가르랑거리는 소리로 반응하다가 시간이 지나면서 점차 옹알이를 더욱 복잡한 단어로 발전시키며, 듣고 있다는 것을 표현하는 감정적인 몸짓을 곁들인다.

일본 아이들은 듣고 있음을 표현하는 차례 주고받기를 강조하는 방법을 먼저 익힌다. 이를 '아이즈치aizuchi'라고 하는데, 일본어에서 이 단어를 구성하는 두 글자는 각각 '서로'와 '망치'를 의미한다. 대장장이가 쇠를 단련할 때 번갈아가며 망치로 치는 것처럼 두 사람이 대화를 주고받으며 함께 다듬어나가는 모습을 연상하면 이해가 쉽다. 아이즈치는 영어 화자들이 대화 중 사용하는 "음흠, 음흠." 같은 맞장구 신호와 비슷하게 활용된다. 상대방의 말을 듣고 있으며 대화를 따라가고 있음을 보여주는 방식으로 부드러운 경청을 실천하는 것이다.

이렇게 상대방의 목소리를 듣고 있음을 나타내는 반응은 아기들이 처음 보호자의 말을 들을 때 보이는 행동과 매우 유사하며, 성장하는 동안 지속적으로 유지되어 성인기까지 이어진다. 부드러운 경청을 통해 유대감을 쌓는 의식 중 자장가와 기도, 잠자리에서 동화 읽어주기처럼 취침 시간에 보호자와 아이 간의 대화가 이루어지는 순간이 가장 따뜻한 상호 작용의 순간이다.

_____ 아이들의 초심을 부드러운 경청에 적용하기

나처럼 어린 시절에 3년에 한 번씩 나라를 옮겨 다니는 삶을 권하고 싶지는 않지만 내 유년기의 생활이 단점만 가득했던 건 아니다. 유목

생활을 하는 아이들은 새로운 문화, 언어, 교육 시스템에 적응하기 위해 '시작하는 사람의 마음'을 활용하는 방법을 배운다. 매번 새로운 경험을 마주할 때 마치 처음 겪는 것처럼 접근하는 태도를 뜻한다. '시작하는 사람의 마음'은 선불교의 초심初心에서 유래한 개념이다. 초심에서 '초'는 '견습 학습'을 의미하며, '심'은 '마음'을 뜻한다.

나는 이번 장의 제목에서 사용된 '초심자의 마음'이라는 번역을 선호한다. 초심에 '사람'을 뜻하는 '자者'라는 글자를 더해 초심자의 마음을 실천하는 주체를 강조하는 것은 더욱 좋다. 그냥 우연히 새로운 역할을 맡은 사람이라기보다 의도를 가지고 적극적으로 초심자의 마음을 실천하는 사람을 의미하기 때문이다. 초심자의 마음은 많은 유목 가정의 아이들과 이민자 가정의 아이들이 경험하는 것처럼 적응을 위해 노력하는 의식적인 실천에서 비롯된다.

뉴욕에 위치한 유치원의 문 앞에서 나는 초심자의 마음가짐으로 배워야 함을 깨달았다. 쉬는 시간이 끝나는 종이 울렸고 아이들은 교실로 향했다. 그때 다른 반 아이들이 그 교실에서 쏟아져 나왔다. 문 앞에 서 있던 나는 교실에서 모두가 나올 때까지 기다렸다. 그런데 메건이 뭐라고 말하더니 나를 지나쳐서 교실로 들어갔다. 그때는 영어를 한마디도 알아듣지 못했지만 메건의 목소리 크기만으로 무슨 말인지 알 수 있었다. "들어가!"라는 말이었다. 나는 제대로 이해했는지 고개를 돌려 다른 아이들을 살펴보았다. 아이들이 어떻게 하는지 보고 그대로 따라 하려고 했다. 초심자의 마음을 통해 상황에 적응하자 그제야 다른 아이들이 나오든 말든 교실로 들어가는 메건의 행동이 지극히 당연하고 합리적인 방식처럼 보였다.

초심자의 마음으로 듣는 것은 내가 새로운 문화를 배우고 적응하는데 도움이 되었다. 그 문화권에는 교실에 들어가고 나가는 행동을 학급 전체가 다같이 해야 한다는 규칙이 없었고 개인적인 행동을 강조하는 문화였다. 그래서 나는 개인 중심적인 문화에 적응하기 위해 부드러운 경청을 활용했다. 주변을 보고 들으며 세심하게 관찰한 뒤 그날 배운 정보를 모방했다.

이렇게 피드백한 정보를 바탕으로 움직이는 행동은 뛰어난 청각 능력을 가진 동물들이 반향 정위를 통해 환경을 파악하는 방식과도 유사하다. 박쥐가 반사된 소리 파장을 듣고 어둠 속에서 길을 찾듯이 인간도 마찬가지로 다른 사람을 모방하면서 배울 수 있다. 내가 뉴욕의 유치원에서 경험한 것처럼 말이다.

어른이 되어서도 초심자의 마음가짐을 지닌 채 들으면 새로운 목소리와 정보를 배우는 데 마음이 열린다. 어린 시절 품었던 강렬한 몰입도를 그대로 불러내기는 어렵지만 주변 사람들의 목소리뿐 아니라 반향을 일으키는 목소리까지 귀 기울여 듣는다면 초심자의 마음가짐을 다시 활성화할 수 있다. 초심자의 마음가짐으로 부드러운 경청을 실천하면 현재의 순간에 몰입하여 정보를 새로운 시각으로 받아들이고, 어려운 일에 맞서는 회복력을 기르고, 아직 완전히 이해하지 못한 다양한 사람들을 이해하는 데 도움이 된다. 초심자의 마음가짐을 가진다고 오해가 전혀 생기지 않거나 단번에 모든 것을 이해하게 되는 건 아니다. 하지만 이를 통해 듣기 방식을 계속 발전시키고 다듬으면서 배움과 성장을 이어갈 수 있다.

이번 장을 요약해보겠다. 아이들이 처음 배우는 부드러운 경청 전략 중 특히 중요한 3가지 전략은 아마에라고 불리는 달콤한 상호 의존성에 기반을 둔다. 이는 듣기를 통한 언어 학습의 밑거름이 된다. 부드러운 경청은 차례를 주고받는 법을 익히고, 청자 반응 신호를 활용하며, 의미장을 확장하는 데 도움을 준다. 배움에 대한 열린 태도로 초심자의 마음가짐을 기르면 모든 듣기 경험에 마치 처음인 것처럼 접근할 수 있다. 초심자의 마음가짐은 새로운 정보를 받아들이는 유연성을 길러주고 불확실성을 더 잘 견디도록 도와준다. 이를 통해 우리는 변화를 효과적으로 수용할 수 있으며 배우는 과정에서 모방을 활용하여 점점 더 학습 목표에 가까이 다가갈 수 있다. 궁극적으로 이러한 과정은 배움의 가장 큰 보상인 경이로움을 만들어낸다.

스토니브룩대학교의 과학 커뮤니케이션 센터Center for Communicating Sciences를 설립한 앨런 알다Alan Alda는 "듣기는 사실 타인에 의해 변할 수 있도록 우리 자신을 허용하는 행위다."라고 말했다. 부드러운 경청에는 우리가 다른 사람에 의해 변화할 위험이 있음에도 그들을 신뢰한다는 의미가 내포되어 있다. 완벽한 세상이라면 그러한 위험을 걱정할 필요가 없겠지만 우리가 살아가는 현실 세계에서는 상호 의존의 가치가 변덕스러워서 종종 그 위험을 고려해야 한다. 그래서 부드러운 경청과 더불어 다음에 살펴볼 또 다른 방식의 경청 즉, 신뢰성 경청이 필요하다.

부드러운 경청의 7가지 핵심

- 생후 몇 년간 이루어지는 언어 습득 과정은 지능과 듣기 능력에 큰 영향을 준다. 수정 후 18~25주 사이부터 청각이 발달되며 태아는 성인보다 더 넓은 범위의 소리를 들을 수 있다.

- 아기들은 목소리와 언어에 대한 학습을 가속하기 위해 아마에 즉, 달콤한 상호 의존성에 기반한 부드러운 경청을 배운다.

- 아기들은 음악적 요소·운율을 통해 언어를 배운다. 그러다 의미 장을 발달시키면서 단어의 의미를 이해하는 인지적 과정을 익힌다. 이 과정에서 패스트 매핑을 통한 제한된 노출만으로도 새로운 단어와 의미를 여러 감각적 단서를 활용하여 빠르게 연결짓는다. 이러한 패스트 매핑은 빠른 듣기의 초기 형태기도 하다.

- 신경학에서는 아이들이 언어를 습득하는 데 결정적 시기가 있다고 정의하지만 뇌에는 가소성이 있으며 언어 습득에는 다양한 변수가 존재한다.

- 일본어로 아이즈치라고 불리는 청자 반응 신호는 아이들이 경청하고 있음을 표현하는 중요한 듣기 전략이다.

- 모방의 장점은 과소 평가되는 경우가 많다. 모방은 상대방에게 듣고 있음을 보여주는 표현 방식이다.

- 초심자의 마음가짐은 모든 듣기 경험을 마치 처음인 것처럼 받아들이는 접근법이다. 초심자처럼 들으면 새로운 경험을 유연하게 받아들일 수 있다.

부드러운 경청을 위한 3가지 성찰
: 초심자의 마음가짐을 활성화하고 강화하기

- 초심자의 마음가짐으로 접근하는 습관·과제가 있는가? 목록을 작성해 이 태도를 적용할 수 있는 다른 영역도 찾아보자.
- 직장에서 업무를 할 때 초심자의 마음가짐을 적용해본 적이 있는가? 예를 들어, 아이의 입장에서 당신의 프레젠테이션을 본 후 어떤 궁금증을 가질지 상상해보고, 그것이 더 나은 행동을 유도하는 데 어떻게 활용될 수 있을지 고민해보라.
- 다들 나 몰라라 하고 혼자서만 책임을 져야 할 때 "나만 어른이다."라는 표현을 사용하곤 한다. 하지만 그렇게 생각하는 대신 "나만 아이다."로 바꿔보면 어떨까? 직관적이고 유연하며 창의적인 시각으로 상황을 바라볼 수 있을 것이다.

4

신뢰성 경청

진실과 거짓을 판단하기

信賴性

속는 것을 좋아하는 사람은 없다. 기만은 의사소통의 협력 원칙을 위반하며 청자는 뿌리 깊은 불신을 품게 된다. 친구가 보이스 피싱에 당한 적이 있다. 처음 이야기를 들었을 때 나는 친구에게 사기를 피하는 방법을 조언해주었다. 주의 깊게 듣고 걸러야 할 언어가 있다고 경고했다. 예를 들어, '기존의 판도를 뒤집는', '혁신적인 기술', '혁명', '패러다임 전환', '획기적인', '세상을 바꾸는' 같은 표현으로 빠른 성공을 돕는다거나 인생을 바꿔준다고 약속하는 단어들은 특히 경계해야 한다고 말했다. 하지만 친구가 "알아, 알아."라고 말하며 맞장구칠 때 나는 지금 그에게 필요한 건 14개의 마음으로 듣기 즉, 그가 겪은 일을 이해하고 공감하는 경청뿐이라는 사실을 깨달았다.

그리고 사기를 피하기 위한 최선의 시점은 사기를 당하기 전이라는 점도 깨달았다. 이를 위해서는 신뢰성 경청 능력을 갈고닦아서 상대방의 말이 진실인지 현재 진행 중인 거짓말인지 감지할 수 있어야 한다. 그래야 내 친구처럼 사기를 당해서 금전적 손해를 보는 일이 없을 것이다.

물론 이번 장에서 다룰 내용이 사기를 완벽하게 피할 수 있게 해주거나 당신을 '인간 거짓말 탐지기'로 만들어주지는 않는다. 몸짓 언어를 통한 거짓말 탐지는 분명 중요한 요소 중 하나지만 먼저 우리가 본능적으로 갖고 있는 비판적 감각에 주목해보자. 이는 진실과 거짓 사이에서 전체적인 판단을 내릴 수 있도록 돕는 신뢰성 경청의 감지 기능으로, 무언가 석연치 않은 말을 들었을 때 경고를 보내준다.

음색을 통해 누군가를 알아볼 수 있는 것처럼 어떤 말이 이상하게 들릴 때도 당신은 이를 말할^{tell} 것이다. 영어에서 'tell'이라는 단어는 흥미로운 의미를 지닌다. 이 단어는 'say'와 동일한 의미장에 속하고, 둘 다 정보를 전달한다. 하지만 say는 말하는 사람에게 청각적 초점이 맞춰진 반면 tell은 듣는 사람에게 초점을 맞춘다. tell은 관계적인 단어로, 듣는 사람이 존재함을 전제한다. 그래서 우리는 진실과 거짓을 말한다고 할 때 say가 아니라 tell을 사용한다("tell truths.").

고대 영어에서 tell에는 '전하다^{relate}'라는 의미뿐 아니라 '세다^{count}'라는 뜻도 있었는데, 이는 화자가 자신이 분석한 현실을 전한다는 의미를 내포한다. 분석한 현실을 전하고, 세고, 다시 이야기하는 과정은 우리가 이야기할 때, 그러니까 진실을 말하거나 거짓을 말할 때 일어나는 일이다. 진실과 거짓은 단순한 반대 개념이 아니다. 둘은 스펙트럼의 양극단에 자리잡고 있는 개념이기 때문에 조작하기 쉽다.

신뢰성 경청은 대화라는 전체 그림 속에서 진실이나 거짓이라는 세부적인 요소를 파악하도록 도와준다. 의미의 숲을 이루는 단어들을 넘어 우리가 이야기하는 서사를 꿰뚫어볼 수 있도록 해주는 것이다. 다른 사람과 연결되기 위해 14개의 마음으로 듣기를 실천하며 이야기에 집중할 때 우리는 정보 전달 언어뿐 아니라 음색, 음량, 음조, 증폭기, 변환기까지 함께 듣는다. 이를 통해 상대방이 말하는 진실이나 거짓의 구조를 더 깊이 이해할 수 있다. 신뢰성 경청을 활성화하여 상대방이 전달하는 이야기를 분석하면 그들을 들여다볼 수 있는 창이 열린다.

우선 진실을 어떻게 이해하는지 돌아보고, 거짓을 인식하는 방법도 살펴보면서 우리가 듣고자 하는 것이 무엇인지 간단한 개념으로 설명하겠다. 몇 가지 대화 속에서 거짓말을 분석해 거짓말이 종종 익숙한 이야기 형식으로 서술된다는 점도 살펴볼 예정이다. 그다음에는 말을 더욱 비판적으로 감지하는 방법을 익힐 것이다.

_____ 모든 이야기에는 3가지 측면이 있다

영화 제작자 로버트 에반스Robert Evans는 유명한 말을 남겼다.
"모든 이야기에는 3가지 측면이 있다. 당신의 이야기, 나의 이야기,

그리고 진실. 셋 다 거짓말을 하지 않는다. 같은 경험이어도 모두에게 다르게 기억된다."[1]

진실은 철학, 문학, 심리학, 언어학, 수학 등 다양한 분야에서 각기 다르게 정의되어온 거대한 개념이다. 의사소통에서 '진실 말하기'라는 개념을 이해하려면 철학자들이 사용하는 대응 이론Correspondence Theory의 관점을 통해 살펴봐야 한다. 대응 이론은 언어에서의 진실을 '진술과 현실이 일치하는 것'으로 정의한다. 서면으로 소통할 때는 문서와 같은 2차 자료가 언어와 현실의 일치를 증명하는 증거가 되지만 대화에서는 누군가가 말하는 내용을 실시간으로 현실과 대조하여 검증하기 훨씬 더 어렵다.

이럴 때 유용한 개념이 바로 2장에서 살펴본 영국의 언어철학자 그라이스가 정리한 대화의 협력 원칙과 4가지 격률이다. 그중에서도 가장 중요한 격률은 '자신이 진실이라고 믿는 사실만을 말하라'라는 질의 격률이며, 다른 격률들도 이 원칙을 기반으로 한다.

누군가가 진실을 말하고 있다고 하려면 화자 자신이 먼저 그 말을 진실이라고 믿어야 한다. 반대로 사실이 아니라고 믿으면서도 진실이라고 말한다면 이는 거짓을 말하는 것이 된다. 거짓을 말하는 것은 질의 격률을 위반하는 것이므로, 대화의 협력 원칙이 제대로 작동하려면 화자는 가능한 한 진실을 말하려고 노력해야 한다. 또한 자신이 거짓이라고 알고 있는 정보를 청자에게 제공하면 안 된다.

그라이스의 격률은 화자에게 책임을 두고 있지만 결국 진실과 거짓을 나누는 대화의 가치는 듣는 사람의 판단으로 결정된다. 화자의 의도가 '진실하게 들리는가'에 대한 최종 판단은 청자의 몫이다. 질의 격률의 핵심은 신뢰며, 이는 이번 장의 제목에 쓰인 단어 신뢰성信賴性에서 문자 그대로 드러난다. 신뢰信賴라는 단어는 '사람人', '말言', '믿음賴', 그리고 '성질性'이라는 구성 요소로 이루어졌다. 즉, 신뢰성이란 '누군가의 말을 믿는 성질'을 의미한다. 이 단어는 질의 격률 즉, 진실을 말해야 한다는 원칙을 청자가 해석한 표현이 된다.

일상적인 대화에서 청자는 화자의 말이 진실인가에 대하여 단순히 사용된 단어만으로 판단하지 않고, 목소리의 톤을 통해서도 평가한다. 또한 청자는 말의 질뿐 아니라 말하는 양에서도 자신과 비슷한 방식으로 말하는 화자를 더 신뢰하는 경향이 크다. 양의 격률에 따르면 협력 원칙을 유지하려면 적절한 양의 정보를 전달해야 하며, 지나치게 장황하지도 지나치게 간결하지도 않아야 한다. 모든 말을 그라이스가 말한 장황함이라는 기준으로 측정하는 건 아니지만 연구에 따르면 우리는 일반적으로 우리가 듣고 싶어 하는 정도의 세부 사항을 이야기하는 사람을 더 좋아하는 경향이 있다.[2]

적절하다고 생각하는 양으로 말하는 사람의 말을 들을 때 그들의 말이 진실이라고 여길 가능성이 더 높아진다. 다시 말해, 적절한 양만큼 화자가 말할 때 청자는 '화자가 자신이 말하는 내용을 잘 알고 있다'고 믿는 것이다. 우리는 적절한 말의 양을 판단하는 일종의 '골디락스 기준'을 가지고 있다. 그리고 골디락스 기준을 충족시키는 사람을

'논리 정연한', '말을 잘하는', '똑똑한' 사람으로 인식하고, 그들의 말이 진실하다고 받아들인다. 반면 적절한 양보다 많이 말하는 사람은 '수다쟁이', '장황한 사람'으로 판단한다. 그리고 그들이 말하는 내용을 제대로 아는 것인지, 그 말이 전적으로 진실인지 의심한다.

한편 우리는 적절하다고 판단하는 양보다 적게 말하는 사람들도 부정적으로 바라본다. 말을 적게 하는 사람을 '뚱한', '무례한', '속을 알 수 없는' 사람이라고 지칭한다. 저 사람이 상황을 잘 모르거나 무언가를 숨기고 있을 것이라고 여긴다. 그리고 곧 알게 되겠지만 이러한 생각은 청자가 누군가를 거짓말쟁이로 판단하는 기준이 되기도 한다. 양의 격률은 청자에게 중요하다. 우리가 가진 이상적인 말의 양에 대한 개념이 진실한지 거짓된지 판단하고, 긍정적으로 혹은 부정적으로 평가하는 방식에 영향을 미치기 때문이다.

또한 적절한 말의 양을 평가하는 방식은 그 주제에 대한 청자의 관심도에 따라서도 달라진다. 어떤 말이 진실하게 들리려면 그 말이 우리와 관련 있어야 하고, 주제에 맞으며, 흥미로워야 한다. 이러한 이유로 문제를 해결하기 위해 모인 회의에서는 참석자가 이해관계를 가진 문제를 논의할 때 말의 양이 가장 많아진다.

예를 들어, 내가 진행한 비즈니스 회의 연구에서 중간 관리자들은 자신이 담당하는 업무의 세부 사항을 이야기할 때 제일 오래 시간을 할애했다.[3] 화자들은 자신이 관심 있는 주제에 더 많은 시간을 들여 말하는 경향을 보이며, 청자들은 화자가 특정 주제에 얼마나 시간을 쓰는지를 통해 그 사람이 무엇을 중요하게 여기는지를 파악한다.

그러나 말의 양과 말하는 시간은 단순히 개인적인 관심에 의해 결정되는 것만은 아니다. 사회적 기대에도 영향을 받는다. 청자는 화자가 적절한 말의 양을 사용함으로써 지위, 역할 같은 사회적 규칙을 지키기를 기대한다. 우리는 지위가 높은 사람이 지위가 낮은 사람보다 더 많이 말할 것이라고 예상하는 경향이 있다. 또 특정 직업을 가진 사람들이 다른 직업을 가진 사람들보다 더 많이 말할 것이라고 생각하기도 한다. 예를 들어 대학교 강사가 패스트푸드점에서 주문을 받는 직원보다 더 오랜 시간 말할 것이라고 예상한다. 만약 강사의 수업이 한두 마디로 끝나거나 반대로 패스트푸드점의 직원이 음식에 대해 너무나도 길게 이야기하면 놀랄 것이다.

그리고 우리는 보편적으로 좋아하는 사람이 더 많이 말하는 것에는 관대하다. 반대로 호감을 느끼지 않는 사람의 말에는 그다지 인내심을 보이지 않는 경향이 있다. 말하는 사람에 대한 호감도와 말하는 내용에 대한 관심이 결합될 때 우리는 더욱 귀를 기울이며, 화자와 화자의 말 모두를 신뢰한다.

안타깝게도 호감도는 청자의 아킬레스건이 될 수도 있다. 호감도는 조작할 수 있는 요소기 때문이다. 정치인, 인플루언서, 기업 리더들은 호감도를 이용해 자신에게 유리한 방향으로 청중을 이끈다. 자신에게 동의해주기를 원하는 주제는 더 많이 이야기하고, 반대로 관심을 돌리고 싶은 주제는 별로 다루지 않는 식으로 말이다. 어느 기자 회견에서 한 정치인은 거의 7분 동안 발언하면서 자신에게 제기된 의혹을 부인하는 말은 불과 5초도 언급하지 않았다. 곧 알게 되겠지만 이는 거짓말을 하는 데는 오래 걸리지 않지만 거짓을 변호하거나 숨기려고 할 때는 그렇지 않다는 행동 특성을 보여준다.

_____ 거짓말은 언제 거짓말이 되는가?

흔히 거짓말을 명확하고 진실과 쉽게 구별될 수 있는 것으로 생각한다. 하지만 '나의 진실', '당신의 진실', 그리고 '진짜 진실'이라는 3가지 진실의 개념은 진실이 광범위한 개념 속에서 발생한다는 점을 상기시킨다. 배심원이 유죄 또는 무죄 평결을 내리는 과정은 결코 쉽지 않다. 거짓말쟁이를 잘못 식별한 다음 고발하며 단죄하는 일이 초래할 도덕적 결과 때문이다. 억울한 유죄 판결도, 부당한 무죄 판결도 사회 전체에 좋지 않다.

다행히도 우리가 일상에서 수행하는 신뢰성 경청은 법정 같은 환경에서 발생하는 극단적인 사례에 비해 스트레스가 훨씬 덜하다. 누군가가 거짓말을 하고 있을지도 모른다는 직감이 들어도 일단 그들이 말하게 두고, 천천히 듣고 평가하면서 그들의 거짓이 얼마나 심각한지 판단하면 된다. 많은 사람이 스스로를 타인의 신뢰성을 판단하는 심판자로 여기고 싶어 하지는 않지만 자신의 안전과 행복을 지키려면 타인이 말하는 내용의 진실성을 주의 깊게 살펴볼 필요는 있다.

거짓말 때문에 온갖 문제에 휘말리는 피노키오 이야기를 떠올려 보자. 그 이야기에서 거짓말쟁이는 피노키오뿐이라고 생각하기 쉽지만 사실 많은 인물이 교활하게 거짓말을 한다. 여우, 고양이, 인형극 단장 만지아포코, 램프 심지, 마부까지 모두 피노키오를 속인다. 결국 피노키오도 거짓말을 하게 된다. 제페토 할아버지가 사준 책을 팔아버린 사실, 금화를 사기꾼 여우와 고양이에게 빼앗겼다는 사실을 감추기 위해서 말이다.

피노키오는 '은폐성 거짓말'이라고 부르는 거짓말을 했다. 은폐성 거짓말은 정도와 의도에 따라 다르게 평가된다. 만약 진실 쪽으로 눈금을 옮긴다면 이 거짓말은 흔히 '예의상의 거짓말'이라고 부르는 형태로 나타난다. 상대방의 감정이 상하지 않도록 하기 위해 사용되는 거짓말이다. 한편 제페토 할아버지는 피노키오가 진실을 알고 마음이 아플까봐 '동정의 거짓말'이라고도 불리는 예의상의 거짓말을 했다. 하나뿐인 겨울 코트를 팔아버린 이유를 너무 더워서라고 말했지만 실제로는 피노키오에게 교과서를 사줄 돈을 마련하기 위해서였다.

우리는 다양한 예의상 거짓말을 하고 듣는다. 예의상의 거짓말은 미묘한 형태로 나타난다. 예의상의 거짓말은 인간관계를 유지하는 데 중요한 역할을 한다. 겨울 코트를 팔아야 했다는 사실을 알면 피노키오의 마음이 상할까봐 제페토 할아버지가 거짓말을 했던 것처럼 상대방의 감정을 배려하는 데 쓰인다. 친구에게 오늘 평소보다 멋져 보인다고 말하거나 마음에 들지 않는 선물을 받고도 마음에 든다고 하는 듯 말이다.

예의상의 거짓말은 수행적이며 규제적인 성격을 갖는다. 수행적이라는 뜻은 화자가 좋은 관계를 유지하려는 의도로 거짓말을 한다는 의미며, 규제적이라는 뜻은 청자가 솔직한 진실보다는 예의상의 거짓말을 듣기를 원하고 심지어 기대하기도 한다는 의미다. 실제로 예의 바른 언어를 구사하는 성인 화자 대부분은 "나는 네 선물이 정말 마음에 안 들어."라고 솔직하게 말하기보다는 차라리 거짓말을 선택할 것이다. 예의상의 거짓말은 우리가 아이들의 순수함을 지켜주기 위해 하는 거짓말과 다르지 않다. 이가 빠지면 요정이 돈과 바꿔준다거나 아기는 황새가 데려온다거나 반려동물이 죽으면 무지개다리를 건넌다고 이야기하는 것처럼 말이다.

때로 우리는 어떤 사실을 모르는 척하기 위해 예의상의 거짓말을 하기도 한다. 이는 또 다른 형태의 예의상 거짓말인 '침묵의 거짓말'과 관련이 있다. 할머니가 "아기 곰이 어디 갔을까?"라고 물었을 때 4살이었던 나는 대답하지 않았다. 할머니 집 현관의 장식장에는 도자기 곰이 있었는데, 나는 어미 곰의 무릎에서 아기 곰을 몰래 떼어서 숨겨두었다. 나는 할머니의 질문에 대답하지 않았고 뉴욕으로 이사를 갈 때 아기 곰 장식을 가져가려고 한다는 의도도 말하지 않은 채 침묵으로 답을 대신했다.

나는 아직까지도 아기 곰 장식을 훔친 일에 침묵한 것을 순수한 행동이라고 주장하지만 다른 침묵의 거짓말들은 더 기만적인 의미를 내포하기도 한다. 이러한 거짓말은 흔히 '생략의 거짓말'이라고 불리며, 보통 중요한 정보를 의도적으로 숨기고 기만하는 언행을 가리킨다. 함께 사업을 하려는데 동업자가 당신에게 빚이나 경제적 채무를 밝히지 않는 경우가 이에 해당한다.

생략의 거짓말은 대화에서 모호한 태도로 나타날 때도 있다. 대화 속에서 커다란 공백을 남기기보다는 모호하고 일반적인 표현을 사용하여 진실을 감추는 것이다. 예를 들어, "재정 문제에 대해 논의해야 할 부분은 전부 다룬 것 같아."라는 말은 청자가 진실성을 판단하는 데 필요한 구체성이 부족하다.

우회적인 대화는 일반적인 대화보다 시간이 더 걸린다. 말의 양이 많을수록 이를 거짓말의 가능성을 나타내는 경고 신호로 연결지어보자. 만약 어떤 사람이 논의 중인 주제와 관련 없는 내용을 장황하게 말하며, 양의 격률을 어긴다면 그는 생략의 거짓말이나 은폐성 거짓말을 하는 중일 가능성이 높다. 말의 양이 과도하게 많다면 신뢰성 경청을 실행해야 할 시간이다.

대화에서 자주 나타나는 또 다른 거짓말의 유형은 '과장된 거짓말'이다. 이는 자신의 성취나 능력, 소유를 실제보다 더 부풀려 말하는 방식으로 이루어진다. 우리는 스스로를 최대한 좋아 보이게 포장하거나 자기 자랑이 심한 사람에게서 이 거짓말을 감지한다. 과장된 거짓말은 매우 다양한 상황에서 나타나며 문화적 차이에 따라 정도와 수용 방식이 크게 달라진다.

별로 놀랍지 않을지도 모르지만 지나치게 예의 바른 나라로 묘사되는 일본에서는 원만한 관계를 위해 발화되는 예의상의 거짓말은 아예 거짓말로 여기지 않는다. 반면 자신을 조금이라도 과장하는 것은 불쾌한 거짓말로 간주한다. 피노키오는 은폐성 거짓말을 할 때마다 코가 길어졌고, 일본 신화에 나오는 요괴 텐구는 허풍을 떨 때마다 코가 길어진다. 즉, 일본 청자들은 상대방의 감정을 상하지 않게 하려는 예의상의 거짓말을 거짓말로 여기지 않지만 자기 감정을 지키기 위해 하는 허풍성 거짓말은 거짓말로 여긴다는 것이다. 문화는 이렇듯 화자들이 구성·제시하는 현실의 숲을 둘러싼 이야기의 틀을 형성하며, 청자들은 이를 바탕으로 진실과 거짓을 해석한다.

거짓말의 이야기적 구성

나의 이야기, 당신의 이야기, 그리고 진실(진실이든 거짓말이든 대부분은 이야기의 맥락 속에서 전달된다)은 액자 속에 담긴 사진과도 같다. 프레임은 화자가 자신의 이야기를 표현하는 방식이다. 카메라의 뷰파인더가 사진의 경계를 정하는 것과 같다. 화자는 이야기라는 사진을 구성할 때 프레임에 무엇을 포함시키고 무엇을 제외할지 선택한다.

결혼식 사진을 보는 사람은 당신이 프레임 안에 담은 것만 보게 된다. 그들은 지평선 위로 펼쳐진 아름다운 노을 속의 신랑과 신부를 볼 수 있지만 해변에 밀려온 쓰레기처럼 프레임에 넣지 않은 사물들은 보지 못한다. 마찬가지로 결혼식 영상을 촬영한 후 편집할 때를 떠올려보자. 서약을 나누는 장면과 노을 속으로 날아가는 새들의 울음소리는 남기고, 말다툼하는 관광객들이 찍힌 장면은 지운 다음 배경 음악을 입힐 수도 있다. 사진가, 영상 제작자, 이야기꾼은 프레임을 통해 청중이 보고 듣게 될 내용을 자신이 원하는 방향으로 유도한다.

화자는 말하려는 내용을 특정 프레임에 맞추어 표현함으로써 청자에게 대화의 방향을 제시한다. 대화에서의 프레임은 1장에서 살펴본 선택적 청각 주의와 비슷하게 작동한다. 하지만 선택적 청각 주의에서는 청자가 초점을 스스로 선택하는 반면(예를 들어, 카페의 소음 속에서 친구의 말을 듣기로 선택하는 것이 선택적 청각 주의), 화자는 결혼식 사진 속 신랑과 신부처럼 프레임에 무엇을 담을지 통제한다. 프레임을 설정하는 행위는 화자에게 힘의 편향을 부여한다. 그러므로 힘의 균형이 화자에게 크게 유리한 정치 토론과 같은 상황에서는 청자가 신뢰성 경청을 강화하고, 듣는 내용을 신중하게 선별할 필요가 있다.

실시간으로 대면하는 상호 작용에서 프레임은 화자가 전달하는 정보의 맥락을 형성하며, 청자가 듣는 방식을 제한한다.[4] 일상적인 대화에서 우리가 효과적으로 사용하는 프레임 중 하나는 인지언어학자 조지 라코프George Lakoff가 '개념적 은유'라고 부르는 프레임으로, 복잡한 개념을 단순하게 전달하기 위해 수사법을 활용하는 방식이다.[5] 예를 들어, '시간은 돈이다', '훌륭한 지도자는 강한 부모다', '우리는 가족이다'와 같은 표현들이 이에 해당한다.

개념적 은유는 화자가 추상적이거나 복잡한 개념을 익숙한 개념에 빠르게 연결지어 말할 때 유용하다. 청자의 입장에서 개념적 은유를 듣는 것은 마치 영화 시리즈의 다음 작품을 보러 가는 일과 비슷하다. 이미 익숙한 이야기므로 추가적인 설득이나 배경 설명 없이 그냥 팝콘을 들고 앉아서 익숙한 주제를 따라가면 된다. 개념적 은유는 단순하고 익숙해서 청자는 자신이 개념적 은유의 프레임 안에서 듣도록 유도되었다는 사실을 인식하지 못하는 경우가 많다.

개념적 은유의 단순함은 강력하면서도 위험하다. 익숙함이 현실을 그럴듯하게 보이도록 비틀어, 은유를 사용하는 사람의 말이 진실인 것처럼 우리를 쉽게 설득하기 때문이다. 빠른 듣기를 할 때 우리가 단어를 해싱하는 것처럼 우리는 이야기를 이해하기 위해 은유도 해싱한다. 그러면 신뢰성에 집중하지 않고 이야기를 그냥 받아들이게 된다.

이러한 안일함은 위험하다. 빠르게 연결된 은유는 진실을 회피·과장하거나 화자에게 유리한 방향으로 왜곡시키기 때문이다. 신뢰성 경청은 화자의 설득 전략을 감지하고, 화자가 개념적 은유 같은 설득 장치를 활용해 프레이밍하는 그림의 진실성을 판단하는 능력이다.

국회의원의 교묘한 프레이밍 전환

한 기자가 어떤 녹취록에서[6] 국회의원이 접대성 선물을 받은 것을 발견하고, 의원이 재정 이익 등록부에 해당 선물을 제대로 기재하지 않았다며 문제를 제기했다. 선물을 받는 것 자체가 불법은 아니지만 정치인의 경우 부적절해 보일 수 있는 문제다. 게다가 2010년 뇌물 방지법이 발효되면서 대가를 기대하며 부당한 행위를 조건으로 선물을 받는 일은 영국에서 불법이다.

의원은 선물 수령을 정당화하는 프레임을 설정했다. 의원이 설정한 프레임은 한 통의 전화에서부터 시작된다. 의원에 따르면 전화를 걸어온 사람이 자신의 회사에서 오랫동안 근무를 했으며, 의원 앞으로 배달된 무료 축구 경기 티켓이 있음을 알린 후 티켓을 가져도 되는지 물었다고 한다. 의원은 그 직원이 축구 팬이라는 것을 알고 있었다. 그래서 그동안의 노고에 대한 보상으로 티켓을 주었다고 설명했다.

일한 시간에 대한 보상 예를 들어, 금전적 보상은 정당하고 통상적인 거래 방식이다. 따라서 의원은 '시간은 돈이다'라는 개념적 은유를 설정하여, 자신이 접대성 선물을 받은 것이 아니라는 주장을 자연스럽게 끼워 넣었다. 즉, "나는 접대를 절대 받지 않으며, 이번에도 받지 않았다."라고 부인하는 것이다. 직원의 노고에 대한 보상이라는 이야기 속에서, 의원은 프레임을 '선물 수령'에서 '일한 시간에 대한 일반적인 보상'으로 전환했다.

다음으로 감성적 호소로 설득을 더욱 강화했다. 기자이자 청자에게 조언을 구하는 방식으로 접근한 것이다. "당신 생각에는 성실하게 일한 직원에게 내가 어떻게 대응해야 했을까요?"라고 물었다. 의원은 자신이 설정한 프레임에서 공감을 끌어낸 후 되려 기자를 압박하는 상황으로 전환했다. 기자를 오히려 신문받는 입장에 놓고 "당신이라면 내 입장에서 어떻게 했겠는가?"라는 질문을 던졌다. 의원은 스스로를 인터뷰어의 역할로 전환하면서 기자에게 유도 질문을 던져서 "네, 저라도 같은 선택을 했을 것입니다."라는 답을 끌어내려 했다.

그러나 기자는 의원이 설정한 프레임과 초점 전환을 간파하고, 질문을 있는 그대로 받아들이며 반박했다. "그 직원을 총리에게 추천하셨어야죠. 그리고 총리실 직원들은 모두 엄청나게 열심히 일합니다. 축구 경기 티켓을 받을 자격을 갖춘 사람은 많습니다."

기자는 질문에 답하며 의원이 설정한 프레임에 동조하라는 초대를 거부했다. 그는 신뢰성 경청을 활용하여 의원의 이야기에 이의를 제기하고, 의원이 '시간은 돈이다'라는 개념적 은유로 이야기의 프레임을 전환한 점을 정확히 알아차리고는 반박했다.

이처럼 신뢰성 경청은 청자가 진실에 가까이 다가갈 수 있도록 도와준다. 우리는 들은 정보를 그대로 받아들이기보다 전환된 이야기의 프레임이 익숙한 개념적 은유에 지나치게 편리하게 맞춰진 것은 아닌지 비판적으로 생각하며 들어야 한다.

'시간은 돈이다'라는 표현은 미국 정치가 벤저민 프랭클린Benjamin Franklin이 1748년에 쓴 에세이에서 젊은이들에게 한 조언이다. '시간은 돈이다'라는 개념은 수 세기 동안 시간을 돈처럼 '제한된 자원'으로 보는 믿음을 퍼뜨렸다. 돈을 투자해 이익을 얻듯 우리는 사회적으로 인정받을 수 있는 성공 즉, 돈을 얻기 위한 활동에도 시간을 투자한다.

사람들은 생산성을 높이고 좋은 결과를 달성해내기 위해 '시간은 돈이다'라는 은유를 자주 사용한다. 직접적인 조언을 통해서도 이루어지고는 한다. "인간관계에 투자하면 장기적으로 큰 보상을 얻게 될 것이다."와 같은 표현처럼 말이다. 또는 유도 질문처럼 작동하는 프레임을 설정하여 간접적으로 암시하기도 한다. 예를 들어, "오늘 밤 나가서 노는 데에 시간을 낭비할 여유가 정말 있어?"라는 질문으로 화자는 자신의 입장을 드러내는 동시에 청자를 설득하려 든다.

그리고 사람들은 이러한 개념을 쉽게 받아들인다. 청자의 입장에서 보면 마치 기차의 목적지를 대충 확인하고 승강장 번호만 찾는 것처럼, 우리는 빠르게 연결된 이야기의 프레임을 그대로 받아들인다. 실제로는 자신이 동의하는 내용의 세부 사항을 제대로 듣지 않았는데도 하는데 말이다.

'시간은 돈이다'라는 개념적 은유는 청자가 이미 알고 있는 이야기에 빠르게 몰입하도록 만든다. 심리학자 대니얼 카너먼이 말한 '확증 편향'이 만들어지고 유지되는 과정을 보여주는 예시라고 할 수 있다. 확증 편향이란 우리가 이미 사실이라고 믿는 것만 듣고, 거짓이라고 생각하는 것은 듣지 않는 현상을 말한다.

컴퓨터 알고리즘은 사용자가 사실이라고 믿는 이야기를 찾아 제공함으로써 확증 편향을 강화한다. 알고리즘은 사용자의 클릭, 좋아요, 공유, 검색 기록을 추적하여 선호도를 학습한 뒤 기존 신념을 강화하는 맞춤형 콘텐츠를 제공한다. 그 결과, 사용자는 다른 관점을 접할 기회를 제한하는 반향실echo chamber에 갇힌다. 그리고 알고리즘은 계속해서 사용자가 선호하는 내용만 보여준다. 시간이 지나면서 확증 편향은 강고한 진실로 자리잡아, 우리가 불편함을 느끼게 만드는 모순되는 증거를 더욱 간과하도록 이끈다.

우리는 익숙한 것에서 편안함을 찾고자 하므로 개념적 은유는 효과적인 동시에 거짓을 신뢰할 만한 사실로 보이게 만드는 강력한 기만적 도구가 될 수도 있다. 신뢰성 경청은 은유로 표현된 이야기가 진실을 전달하기 위해 만들어진 것인지, 거짓을 감추기 위한 것인지 확실하게 구별하는 데 꼭 필요하다. 자, 이제 또 다른 예를 살펴보자.

_____ <어 퓨 굿 맨>에 등장하는 개념적 은유

확증 편향과 마찬가지로, 효과적인 개념적 은유는 사람들 사이에서 쉽게 사라지지 않는다. '훌륭한 지도자는 강한 부모다'라는 개념적 은유는 오늘날에도 여전히 건재하며 정치 연설과 비즈니스 강연, 소설에 이르기까지 다양한 분야에서 사용된다.

<라이온 킹>부터 <다키스트 아워>에서 묘사된 윈스턴 처칠 같은 정치 지도자들까지, 우리는 강한 부모상을 지닌 인물들이 등장하여 삶에 대한 교훈을 전하고 '자녀'가 그들에게서 배움을 얻는 모습을 반복적으로 본다. 이 개념적 은유는 가장 오래되고 효과적인 은유 중 하나로, 우리에게 '부모는 신뢰할 수 있는 지도자기 때문에 믿고 따라야 한

다'는 신호를 보낸다.

'훌륭한 지도자는 강한 부모다'라는 개념적 은유의 대표적인 예는 영화 〈어 퓨 굿 맨〉에서 찾아볼 수 있다. 이 영화는 비공식적인 징계로 인해 병사가 사망하면서 한 대령이 법정에 서는 이야기를 그린다. 다니엘 캐피 중위가 나단 제섭 대령을 심문하는 과정에서 대령은 자신이 징계를 승인하는 '코드 레드'를 지시했다는 혐의를 부인한다. 대령은 자신의 입장을 뒷받침하기 위해 답변을 내놓는 장면에서 '훌륭한 지도자는 강한 부모'라는 개념적 은유를 활용한다. 그는 스스로를 책임감 넘치는 어른으로 내세우고, 자신을 심문하는 캐피 중위를 '아들'이라 지칭하며 마치 미성숙한 아이인 듯 취급한다.*

아들, 우리는 벽으로 둘러싸인 세상에 살고 있고, 그 벽은 무장한 남자들이 지켜야 한다. 누가 그 일을 할 건가? 너인가? 와인버그 중위, 너인가? 나는 네가 상상할 수도 없는 막중한 책임을 맡고 있다.

---

* 〈어 퓨 굿 맨〉은 쿠바의 관타나모만에서 윌리엄 알바라도 일등병이 가혹 행위를 당한 실화를 바탕으로 한 영화다. 알바라도는 쿠바를 향해 발포하는 등 불법적인 행위에 강제로 가담해야 했다며 전출을 요청하는 편지를 썼다가 오히려 불법적인 가혹 행위를 당하고, 코드 레드의 일환으로 입에 재갈이 물린 채 삭발당했다. 이 영화의 원작이 된 희곡을 쓴 애런 소킨은 코드 레드를 실행한 중위들을 변호했던 데보라 소킨의 오빠다.

제섭 대령은 '아들'이라는 단어를 '무장한 남자들'과 대조하고, 이 단어들을 '벽을 지키는 일'과 '책임'이라는 개념과 빠르게 연결한다. 대령은 가족이라는 의미장을 통해 성인 남성과 아이를 구분하고, 캐피 중위에게 자신의 권위에 순응하라는 메시지를 전달한다. 강한 부모는 힘과 권위를 가지며 아들과 같은 존재에게 명령할 수 있다는 개념을 언어로 구체화하면서, 대령은 청자인 캐피 중위를 아이라는 하위적 위치에 놓는다.

그는 명사뿐 아니라 인칭 대명사까지 활용하여 강력한 부모적 존재가 약한 아이인 청자를 지배하는 위계를 더욱 강조한다. 대령은 자신을 강한 지도자로 나타내기 위해 일인칭 대명사 '나'를 반복적으로 사용한다. 그다음 긴 설명 속에서 이인칭 대명사 '너'를 17번이나 반복하며 캐피 중위를 '내가 제공하는 자유의 담요 아래에서 일어나고 잠드는 약한 아이'이자, '진실을 감당할 수 없는 존재'로 깎아내린다.

대령은 '명예, 규율, 충성'과 같은 단어를 사용해 스스로를 강직한 가장으로 묘사한다. 하지만 거듭된 자기 과시와 여섯 차례나 오간 언쟁, 216개의 단어로 이루어진 방어에도 불구하고, 대령은 결국 냉정을 잃고 자신이 코드 레드를 지시했다고 자백한다. "그래, 내가 그랬다!"라고 말이다. 진실이나 거짓을 말하는 데는 단 몇 초밖에 걸리지 않지만 이를 숨기기 위해 쏟아낸 장황한 말들이 오히려 대령의 거짓을 드러낸다.

우리는 대령의 언어처럼 강한 언어를 매일 접하지는 않는다. 하지만 구성원들을 하나로 모아 앞으로 나아가게 할 때 '훌륭한 지도자는 강한 부모다'라는 은유적 표현이 담긴 연설을 종종 듣고는 한다. 다른 예시에서도 보겠지만 대개 이러한 연설을 들을 때 개념적 은유를 인식하면 상대방이 이야기의 흐름을 조작하거나 진실을 왜곡하려는 시도를 해도 조작·왜곡을 더 잘 파악할 수 있다.

개념적 은유는 화자가 자신의 현실을 구축하고 이를 청중에게 전달하는 방법이다. 신뢰성 경청으로 이렇게 빠르게 연결된 이야기를 알아차리면 말의 질과 양을 평가하고 과장이나 음량의 변화 등을 감지함으로써 화자의 진실성에 대한 통찰을 얻을 수 있다.

_____ 변화를 감지해 신뢰성 경청 능력 기르기

개념적 은유는 정보를 빠르고 편리하게 연결하는 이야기가 될 수도 허위 정보로 빠지는 함정이 될 수도 있다. 따라서 매일 신뢰성 경청을 실천해 다양한 상황에서 정확하게 듣는 세심하고 비판적인 능력을 길러두면 좋다. 신뢰성 경청 능력을 기르면 스스로를 극단적으로 분열된 영역으로 깊이 가두는 부정적인 영향에서 벗어날 뿐 아니라, 일상에서 사기꾼들이 유도하는 질문에 휘말려 그들이 설정한 서사적 프레임 안에서 그들이 원하는 결론에 도달하는 일도 피할 수 있다.

보이스 피싱을 당한 친구는 사기꾼이 무자비한 의료 제도에 희생당한 이야기를 먼저 들려주었다고 했다. 뇌졸중을 앓는 어머니의 치료에 엄청난 돈이 들었다는 이야기였다. 사기꾼이 판매하려던 보험은 막대한 치료비를 감당할 수 있게 해준다고 했다. 그는 연말이 다가오고 있으니 서둘러 결정하는 게 현명할 것이라고도 덧붙였다. 일본에서는 새해 첫 사흘 동안 대부분의 가게와 시설이 문을 닫으니까 그 기간에 아프기라도 하면 큰일이 난다면서 말이다. 이처럼 병약하고 취약한 사람의 이야기는 피해자를 속이는 효과적인 사기 수단이 된다.

'우리는 가족이다'라는 개념적 은유는 직장에서 동기 부여 연설로도 자주 사용된다. 이는 팀을 하나로 단결시키는 요소로 작용한다. 아래와 같은 연설은 '우리는 가족이다'라는 은유를 내세워 팀의 결속을 빠르게 강화하고 지지를 끌어내려고 할 때 행해진다.

> 우리는 서로가 서로를 돌보는 강한 팀입니다. 여러분에게 방향을 제시하고, 각자가 자신의 잠재력을 최대한 발휘할 수 있도록 돕는 것이 우리의 책임이라고 생각합니다. 왜냐하면 우리 중 한 사람이 성공하면 이는 가족인 우리 모두의 성공이나 다름없기 때문입니다. 공동의 목표를 향해 나아가는 과정에서 여러분 모두가 자신의 일에 책임감을 느끼고 팀의 성공에 이바지하기를 바랍니다. 열심히 노력하면 여러분 모두 마땅히 누려야 할 위대한 성취를 이룰 수 있습니다. 우리는 여러분 한 사람 한 사람이 최선을 다할 것이며 가족에게 자부심을 안겨줄 것이라고 믿습니다.

이 연설에서 리더는 '우리'라는 인칭 대명사를 사용하여 팀을 가족으로 프레이밍함으로써 집단의 결속력을 강화한다. 일단 개념적 은유가 자리잡고 나면, 화자의 어조에 변화가 생기며 집단이 리더와 나머지 구성원들로 분리된다. 이제 '우리'라는 인칭 대명사는 오직 리더의 목소리를 대변하게 되며, 이는 '훌륭한 지도자는 강한 부모다'라는 개념적 은유 속에서 리더의 권위를 강화한다.

또한 리더의 말이 신뢰할 만한 진실이라는 전제 아래, 리더의 요구가 실현 가능하다는 메시지를 전달한다. 이어지는 부분에서 '지원'과 '자부심' 같은 단어를 사용함으로써 연설자는 구성원들이 '여러분 모두 마땅히 누려야 할 위대한 성취'에 대한 보상을 받을 것임을 암시하고 '시간은 돈이다'라는 개념적 은유를 불러온다. 리더는 정교하게 구성된 단어를 통해 개념적 은유를 교묘히 결합하고 전환함으로써 구성원들이 자신의 권위 아래 단결하도록 유도하고 궁극적으로 지지를 얻어내고자 한 것이다.

사기꾼들도 이러한 패스트 매핑에 대한 청자의 반응을 이용하여 피해자들을 조종하고 자신들이 원하는 행동을 하게 만든다. 신뢰성 경청은 우리가 천천히 듣도록 유도해서, 한 걸음 물러나 전체를 조망할 수 있게 해준다. 14개의 마음으로 듣기나 부드러운 경청을 할 때처럼 사람에 신경 쓰는 대신 신뢰성 경청을 할 때는 정보적 경청을 하듯이 대화를 분석한 후 협력할지 거리를 둘지를 결정하면 된다.

신뢰성 경청은 천천히 들어야 한다는 사실을 상기시켜서 상대방이 왜 그러한 말을 하는지 곰곰이 생각할 시간을 준다. 보험을 팔려는 사기꾼이 왜 아픈 어머니 이야기를 들려주는 걸까? 대령은 어째서 한 병사의 죽음을 논하는 자리에서 아버지와 아들에 관한 이야기를 장황하게 늘어놓을까? 국회의원은 왜 인터뷰 중에 질문자와 역할을 바꾸려 하며 본론과 상관없는 감상적인 언어를 사용할까?

화자는 모호한 방향으로 대화를 전환해 진실과 거짓이라는 신뢰성 저울의 눈금을 거짓에 가까운 쪽으로 이동시킨다. 그럼에도 신뢰성 경청을 통해 청자가 경계 태세를 갖추고 있으면 세부 사항을 자세히 검토하고 추가로 조사해볼 필요성을 금방 깨닫는다. 사기꾼이나 거짓말쟁이를 확실하게 간파하는 방법은 없지만 신뢰성 경청은 비판적 감각을 키워주며, 피해자가 될 가능성을 줄여준다.

나는 청자 포커스 그룹을 꾸려서 사기꾼에 어떻게 대처하는지 물은 적이 있다. 가장 흔한 대답은 아예 거짓말에 반응하지 않는다는 대답이었다. 사기라는 사실을 알아차리는 순간, 즉시 자리를 떠나는 게 가장 현명한 대응이라는 것이다. 사기꾼을 피하는 두 번째로 흔한 전략은 예의상의 거짓말로 응답하는 방식이었다. 격식을 차려서 "아뇨, 괜찮습니다."라고 대답하는 것부터 가볍게 "됐습니다."라고 말하는 데에 이르기까지 예의상의 거짓말은 다양한 표현으로 나타났다. 어떤 사람들은 "미안하지만 관심 없습니다."와 같은 표현을 사용해서 간접적으로 사기꾼의 의도를 알아챘다는 신호를 보냈고, 더 직접적으로 대응하는 사람들도 있었다.

다음은 사기꾼의 제안을 거절할 때 고려해볼 3가지 대응법이다. 하지만 솔직히 말해서 보이스 피싱을 당한 친구나 내가 실제로 이러한 대응법을 대화가 이루어지는 상황에서 바로 사용할 수 있을지는 의문이다.

1. 회사 이름이 뭐라고 하셨죠? 감사합니다, 제가 한번 찾아볼게요.
2. 회사 주소 좀 알려주세요.
3. 지금 제 시간을 낭비한 만큼 비용을 청구해야겠어요. 신용카드 번호와 유효 기간, 그리고 뒷면의 세 자리 번호를 보내주세요. 청구서를 보낼 테니 주소도 알려주세요.

신뢰성 경청은 사기꾼들의 악의적인 거짓과 기만을 감지하고 피하는 데 필요하다. 이러한 거짓말은 인간관계를 보호하려는 의도로 하는 예의상의 거짓말과는 다르다. 할머니도 나를 보호하기 위해 작은 거짓말을 했다. 장식장에서 아기 곰 장식을 훔친 사람이 나라는 걸 알면서도 모르는 척을 한 것이다. "어머, 아기 곰이 어디 갔을까? 엄마 곰이 너무 슬퍼 보이네."라는 말은 꽤 교묘한 거짓말이었다. 할머니의 거짓말 덕분에 결국 나는 아기 곰 장식을 제자리에 돌려놓았다.

거짓말도 진실을 말하는 것과 마찬가지로 듣는 사람의 귀에서 만들어진다. 하지만 좋은 거짓말은 관계를 고려하는 반면 나쁜 거짓말은 관계를 어그러뜨린다. 수면 위로 드러난 나쁜 거짓말은 힘이 없으며,

거짓임이 밝혀지는 순간 사라지는 경향이 있다는 점을 기억하자. 어쩌면 '거짓은 빠르지만 진실은 오래간다'라는 속담이 맞을지도 모른다.

신뢰성 경청의 7가지 핵심

- 거짓과 진실을 구별하고, 신뢰와 협력을 구축하려면 신뢰성 경청이 필요하다.

- 협력적인 의사소통에서 지향해야 하는 2가지 진실은 양과 질이다. 따라서 우리는 가능한 한 진실을 말해야 하며, 필요 이상으로도 이하로도 말하지 않으려고 노력해야 한다.

- 진실과 거짓은 우리가 인식하는 범위 안에 존재한다. 주제와 화자에 관심이 있을 때, 화자가 우리와 비슷한 의사소통 방식으로 말할 때 그 말을 진실로 믿는 경향이 있다. 진실인지 거짓인지는 결국 청자가 듣기 나름이다.

- 개념적 은유는 현실을 비유해서 표현하는 방식으로, 복잡한 개념을 단순하게 전달하는 효과적인 수단이다.

- 청자는 빠른 듣기를 할 때 개념적 은유를 있는 그대로 받아들이지만 신뢰성 경청을 통해 느린 듣기를 하면 상대방이 그 이야기를 하는 이유를 곰곰이 생각해볼 여유를 얻는다.

- 대화 패턴에 변화가 일어나는 순간 예를 들어, 질문에 답해야 할 사람이 오히려 질문을 던지는 경우, 불필요한 감정적 표현이 추가되는 경우, 무관한 개념적 은유나 언어가 사용되는 경우는 신

뢰성 경청을 해서 화자의 말을 주의 깊게 살펴야 한다.

● 예의상의 거짓말은 기만적인 거짓말과 다르다. 예의상의 거짓말을 하는 사람은 상대방과의 관계를 고려하는 반면 기만적인 거짓말을 하는 사람은 오로지 자기 자신만을 보호하려 한다. 신뢰성 경청을 하면 이 둘을 구별할 수 있다.

신뢰성 경청을 위한 3가지 성찰

● 미디어에서 개념적 은유를 찾아 들으며 신뢰성 경청을 연습한다. 어떤 개념적 은유가 사용되고 있는가? 말의 프레임이나 어조가 변하는 순간, 불필요하게 장황해지는 순간이 눈에 띄는가?

● 다음에 누군가가 주제에서 벗어나는 말을 할 때 말의 분량을 주의 깊게 살펴보자. 그 사람이 가장 많은 시간을 할애해서 이야기하는 주제는 무엇인가? 그 이유는 무엇일까?

● 사기꾼의 말을 들을 기회가 생긴다면 신뢰성 경청을 실천해보자. 사기꾼이 사기를 어떻게 프레이밍하는가? 당신은 어떤 말로 거절했는가? 재미 삼아 해보되, 가장 중요한 목표는 사기를 피하고 차단하는 것임을 잊지 말자.

5

비언어적 경청

분위기를 예민하게 읽는 방법

空気読む

집에서 두 집 건너 술집에는 고양이가 있다. 그 고양이는 자주 우리 정원에 찾아온다. 우리 고양이 블레이즈는 그 고양이를 싫어한다. 녀석은 블레이즈보다 어리고 훨씬 빠르다. 블레이즈가 녀석을 싫어하는 가장 큰 이유는 그 고양이가 정원에 흔적을 남기면서 자기 영역이라고 주장하기 때문이다. 블레이즈에게 술집 고양이는 원수다. 적이다. 하지만 우리 인간들은 비록 항상 제때 밥을 주지는 않지만 녀석의 친구다.

우리 인간은 블레이즈나 술집 고양이보다 더 복잡한 존재가 되려 하지만 고양잇과 동물과 공통점이 하나 있다. 누군가를 친구로 볼지, 적으로 볼지를 매우 빠르게 판단한다는 점이다. 첫인상은 일반적으로 알려진 '3초'보다 훨씬 더 빠르게 형성된다는 사실이 밝혀졌다. 심리학자 재닌 윌리스Janine Willis와 알렉산더 토도로프Alexander Todorov가 시행한 실험에 따르면 참가자들은 새로운 얼굴을 접한 지 불과 100밀리초 그러니까 0.1초만에 판단을 내렸다.[1] 우리는 말 그대로 눈 깜짝할 사이에 그 사람에 대한 결정을 내린다.

이렇게 순간적으로 판단하는 데는 그만한 이유가 있다. 사이렌이 청각을 자극해 경고 신호를 보내는 것처럼 첫인상은 잠재적 위험에서 벗어나도록 돕는 경고 신호 역할을 한다. '이 낯선 사람은 위험한가?'라는 질문은 약 1만 3천 년 전 수렵·채집 사회에서 살아간 조상들에게 매우 중요한 질문이었을 테고, 지금까지도 인간의 의식 속에 어느 정도 남아 있다.

우리는 첫인상이 중요하다는 지식을 일상에까지 적용해 스스로와 주변 사람을 보호한다. 아이들에게 "모르는 사람과 이야기하지 마라." 하고 단단히 이른다. 낯선 사람을 만나는 장소에서는 스스로를 보호하기 위한 행동을 한다. 행사장처럼 상호 작용이 불가피한 상황에서는 '만남 의식'이 작동하여 상대방을 평가하고 계속 관계를 이어가고 싶은지 아닌지 판단한다.

이러한 상호적인 관찰 의식은 다소 완곡하게 표현해서 '분위기 읽기'라고도 불린다. 분위기 읽기는 서로를 평가하는 과정으로, 수컷 공작이 짝짓기 때 깃털을 활짝 펼치고 떨면서 과시하고 암컷 공작이 이에 반응하는 모습과 비슷하다. 수컷은 처음 상호 작용을 시도할 때 깃털을 활짝 펼치고, 흔들어서 소리를 내며 암컷의 주의를 끈다. 암컷은 수컷의 깃털이 흔들리는 소리를 들은 후 먼저 일정한 거리를 두고 관찰하며 다가갈지 말지 판단한다. 만약 더 가까이에서 살펴보기로 결정하면 수컷에게 다가가서 머리를 끄덕이거나 날개를 살짝 흔들고, 주위를 빙 돌거나 땅을 쪼며 반응을 보인다. 하지만 수컷을 무시하고 그냥 자리를 떠나기도 한다.

공작의 화려한 깃털처럼 우리도 사회학자 어빙 고프먼Erving Goffman 이 말한 '자아 연출self-presentation'을 통해 자신을 드러낸다. 고프먼은 모든 인간이 고유한 자기 표현을 만들고 실행하며, 이를 통해 타인에게 주는 인상을 조절한다는 이론을 내놓았다. 언어학자들은 이렇게 말로 표현되지 않는 상호 작용을 '비언어적 의사소통'이라고 부른다. 비언어적 의사소통에는 몸짓과 표정, 청자가 보고 들은 다음 내보이는 비언어적 반응까지 포함한다.

앞선 장에서는 정보 전달 언어에 대해 신뢰성을 확인하는 방법을 살펴보았다. 이번 장에서는 비언어적 경청을 활용하여 분위기를 기민하게 읽고, 메타적 경청을 통하여 다른 사람의 감정을 파악하는 방법을 탐구할 것이다.

비언어적 경청은 청각적 듣기에 국한되지 않고, 시각적·촉각적 듣기까지 포괄한다. 자아 연출을 하는 화자면서 청자인 우리는 듣고 있다는 사실을 보여주는 음성적 제스처 즉, "응.", "어." 같은 말이나 고개를 끄덕이는 등의 반응 표지를 상대방에게서 들으며 또 직접 사용한다. 또한 대화가 지속되는 동안 눈맞춤, 간헐적인 시선 이동 패턴 같은 비언어적 의사소통도 듣고 사용한다. 이러한 시각적 듣기는 얼굴뿐 아니라 몸 전체로 확장된다. 우리는 화자로서 몸짓을 활용하고, 청자로서 그 신호를 읽는다.

비언어적 경청은 청각적 정보에 다른 보완적인 단서까지 제공해서 감각을 더욱 예민하게 만드는 듣기 방식이다. 14개의 마음으로 듣기는 이 비언어적 경청까지 포함하므로 경험을 더 깊이 이해하고 적절히 대응할 수 있게 한다. 이러한 의미에서 비언어적 경청은 현재의 대화에 집중하도록 만들고, 다음에 무엇을 해야 할지를 판단하는 데도 도움을 준다. 대화를 계속 이어갈 것인지, 아니면 그만둘 것인지 같은 결정에 관여한다는 의미다.

비언어적 경청에 대한 탐구는 우선 얼굴이 전달하는 것을 살펴보면서 시작할 예정이다. 특히 3가지 표정에 집중할 예정이다. 그다음에는 경청 감각을 확장하여 악수라는 촉각적 제스처를 살펴본다. 악수는 점점 더 경청을 나타내는 보편적 상징이 되고 있으며, 네트워킹 행사처럼 사회적 만남이 이루어지는 상황에서 서로에 대한 신뢰 수준을 가늠하게 한다. 이전 장에서 신뢰성 경청을 다룰 때는 단어, 의미장, 개념의 숲에 주로 초점을 맞추었다. 이번 장에서는 사람들의 얼굴과 몸짓을 중심으로 경청에 대해 살펴보자.

얼굴이 당신의 모든 것을 말한다

얼굴은 인간의 외형 중 가장 많은 정보를 드러내는 부위다. 사람들은 얼굴이 그 사람에 대해 많은 것을 말해준다고 믿는다. 청중이 발표자의 눈과 입을 주의 깊게 관찰하며 말의 내용을 해석하려 들고, 발표자가 자신의 얼굴과 그 주변을 가꾸는 이유도 그 때문이다. 자기 표현을 하기 전에 우리는 얼굴을 관리한다. 위생적인 측면을 관리하는 것에서 나아가 치아 관리, 얼굴 및 머리카락 손질, 그리고 화장품이나 액세서리 사용 등을 통해 자신을 표현하고, 최상의 모습을 유지하려 한다.

얼굴을 어떻게 연출하느냐는 중요한 문제다. 얼굴은 인간의 주요한 신원 식별 수단이기 때문이다. 특히 얼굴은 생체 인식 기술 분야에서 점점 더 활발하게 이용되고 있으며, 우리의 존재적 정체성을 나타내는 부분도 얼굴이다. 영어에서 "I need to show my face."라는 표현을 사용할 때 이는 단순히 얼굴을 보인다는 의미를 넘어 '진정한 나 자신의 모습을 보이겠다'라는 뜻을 담고 있다. 얼굴이 신원의 일부기 때문에 사람들은 당신을 만날 때 얼굴을 살펴보고, 얼굴이 보이지 않으면 부재를 인식한다.

친구가 자신의 이야기를 들려준 적이 있다. 아파트 관리 업체와 진행된 온라인 주민 회의에서 14명의 참석자 중 11명이 카메라를 끄고 있었다고 한다. 심지어 관리 업체 담당자가 카메라를 켜 달라고 요청한 후에도 대부분이 끈 상태를 유지했다고 한다. 친구는 카메라를 끄는 행위를 무례한 태도로 해석했다. 그는 참석자들이 '굳이 얼굴을 보일 필요를 못 느낀다'라고 말하는 것처럼 느꼈다고 했다. 이처럼 청자는 시각적으로도 듣는다. 친구는 상대방이 화상 회의에 참석해서 얼굴을 보이는 것을 시각적으로 들었던 것이다.

그러나 카메라 앞에 서는 일이 어색하게 느껴질 수도 있다. 나도 그랬다. 온라인 수업에서 카메라 사용이 의무화되었을 때 학생들이 사생활을 보호하려고 욕실처럼 구석진 공간에서 접속한 모습을 보면서 그러한 감정을 더욱 실감했다. 온라인 수업을 통해 나는 카메라를 끄는 사람들의 행동이 무례함을 의도하는 게 아니라 사생활 보호를 위해 그렇게 행동한다는 점을 알게 되었다. 학생들에 대한 존중과 사생활 보호를 모두 고려해, 특히 해외에서 접속하는 학생들을 위해 교육 기관들은 신속하게 카메라 사용 여부에 대한 지침을 마련했다.

_____ 화상 회의에서는 카메라를 켜자

카메라 사용을 찬성하는 사람들과 사용하지 않기를 선호하는 사람들 모두가 동의하는 한 가지 사실이 있다. 바로 우리의 얼굴에서 가장 중요한 부분이 눈과 귀라는 점이다. 자기공명영상을 이용한 시각 피질의 신경 기제 연구에 따르면 청자들은 얼굴에서 가장 인식하기 쉬운 신체적 특징으로 눈과 입을 꼽으며, 이 2가지 중에서도 특히 눈에

가장 집중하는 경향을 보였다고 한다.[2]

　이러한 연구 결과는 그다지 놀랍지 않다. 시각을 담당하는 눈은 정말로 놀라운 기관이기 때문이다. 물체를 감지할 때 빛은 각막을 통해 굴절되어 망막에 도달한다. 이 과정에서 뇌의 시각 관련 영역 중 약 40곳이 활성화된다. 누군가의 얼굴을 바라볼 때 청각 같은 다른 감각 수용체가 수집한 정보와 지금 시각적으로 인식한 이미지는 함께 처리되고 종합된다. 이 과정은 신경과학자이자 생물학자인 도리스 차오 Doris Tsao가 '얼굴 패치 face patches'라고 부르는 얼굴 특징을 식별하는 데 도움을 준다. 얼굴 패치는 우리가 사람을 알아보는 중요한 단서가 된다.[3]

　차오의 연구에 따르면 사람들은 얼굴 패치를 통해 다른 사람을 식별하며, 마치 사진사가 흐릿한 사진을 보정하듯이 부족한 부분을 보완하여 상대방이 누구인지 정확히 인식한다. 이것은 빠르게 듣는 능력의 일종으로, 우리가 얼굴 특징을 통해 사람을 '보게' 해준다. 목소리의 음색을 통해 사람을 식별하는 것과 같은 원리다.

　이러한 능력 덕분에 우리는 옆모습만으로도, 혹은 얼굴 일부가 가려진 상태에서도 사람을 알아볼 수 있다. 정보적 경청 과정에서 부족한 정보를 보완하는 것과 유사하다. 비언어적 경청은 14개의 마음으로 듣기의 힘을 보여주는 증거로써 눈과 귀, 마음으로까지 듣는 에너지를 제공하여 상대방을 파악하도록 해준다.

예의와 비언어적 문화 규범

일본인이 다른 사람들보다 특별히 더 예의 바른 건 아니라고 설명할 때마다 친구들은 눈을 굴린다. 내 말을 믿지 않는 것이다. 나는 인사할 때 허리를 숙이는 것처럼 지나치게 예의 차리는 행동도 그저 일본 문화의 규범을 따르는 방식이라고 설명한다. 일본인이 의사소통에서 사용하는 비언어적 의례는 단지 다른 문화권의 '정상 범위'에서 벗어나기 때문에 예의 바르게 느껴질 뿐이다.

예를 들어, 영어 문화권에서는 고개를 숙여서 인사하는 행동이 공식적인 자리에서만 이루어지고 왕족처럼 사회적 지위가 높은 사람들에게 행해진다. 따라서 누구에게나 고개를 숙이는 일본식 비언어적 제스처는 눈에 띌 수밖에 없고, 때로는 마치 모든 사람을 왕족처럼 대하는 것처럼 우스꽝스럽게 보이기도 한다.

우리는 자신이 속한 사회적·문화적 규범에서 벗어난 비언어적 소통법을 쉽게 알아차린다. 볼에 키스하는 인사를 하지 않는 문화권 출신이면 볼 키스가 더욱 눈에 들어올 것이다. 나도 직접 볼에 키스하거나 다른 사람에게 받으며 볼 키스를 의식한 경험이 있다. 프랑스에서는 지역에 따른 문화적 자부심이 강하기 때문에 사람들은 인사할 때 자기들만의 방식으로 볼 키스를 한다. 그래서 볼에 키스하는 방식만으로도 외지인을 쉽게 구별해낸다.

프랑스 남동쪽 그르노블에 사는 친척이 나에게 "프랑스에서는 왼쪽부터 시작해서 오른쪽으로 가. 그르노블에서는 오른쪽부터 시작해서 왼쪽으로 가. 중남부의 아르데슈에서는 볼 키스를 3번 해!"라고 말했다. 그러고 나서 잠시 생각하더니 "아니! 사실 반대야! 파리에서는 오른쪽이 먼저야. 벨기에는 4번 하는 걸로 기억해!"라고 말했다. 파리에서는 오른쪽부터 시작해 왼쪽으로 볼에 키스하는 방식이 일반적이라는 것을 많은 사람이 확인해주었고, 어떤 벨기에인은 4번이나 하는 볼 키스는 과하다고 했다.

볼 키스를 몇 번 하고, 어느 쪽에서 시작하는지가 현지인과 외지인을 구별하는 중요한 요소처럼 보이지만 결국 볼 키스로 인사하는 행위의 자연스러움을 결정하는 기준은 각 지역과 세대별 하위문화에서 무엇이 정상적인 기준으로 받아들여지는가에 달려 있다. 화상 회의에서의 카메라 사용 여부에 대한 규범이 사생활과 개인의 경계를 존중해야 하듯, 몸짓에 관한 규범도 그 몸짓을 사용하는 사람들이 적절하고 예의 바르며 자연스럽게 느낄 수 있어야 한다.

예의의 척도를 결정하는 요소 중 하나로 언어학자들이 '레지스터 register'라고 부르는 개념이 있다. 레지스터란 언어적·비언어적 표현을 상황에 맞게 조정하는 방식을 의미한다. 예를 들어, 행사장에서는 조금 더 공식적인 레지스터를 사용하고, 카페에서 친구들과 대화할 때는 조금 더 일상적인 레지스터를 사용하는 식이다.

공식적인 레지스터를 요구하는 행사장에서는 정장을 입고 격식을 차린 언어를 사용하는 식으로 자아를 연출할 것이다. 예를 들어, 이름을 밝히고 직업이나 소속을 포함하여 자기소개를 한다. 또한 직책을 사용해 상대방을 부르며, 욕설이나 비속어 사용을 피할 것이다. 다만 업계에서 통용되는 은어는 예외가 될 수 있다. 업계 은어는 공식적인 레지스터와 비공식적인 레지스터의 중간쯤에 위치하며 집단 내에서의 전문성을 드러낸다. '스마트 캐주얼'이라는 복장 규정을 따르는 것과 유사하다. 업무 환경에서는 공식적·비공식적인 레지스터 사이에서 균형을 맞춰서 자아를 연출하는 것이 좋다. 그래야 지적이면서도 친근한 인상을 줄 수 있다.

듣기는 일정 수준의 자기 인식을 포함한다. 청자는 화자의 말을 듣기만 하는 것이 아니라 화자의 말을 통해 스스로를 관찰하기도 한다. 다른 사람을 이해하기 위해 언어와 목소리를 듣고 비언어적 표현을 살피는 동시에 타인의 반응에 따라 스스로를 조절하는 것이다. 비언어적 의사소통의 기초 도구인 눈맞춤이 좋은 예다. 눈맞춤을 할 때 단순히 상대방의 눈을 바라보는 것이 아니라, 그들의 반응을 살피며 자신에 대한 생각을 읽고자 하는 것처럼 말이다.

_____ 눈맞춤
: 나도 관심이 있어!

요즘 네트워킹은 행사장에 도착하기 훨씬 전부터 이미 시작된다. 행사장에 도착할 때쯤이면 아마도 참석할 사람들을 미리 조사하고, 자기 소개를 준비하며, 몇 가지 대화 주제를 생각해두었을 것이다. 사전 조사는 준비된 느낌이 들게 하며, 준비가 되어 있으면 공식적인 레지스터를 사용하는 자리에서 낯선 사람을 만날 때 긴장감이 줄어든다.

전문가들은 비언어적 의사소통을 할 때 다른 참가자들과 눈맞춤을 하라고 조언한다. 이는 생리학적으로도 근거가 있다. 눈맞춤은 사회적 신뢰 형성과 관련된 옥시토신의 분비를 촉진하기 때문이다. '유대 형성 호르몬'이라고도 불리는 옥시토신과 관련해, 일부 심리학자들은 거울 뉴런이 다른 사람의 의도를 모방하는 반응을 유도하고 활성화하는 역할을 한다고 주장한다. 예를 들어, 눈맞춤이나 미소처럼 방금 본 비언어적 제스처를 반사적으로 따라 하도록 강한 충동을 만든다는 것이다.

거울 뉴런은 특정 행동을 할 때뿐 아니라, 타인이 동일한 행동을 하는 것을 볼 때도 활성화되는 뇌세포의 일종이다. 이 뉴런은 영장류에게서 발견되었지만 인간에게도 존재한다고 여겨진다. 과학계에서는 여전히 거울 뉴런에 대한 논쟁이 진행 중이다. 한 가지 분명한 사실은 눈맞춤이 뇌 뒤쪽에 있는 후두엽을 활성화하면 이 정보가 감정 조절을 담당하는 편도체로 전달된다는 점이다. 또한 눈맞춤을 한 대상에게 신체적으로 끌릴 경우 동공이 확장되어, 관심이 있다는 신호를 시각적으로 나타낼 수도 있다.

첫 번째 눈맞춤이 관심의 표시라면 다시 한번 시선을 보내는 것은 상대방과 더 깊이 상호 작용을 하고자 하는 의향을 전달하는 메타 메시지가 된다. 상대방이 만날 가치가 있는 사람인지 판단할 때 대부분 상대방의 신체를 훑어본다. 연구에 따르면 훑어볼 때는 대개 머리에서 발끝까지가 아니라 발끝에서 머리로 올라가는 순서로 본다. 아래에서 위로 훑어봐야 전체적인 외형을 먼저 파악한 후 얼굴을 더 자세히 살펴볼 수 있기 때문이다.

발끝에서 머리까지 훑어볼 때 시각적으로 인식하는 요소는 자세, 옷차림, 단정함과 같은 것들이다. 이러한 요소들이 사회적·문화적으로 상대방의 지위나 성격을 파악할 수 있는 단서로 작용하기 때문이다. '저 사람은 어떤 자세로 서 있는가?', '머리 모양은 어떤가?' 이 질문들에 대한 답에 따라 당신은 음료를 마시는 곳으로 향할지, 아니면 다가가서 대화를 나눌지 결정할 것이다. 어느 쪽을 선택하든 당신은 비언어적 경청을 통해 다음 행동을 결정한 셈이다.

만약 개인 또는 무리에 합류하기로 했다면 이제 비언어적 경청을 통해 언어인류학자 에드워드 T. 홀Edward T. Hall이 '근접공간학proxemics'이라고 부른 것을 인식하게 된다. 근접공간학은 대면 중인 상호 작용에서 두 사람 사이의 편안한 거리와 관련된 학문으로, 우리가 다양한 레지스터에서 사회적 거리를 어떻게 개인화하는지를 매우 잘 보여준다.

다음 페이지의 그림은 영어권 문화에 사는 사람들 사이의 일반적인 사회적·물리적 거리를 나타낸다. 친밀한 거리, 개인적 거리, 사회적 거리, 공적인 거리라는 4가지 거리는 근접한 공간에 있을 때 당신이 상대방을 어떻게 느끼는지 가늠해볼 수 있다. 행사장에서 사람들 간의 일반적인 거리는 약 1미터 다시 말해, 팔 뻗으면 닿는 정도의 거리다. 개인에 따라 이보다 조금 더 가깝거나 먼 거리를 편하게 느낄 수도 있다. 홀의 모델은 영어권 문화에서의 사회적 지침이다. 개인과 문화에 따라 차이가 있다. 다음번 행사나 모임에서 직접 관찰해보자. 자신의 비언어적 의사소통 방식뿐 아니라 듣기를 통해 타인에게서 얻는 정보에 대한 이해가 깊어질 것이다.

어떤 무리나 개인을 향해 다가갈 때 우리는 종종 다시 한번 눈맞춤을 하며 '내가 지금 가고 있다'라는 의사를 전달한다. 일부 심리학자들은 이 순간에 '눈썹 플래시eyebrow flash'를 하라고 조언한다. 눈썹 플래시는 눈썹을 올리고 눈을 크게 떠서 다가오는 만남에 대한 관심을 드

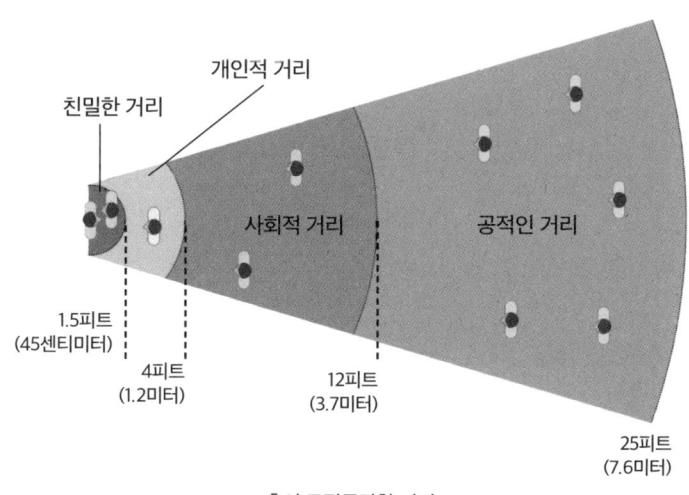

홀의 근접공간학 거리

러내는 방식이다. 하지만 이 비언어적 제스처는 문화권에 따라 지나치게 직설적이거나 추파를 던지는 것처럼 보일 수도, 민망하게 느껴질 수도 있다는 점을 유념해야 한다!

정보적 경청을 다루는 장에서 언급한 바와 같이 영어 사용자의 75%가 영어를 제2언어로 사용하므로, 영어로 진행되는 행사에서 눈썹 플래시를 하면 오해가 발생할 수도 있다. 특히 첫인상은 단 몇 초 만에 형성되기 때문에 오해의 가능성은 더욱 커진다. 눈썹을 치켜올리는 행동은 비공식적인 레지스터를 나타내는 비언어적 제스처기 때문에 쉽사리 오해를 불러일으킨다.

따라서 눈썹 플래시는 영어를 모국어로 사용하는 사람들로만 구성된 네트워킹 행사(혹은 더 비공식적인 자리)에서 사용하는 게 적절하다. 그리고 영어를 제2언어로 사용하는 사람들은 이 비언어적 제스처가 친근함을 나타내는 표현이지 상대방을 무시하는 태도가 아님을 알아두면 좋다.

이처럼 비언어적 의사소통은 언어적 의사소통보다 청자가 오해할 소지가 크며, 이는 단순히 언어 문화 간의 차이에 국한되지 않는다. 화자가 의도한 의미와 청자가 이해한 의미 사이의 불일치는 성별, 세대, 직장 문화 사이에서도 발생할 수 있다. 문화에 따른 비언어적 감수성을 이해하면 14개의 마음으로 듣는 능력이 커진다. 그러면 비언어적 의사소통을 사용할 때와 해석할 때 더욱 유연하게 대응할 수 있다.

_____ 응시
: 보는 사람의 눈에 비친 의미가 중요!

이제 눈맞춤으로 관심을 표현한 후 팔을 뻗으면 닿을 거리에서 다른 이들과 대화하고 있다면 최소 몇 분, 평균적으로는 5분 정도 대화를 나눠야 한다. 대화 시작 후 바로 자리를 떠나는 행동은 위험하다. 갑자기 말을 끊고 가버리면 비언어적으로 '당신에게 관심이 없다'라는 메타 메시지를 보내는 듯 비춰질 수 있다.

자리를 계속 지키면서 상대방의 거리 유지 방식을 관찰하고, 그 방식이 자신의 방식과 일치하는지 살펴보자. 누군가 친밀한 거리 안으로 너무 가까이 다가오면 답답하게 느껴지고, 상대방이 나를 얕보는 투로 말하는 듯한 인상을 받을 수도 있다. 반면 상대방이 너무 멀리 서 있다면 어떨까? 수줍음 때문에 거리감을 두려는 것인지 대화를 나누고 싶지 않아서 그러는지 알기 어렵다.

화상 회의에서는 이러한 비언어적 수단이 없어서 불편함이나 어색함이 줄어들 수는 있지만 시각적 청자로서 근접공간학적 신호를 읽는 능력도 함께 사라진다. 대면 중인 상호 작용에서 사용하는 다양한 비언어적 신호가 사라지기 때문에 화상 회의는 사회적 상호 작용에 대한 부담을 덜어준다. 동시에 상대방을 직접 관찰하는 요소들까지 제거해버린다.

누군가를 만나면 익숙한 시선 패턴을 따라가며 자동으로 반응하게 된다. 우리는 눈맞춤이 대화 내내 지속된다고 생각하지만 사실 눈맞춤은 순간적으로 시선이 마주치는 행위고, 눈맞춤이 일정 시간 이상 유지되면 응시로 변한다.

마케팅계에서는 응시 지속 시간을 연구하여 제품에 대한 관심도를 수량화하는 데 사용한다. 응시가 오래 지속될수록 더 큰 관심을 나타낸다고 해석된다. 청자도 응시 패턴을 통해 상대방의 관심을 측정한다. 관심을 나타내는 '적절한 정도'의 응시 지속 시간은 정해져 있다. 너무 오래 지속되는 응시는 마치 뚫어지게 쳐다보는 듯한 느낌을 주고, 반대로 충분히 길지 않은 응시는 무시당한다는 느낌을 준다. '혹시 나를 그다지 흥미롭지 않다고 생각하는 걸까?'라는 느낌 말이다.

지속적인 응시는 많은 문화권에서 관심을 나타내는 신호로 여겨지지만 연구에 따르면 일부 문화권에서는 응시를 통해 관심을 표현하는 방식이 다르게 나타난다. 예를 들어, 마스다Masuda와 동료들의 연구에서 미국인 참가자들은 일본인 참가자들의 응시 지속 시간이 너무 짧아서 거의 알아차릴 수 없을 정도라고 느꼈다.[4] 프레임 단위로 분석한 시선 패턴 연구에서는 일본인들도 눈맞춤을 한다는 사실이 밝혀졌지만 지속 시간이 너무 짧아 시각적으로는 눈맞춤이 전혀 없다고 인식되었다. 이 연구는 일본인이 아예 눈맞춤을 하지 않는다는 흔한 오해를 설명해준다.

한 동료가 프레젠테이션 연습을 하는 일본인 학생에게 관객과 '눈맞춤을 더 많이' 하도록 조언했던 경험을 이야기해주었다. 그 학생은 스스로 생각하기에 적절한 정도로 관객을 더 오래 응시하는 연습을 했는데, 당황스럽게도 상대방에게 추파를 던지는 것처럼 보였다. 응시는 단순히 눈을 뜨고 가능한 한 오랫동안 상대방을 바라보는 행동이 아니다. 바라보다가 시선을 돌리는 패턴을 따라야 한다. 마치 말할 때의 리듬과도 비슷하다.

영어를 제2언어로 사용하거나 영어 문화권에 익숙하지 않은 사람들은 행사장 같은 자리에서 적절한 응시 지속 시간이 얼마나 되는지 궁금해한다. 이에 대해 런던대학교 연구진은 400명의 참가자를 대상으로 동공 확장을 추적하는 연구를 진행했다. 연구 결과, 동공이 확장된 상태에서 눈맞춤이 3초를 약간 넘는 정도가 평균적인 응시 지속 시간이라고 밝혀졌다.[5] 눈맞춤이 5초를 넘으면 참가자들은 응시가 아니라 빤히 쳐다보는 느낌이라고 느꼈고, 심지어는 '약간 소름 끼친다'라고까지 답했다.[6]

말할 때 중간중간 말을 잠시 멈추는 것처럼 청자도 눈을 깜박이거나 고개를 끄덕이거나 잠깐 눈맞춤을 멈추는(잠깐 옆으로 눈을 돌렸다가 다시 바라봄) 등의 행동을 하면서 눈맞춤과 응시의 리듬을 조절해야 한다. 3~4초 동안 응시했다가 깜박임, 고개 끄덕임, 일시적 멈춤, 시선 돌리기 등으로 잠깐 멈추었다가 다시 응시하는 패턴은 영어로 대화하는 상황에서 중요하다. 그래야 대화에 리듬을 부여하고 자연스럽고 편안한 느낌을 준다.

우리는 대화 중인 사람의 사회적·문화적 시선 패턴이 비언어적 청자인 자신의 패턴과 일치할 때 상대방이 나에게 집중하고 있으며 대화에 협조적으로 참여하고 있다고 느낀다. 자신의 패턴과 조화를 이루는 상대방의 시선 패턴은 대화에 진정성과 친숙함을 더해준다. 우리는 나와 비슷한 방식으로 행동하는 사람들에게 자연스럽게 끌린다. 행사장에서 비슷한 교육 수준이나 경력, 직업 윤리를 가진 사람들에게 자연스럽게 끌리는 것처럼 우리는 유사한 언어적·비언어적 의사소통 스타일을 가진 사람들에게 끌리는 것이다. 연구자들은 자신과 비슷한 사람들에게 끌리는 경향을 '동종 선호homophily'라고 부른다. 이 단어는 그리스어에서 유래했으며, 'homo'는 '같은', 'philia'는 '사랑'을 뜻한다.

커리어 어드바이저들은 눈맞춤을 직업적 상호 작용을 개선하는 핵심 기술 중 하나로 꼽는다. 평균적인 응시 지속 시간이 3~4초라는 사실을 포함해, 시선 패턴을 이해하는 것도 중요하지만 어떤 상황에서는 아예 응시하지 말아야 할 때도 있음을 알아야 한다. 비언어적 상호 작용에서도 언어적 상호 작용을 할 때처럼 언제 어디에 시선을 맞춰야 하는지를 아는 것이 중요하다.

예를 들어, 영어 문화권에서도 시선을 해석하는 방식에는 차이가 있다. 군대와 같은 집단에서는 존중을 표현하기 위해 짧은 응시와 긴 응시를 모두 사용한다. 응시 지속 시간을 잘못 조절하면 곤란한 상황에 부딪힌다. 너무 길면 "감히 그렇게 쳐다보지 마!"라는 반응을, 너무 짧으면 "내가 말하고 있잖아. 나를 봐!"라는 반응을 일으킬 수 있다.

눈맞춤과 같은 비언어적 제스처에 대한 기대치는 문화의 위계에 대한 해석 방식에 따라 다르게 나타난다. 세계적으로 눈맞춤은 권장되는 편이다. 하지만 초심자의 마음가짐을 품은 채 다양한 문화적 맥락에서 서로 다른 시선 패턴을 존중하는 유연성을 길러야 한다. 그래야 시각적으로 좋고 부드러운 경청 연습을 할 수 있다.

스노우 몽키라고도 불리는 일본원숭이Macaca fuscata는 지능이 높다. 내 고향을 비롯해 일본의 여러 지역에 서식한다. 이 원숭이들은 철저한 전통주의자며 엄격한 사회 질서를 갖춘 채 살아간다. 주의할 점이 있다. 원숭이를 너무 오래 응시하면 안 된다. 카메라 렌즈를 통해서 보는 것도 지양해야 한다. 그들의 시선 문화를 어기면 싸움을 걸어올 수도 있다. 거의 매년 이 원숭이를 너무 오래 쳐다봤다가 화가 난 원숭이에게 쫓긴 관광객의 이야기가 들려온다. 성미가 급한 일본원숭이에게 인간의 눈맞춤은 우호적인 관심을 표현하는 방식이 아니라, 싸움을 거는 도전적인 행위로 받아들여지기 때문이다.

영장류든 인간이든, 눈맞춤과 응시는 비언어적 의사소통에서 중요한 요소다. 계속 대화를 이어갈 것인지 아니면 정중하게 자리를 뜰 것인지, 앞으로의 대화 분위기를 좌우한다. 처음에 눈을 맞추며 상호 작용을 시작한 다음 적절한 거리를 둔 채 간헐적으로 응시해보자. 그러면 계속 대화 상황에 머물며 더 많은 공감대를 찾고 상대방에 대해 더 알아가고 싶어질 것이다.

미소
: 진정한 미소와 예의상의 미소

눈 다음으로 친근함의 신호를 찾기 위해 바라보는 부위는 입이다. 입은 말을 할 때도 사용되지만 찡그리기, 삐죽거리기, 하품하기, 씩 웃기, 미소 짓기 등 다양한 표정을 만들 때도 사용된다. 그리고 청자는 화자의 표정을 해석한다. 화자에게 주의를 기울일 때 우리는 언어학자들이 '음소'라고 부르는 것을 듣는다. 음소는 청자가 한 단어를 다른 단어와 구별할 수 있도록 해주는 가장 작은 소리 단위다.

영어에서 /p/와 /b/의 소리 차이는 청자가 'pat'과 'bat' 같은 단어를 구별하도록 해준다. 'p'와 'b'처럼 입 모양이 같아서 입술 읽기에서 구분하기 어려운 음소의 집합을 '비짐viseme'이라고 부른다. 청자는 비짐을 활용해 입술의 움직임을 읽는다. 우리는 청각 장애인처럼 능숙하게 입술을 읽지는 못하지만 일상적으로 비짐을 활용한다. 청각이 정상인 사람들의 입술 읽기 능력은 최대 30% 정도의 정확도를 보인다고 알려져 있다.[7] 청각이 정상인 청자들은 입술을 보조적인 청취 수단으로 활용하여, 듣고 있는 내용을 시각적으로 확인하고 보강한다.

청자가 상대방과의 관계가 어떤지 파악할 때 입에서 가장 흔하게 활용하는 단서는 미소다. 미소는 입술을 위로 당기는 표정으로, 얼굴에 있는 43개의 근육 중 12개가 관여한다. 우리는 미소가 친근함과 접근 가능성을 나타낸다고 믿으며, 많은 연구 결과도 이러한 인식을 뒷받침한다. 한 연구에 따르면 대화 중 말하는 사람이 미소를 짓느냐 마느냐에 따라 듣는 사람이 그 대화를 받아들이는 방식, 기억하는 방식이 달라진다고 한다.

또 다른 연구에 따르면 미소를 짓는 화자는 더욱 호감이 가고 신뢰할 만한 사람으로 인식된다고 한다.[8] 그리고 화자가 미소를 지으며 이야기할 때 청자가 그 내용을 더 잘 기억한다고 밝혀낸 연구도 있다.[9] 미소에 대한 구체적인 해석은 문화권에 따라 다르며, 언제 어디서 사용하는지도 다르다. 하지만 전 세계적으로 대화 중 미소가 나타난다.

서구 문화권에서는 보통 미소를 2가지로 구분한다. 하나는 자발적으로 짓는 '진정한 미소'며, 다른 하나는 의도적으로 짓는 '예의상의 미소'다. 이렇게 미소를 구분하는 개념은 19세기 신경학자 기욤 뒤셴 Guillaume Duchenne의 연구에서 비롯되었다. 뒤셴은 근위축증과 정신질환 환자들의 근육 움직임을 연구했다. 그는 진정한 미소와 예의상의 미소는 생물학적 차이 때문에 다르게 나타난다고 주장했다. 진정한 미소는 입꼬리에서 눈 주변을 둘러싸는 안륜근(눈둘레근)까지 연결되는 큰광대근을 사용하지만 예의상의 미소는 입 주변의 입꼬리당김근만 사용한다고 덧붙였다.

사람들은 얼굴 전체가 밝아지고, 눈까지 함께 웃는 미소를 진정한 미소라고 생각한다. 눈가에 잔주름까지 잡히는 진정한 미소는 입술만 평평하게 옆으로 당겨서 만드는 예의상의 미소와 대조를 이룬다. 우리는 입술의 움직임을 읽으며 두 미소의 차이를 구별할 수 있다고 생각한다. 하지만 뒤센이 환자들의 얼굴에 전기 자극을 가하는 방식으로 실험을 진행했다는 점을 고려하면 그의 연구 조건에는 큰 논란의 여지가 있다. 그리고 최소한 다음과 같은 질문을 던져야 한다. '진정한 미소와 예의상의 미소에 차이가 존재하는가?', '입술의 움직임만으로 그 미소가 진짜인지, 가짜인지 정확히 판단할 수 있을까?'라고 말이다.

생후 몇 개월밖에 되지 않은 아기들을 대상으로 한 연구도 흥미롭다. 연구 결과에 따르면 아기들도 자발적인 미소와 예의상의 미소를 구별하는 듯하다. 또한 아기들은 눈까지 함께 웃는 미소를 주양육자에게만 보이는 경향이 있다.[10] 아이러니하게도 아기에게 입꼬리당김근만 사용하는 예의상의 미소 다시 말해, 다른 사람들을 위해 짓는 '예쁜 미소'를 가르치는 사람도 주양육자다. 자라면서 아이들은 예의상의 미소를 발전시키고 다듬는 것이 친근함과 접근 용이성을 나타내며, 상대방을 달래는 역할을 한다는 사실을 배운다. 예의상의 미소가 비공식적이든 공식적이든 사회적으로 살아남기 위해 필수라는 점을 깨닫는 것이다.

대부분 입술 가장자리의 근육만 사용하는 예의상의 미소보다 진정한 미소를 선호하지만 성인들은 점차 2가지 미소의 가치를 이해하게 된다. 물론 진정한 미소가 주는 긍정적인 감정을 싫어할 이유는 없다. 사람들은 진정한 미소가 가져오는 깊은 공감과 기쁨을 반기고 필요로 한다. 한편으로는 예의상의 미소를 지음으로써 사회적 규범을 따르는 모습을 보일 수 있다는 점에서 예의상의 미소에도 나름의 가치가 있다. 공식적인 자리에서는 예의상의 미소가 중요하기 때문이다.

인류는 오랫동안 미소를 지어왔지만 미소의 의미는 역사적으로 다양하게 해석되었다. 고전학자들은 고대 회화와 조각에서 발견되는 입을 다문 채 지은 미소가 건강한 상태에서 오는 만족감을 나타낸다고 보았다. 반면 로마 시대의 작품에 드러난 미소는 조롱의 의미를 담았다고 여겼다. 로마 시대에는 절제되거나 감춰진 형태의 웃음을 미소로 표현했다고 본 것이다.

이러한 견해는 미소를 가리키는 라틴어 'subridere'에서도 드러난다. 이 단어는 '약하게 웃다'라는 뜻이다. subridere에 담긴 조소의 개념은 오늘날 '비웃음'을 뜻하는 'sneer' 같은 영어 단어에 그대로 남아 있지만 이 단어에서 파생된 현대 프랑스어 'sourire('under smile'로 음역되며 여기서 rire는 '웃다' 또는 '웃음'을 의미한다)'는 13세기에 랭스 대성당의 미소 짓는 천사 조각상이 지은 자비로운 미소를 표현한 단어로 해석되면서 긍정적인 의미를 띠게 되었다.[11]

진정한 미소와 관련해 재밌는 일화가 있다. 미소를 지을 때 치아를 드러내는 모습에 대한 부정적인 인식은 한 점의 그림이 바꿨다고 전해진다. 루이 14세 시절, 궁정 화가였던 엘리자베스 루이즈 비제 르브룅Elisabeth Louise Vigée Le Brun이 루브르의 연례 살롱에서 이를 보인 채 웃는 모습의 자화상을 공개했다. 당시 영향력 있던 많은 문헌들은 미소를 지을 때 이를 드러내는 게 '정신이 신체를 통제하지 못한 결과'

라고 주장했다.

그러나 이 자화상은 그러한 주장이 잘못되었다는 개념을 전했다. 르 브룅의 자화상은 지금도 루브르에 전시되어 있다. 일부 미술사가들은 원래 이 자화상이 프랑스 정부에 대한 부정적인 이미지를 불식시키기 위해 의뢰되었고, 그러한 목적을 성공적으로 달성했으며, 나아가 미소를 통해 행복하고 가정적인 인물의 이미지를 만들어냈다고까지 평가한다.

영어의 'smile'은 스웨덴어에서 유래했다. 그리고 20세기에 이 개념을 적극적으로 발전시키고 확산시킨 것은 영국과 미국이었다. 르 브룅의 치아를 드러낸 채 미소를 지은 자화상이 대중의 사랑을 받은 지 오래지 않아, 미소는 정치 풍자와 만화 속에서 가식적이고 불성실하며 신뢰할 수 없는 표현으로 묘사되며 또다시 부정적인 이미지를 얻었다. 하지만 1920년대 할리우드의 홍보용 사진을 통해 이를 드러낸 미소는 긍정적인 이미지를 회복했다.

디지털 시대인 오늘날, 진정한 미소든 예의상의 미소든 많은 문화권에서 미소는 긍정적인 가치를 지니며, 앞으로도 계속 긍정적으로 평가될 것이다. 화상 회의와 소셜 미디어에서든, 문자 메시지에서 이모지Emoji로 표현하든, 치아를 드러내든 드러내지 않든, 미소 없이 이루어지는 상호 작용은 거의 찾아보기 어렵다.

한편 대면 중인 상호 작용에서 미소가 인상을 전달하는 것처럼 문자 메시지에서는 미소를 짓는 이모지가 인상을 조절하는 역할을 한다. 이모지는 구어와 문어가 결합된 일종의 하이브리드 언어다. 이모지는 일본어로 '그림 기호'라는 뜻으로 음역된다. 1990년대 이동 통신사 NTT 도코모의 디자이너 구리타 시게타카가 고안했다.

이모지는 사람들이 표정을 사용하는 방식을 모방하여 미묘한 뉘앙스를 전달하도록 돕는 문자 형태의 구어로써, 폭넓게 사용되고 있다.[*] 『옥스퍼드 영어 사전』은 2015년에 웃으면서 눈물을 흘리는 이모지를 '올해의 단어'로 선정했다. 이는 이모지가 비언어적 언어로 자리잡았음을 시사한다. 한때 젊은 세대의 일시적인 유행으로 조롱받았던 이모지는 이제 세계에서 가장 포괄적인 사전에서 기존의 전통적인 단어들과 동등한 지위를 누리게 된 것이다.

1963년 State Life Assurance Company라는 보험사에서 직원들의 사기를 높이기 위한 목적으로 삽화가 하비 볼Harvey Ball에게 스마일 로고를 디자인해 달라고 했다. 이모지가 등장하기 전 머레이 스페인과 버나드 스페인 형제는 스마일 로고가 부착된 제품들을 판매했다. 스페인 형제가 웃는 얼굴과 함께 "Have a nice day!"라는 표현을 유행시키고 미소를 통한 서비스의 개념이 확고히 자리잡자마자, 미국 전역의 세일즈맨들은 이 문구에 예의상의 미소를 덧붙여 사용했다.

---

[*] 이모지 문법의 원리는 일본어의 동사 변화와 비슷하다. 예를 들어, 영어를 포함한 많은 언어에서는 동사가 시간에 따라 변화하지만 일본어와 같은 언어에서는 동사가 감정 즉, 그 행동을 감정적으로 어떻게 받아들이는지에 따라 변화한다.

예의상의 미소에 담긴 서비스 메시지는 한때 '팬암 미소the Pan Am smile'라고도 불렸다. 승무원들은 예의상의 미소를 짓도록 교육받았기 때문이다. 오늘날에는 환한 서비스용 미소가 없으면 오히려 어색한 상황이 되고는 한다. 하지만 직업적으로 짓는 미소는 문화적 요소가 크게 작용한다. 특히 세일즈 대화와 합쳐질 때 그렇다. 프랑스인 시아버지는 미국 마트에서 미소로 환대받자 크나큰 감동을 받았다. 하지만 서비스용 미소가 누구에게나 똑같이 제공된다는 사실을 알고는 실망했다.

특정 업계에서는 미소와 같은 비언어적 제스처를 사용하는 것이 의무로 규정되어 있다. 하지만 미소가 모든 사람에게 공평하게 요구되지 않고 일부 사람에게만 요구된다면 이는 위계적 복종을 나타내는 의미가 된다. 이러한 불평등은 리더들 간의 공개적인 만남에서 자주 드러난다.

예를 들어, 영국의 전 총리 테리사 메이Theresa May가 미소를 지었지만 당시 유럽연합 집행위원장이던 장 클로드 융커Jean Claude Juncker는 미소를 짓지 않았다.[12] 또 기자가 방금 경기에서 진 테니스 선수 세레나 윌리엄스Serena Williams에게 '왜 미소를 짓지 않느냐'라고 물었던 일도 마찬가지다. 그 기자는 대중의 관심을 끌기 위해 그녀에게 직업적인 미소 즉, 예의상의 미소를 지으라고 요구한 것이다.

예의상의 미소는 청자의 기분에 영향을 미치고, 사회적 관계에도 영향을 주며, 사람들 사이에 결속감과 연대감을 일으킨다. 언어처럼 중요한 역할을 하는 것이다. 한 연구에서 참가자들은 집단의 결속감을 높이기 위해 '우리', '함께' 같은 단어를 사용할 때 더 진실한 미소를 짓고, '다른 사람들', '그들', '떨어진' 같은 단어를 사용할 때는 예의상의 미소를 지어서 자신이 속한 집단을 다른 집단과 구분하는 모습을 보였다.[13] 진정한 미소는 친밀한 관계를 맺은 사람들 사이에 결속감을 형성해 문화적 집단 내의 유대감을 높이고, 예의상의 미소는 사회적 존중을 보임으로써 질서를 만든다.

이러한 맥락에서 진정한 미소는 문화적 관습을 존중하는 개인의 가치 표현이고 예의상의 미소는 사회가 요구하는 행동 기준을 실천하는 행위라고 볼 수 있다. 어쨌든 이 두 미소는 모든 미소가 그 자체만으로 도덕적 의미를 지니지 않으며, 행위자이자 관객인 우리가 함께 미소에 의미를 부여한다는 사실을 다시 한번 상기시킨다. 비언어적 청자로서 우리는 미소의 의미를 읽고 자신이 속한 문화권의 맥락 속에서 나름대로 해석함으로써 사회적 대화를 원활하게 이어가는 것이다.

악수 그리고 느낌으로 듣는 비언어적 단서

예의상의 미소도 진정한 미소처럼 긍정적인 감정을 불러일으킬까? 거울 뉴런을 연구하는 학자들은 그렇다고 본다. 청자가 미소를 보고 느낀 다음 그대로 미소를 되돌려주는 모습을 보이기 때문이다. 미소를 짓는 일이 미소를 되돌려받고 고객의 호감까지 얻을 수 있다는 생각은 매력적인 발상이었다. 특히 적극적으로 고객을 유치하는 방법으로는 더욱 그러했다. 논리는 이렇다. 판매 직원의 미소에 미소로 응답하는 고객은 아무 반응 없이 무시하는 고객보다 세일즈에 마음을 열 가능성이 더 높다는 것이다.

미소와 그 밖의 비언어적 표현은 일종의 '느낌으로 듣기feel listening'의 단서가 되며, 이를 통해 청자는 상대방이 어떤 사람인지 감지한다. 이렇게 느낌을 통해 듣는 방식은 일본어로 삿시察し라고 하는데, 영어의 'guess(짐작하다)'나 'sense(느끼다)'에 해당되는 개념이다.

아이들이 새로운 단어를 들으며 학습할 때 사용하는 패스트 매핑처럼, 우리가 분위기를 파악할 때 사용하는 신뢰성 경청처럼, 삿시도 미소와 같은 비언어적 단서를 읽는 데 쓰인다. 삿시를 통해 들으면 상대방에 대해 조금 더 알 수 있게 된다. 상대방이 그가 말하는 내용과 어떻게 연결되어 있는지, 당신과 어떤 관계를 맺고 있는지도 알 수 있다.

삿시는 비언어적 경청보다 한 단계 높은 수준의 듣기로, 눈에 보이는 물리적인 단서만을 시각적으로 듣는 것을 넘어선다. 문화적 개념으로서의 삿시는 말로 표현되지 않고 겉으로 드러나지 않은 감정이나 의도를 직감적으로 파악할 수 있다는 생각에 기반한다. 그리고 그렇게 얻은 '이해'가 들리는 말, 보이는 몸짓에서 끌어낸 해석 못지않게 중요하다고 본다. 삿시는 청자를 중심에 두며, 청자가 이해한 내용을 단순한 '느낌일 뿐'이라고 깎아내리지 않는다.

한편 낯선 사람들과 만나는 행사장이나 그 밖의 격식을 갖춘 자리에서는 '느낌으로 듣기' 제스처 중 악수가 중요한 의미를 지닌다. 악수는 그리스에서 유래한 행위다. 손에 무기가 없음을 상대방에게 보여주기 위한 표현이었다고 한다. 비즈니스계에서는 악수가 만남의 순간에는 호의의 표시로, 작별할 때는 신뢰의 표현으로 사용된다. 악수를 해야 하는 상황에서 악수를 피하면 상대방은 그러한 태도를 무례하거나 적대적인 행동으로 받아들일 수 있다. 오늘날 악수는 정치계와 비즈니스계에서 너무도 흔한 관례가 되었기 때문에 악수 문화가 없는 나라의 대표들조차 악수하는 방법을 익힌다.

인터넷에서 좋은 악수에 대한 조언을 찾아보면 다음과 같다. 오른손으로 악수할 것을 권장한다. 왼손잡이여도 마찬가지다. 또한 손톱을 깨끗이 하고, 손에 땀이 없어야 하며, 눈을 맞춘 채, 단단한 악력으로 악수하라고 조언한다.

영국의 엘리자베스 2세 여왕은 손을 낮춰 상대방이 먼저 악수 제스처를 취하도록 했고 상대방의 악수가 느껴진 뒤에야 비로소 응답했다. 여왕은 상대방에게 진심으로 귀를 기울이는 태도로 유명했는데, 이와 같은 악수 방법은 여왕의 경청 능력을 보여주는 사례라고 할 수 있을 것이다. 적어도 악수가 이루어지는 그 순간만큼은 악수를 나누는 사람은 여왕과 동등한 위치에 있었다.

이처럼 대부분의 악수는 서로가 동등하다고 느끼는 방식으로 이루어진다. 하지만 상대방을 평가하는 느낌으로 악수를 할 때도 있다. 악수에서 가장 중요하게 여겨지는 감각은 '자신감'이다. 자신감은 악수할 때 느껴지는 단단함으로 드러난다. 시선을 피하는 흐물흐물하고 맥없는 '죽은 생선 같은 악수'도, 상대방을 제압하려는 듯 지나치게 힘을 세게 주는 '뼈가 으스러질 듯한 악수'도 자신감과는 거리가 멀다.

죽은 생선 같은 악수를 받는 사람은 당신을 자신감이 부족하거나 신뢰할 수 없고 불성실하다고 느낄 것이다. 반면 뼈가 으스러질 듯한 악수는 오만하고 공격적인 사람이라는 인상을 준다. '적절한 단단함'은 그 중간쯤 자리한다. 흥미롭게도 악수의 적정 지속 시간은 적정 응시 시간과 비슷한 약 3초 정도다. 그래서 악수할 때 상대방과 눈을 마주치라고 하는 것일지도 모른다.

사람들은 악수를 통해 자신감을 드러내는 동시에 악수를 나누는 상대방에게 신뢰와 공정함을 표현한다. 정치, 비즈니스, 스포츠 등 서로 적대적인 관계로 인식될 수 있는 경쟁 상황에서 악수는 공정한 승부를 상징한다. '악수로 합의하다'라는 표현은 앞으로 어떤 어려움이 생기더라도 서로 협력하기로 뜻을 모았음을 의미한다. 악수는 위험 평가를 토대로 한 약속이다. 서로가 비언어적으로 경청하고 있음을 보여주는 표현이며, 격식을 갖춘 방식으로 우리는 적이 아니라 친구라는 사실을 확인시켜준다.

우리가 가장 먼저 하는 경청의 방식은 촉각 즉, 신체로 느끼는 감각이다. 인간은 태아 시절부터 촉감을 통해 세상을 인식한다. 촉각은 우리가 처음으로 발달시키는 감각이다. 감각 신경은 수정 후 약 3주부터 발달하기 시작한다. 태아는 10주가 되면 생식기로 촉각을 느낀다.

수정 후 11주에는 손바닥, 12주에는 발바닥에서 촉각이 발달한다.

후각 신경도 수정 후 6~7주 무렵부터 일찍 발달하기 시작하지만 이 감각이 완전히 형성되는 시점은 10~12주 정도다. 미뢰는 15주쯤 생기며 청각은 16주에서 26주 사이에 발달한다. 빛 감지는 비교적 늦게 시작되는 편이다. 그래서 시각은 수정 후 25주에서 33주 사이에 발달이 이루어진다. 태아 시절에 발달한 신체 감각은 이후 더욱 정교한 촉각 체계로 성숙한다. 이 체계에 대해서는 과학자들이 여전히 연구를 지속하는 중이다. 예를 들어, 통증이나 편안함의 정도를 판단하는 촉각 수용기가 있다는 사실은 잘 알려졌지만 신체적 고통이 언제, 어떻게 감정적 고통으로 전환되는지 또 그 반대의 과정이 어떻게 일어나는지는 아직 명확히 밝혀지지 않았다.

확실한 점은 우리가 첫인상으로 상대방을 대략 파악하고 이후 표정이나 몸짓을 어떻게 사용하는지를 감지하면서 점차 더 상대방을 정확하게 파악한다는 점이다. 눈맞춤, 응시, 미소, 악수 같은 비언어적 신호들은 짧은 첫 만남에서 중요한 단서가 되어준다. 그리고 우리는 언어, 목소리, 사회적·문화적 맥락이 제공하는 핵심 정보로 상대방에 대한 평가를 보완한다.

비언어적 언어를 경청하는 것은 목소리나 언어를 듣는 것만큼 중요하다. 반대로 비언어적인 듣기를 전혀 하지 않는 태도는 '분위기 파악 능력'이 부족하다는 뜻이 된다. 1990년대 일본의 젊은 세대는 분위기 파악 능력이 떨어진다는 비판을 받고는 했다. 이번 장의 제목에서도 발견되는 분위기 파악 능력은 눈맞춤, 응시, 미소, 악수 같은 비언어적 단서를 읽는 비언어적 경청에서 중요한 역할을 한다. 천천히 듣고 더 깊이 평가하는 삿시 역시 이 능력에 포함된다.

분위기 파악을 잘하는 이들은 말과 비언어적 표현을 모두 적극적으로 경청하며, 상대방이 어떤 사람인지 파악하려고 노력한다. 이들은 지금까지 살펴본 14개의 마음으로 듣기의 모든 경청 채널(정보적 경청, 부드러운 경청, 신뢰성 경청, 비언어적 경청)을 활용하여 사람들 사이의 공간과 그 공간에 떠도는 분위기 즉, '온도'를 감지한다.

비언어적 경청은 비언어적 단서를 감지하는 매우 민감한 도구다. 하지만 이번 장을 마무리하기에 앞서 꼭 짚고 넘어가고 싶은 점이 있다. 흔히 대중서에서 주장하듯이, 몸짓 언어가 의사소통의 '대부분'을 차지한다는 생각은 과장되었다는 점이다. 그러한 주장이 사실이 아니라는 것을 신뢰성 경청이 말해준다. 비언어적 의사소통이 첫인상에서 중요한 역할을 하는 건 분명하지만 문자 그대로 첫인상은 누군가를 알아가는 과정의 시작일 뿐이다.

이 책의 전반부에서 살펴보았듯이 우리가 아직 활용하지 않은 다양한 방식의 경청 에너지가 많다. 후반부에서는 경청을 다양한 맥락에서 어떻게 활용해야 할지 살펴보고 아직 발견하지 못한 또 다른 경청법들을 만나게 될 것이다. 세상의 모든 것이 그렇듯, 경청 방법을 많이 발견할수록 알아야 할 것도 많은 것처럼 느껴질 수 있다. 비언어적 경청은 다른 경청 채널들과 상호 작용을 하며 우리의 경험을 형성하고 그 방향을 이끌어가기 때문이다. 부드러운 경청은 첫인상에서 적이라고 여긴 사람에게서조차 새롭게 알아야 할 것이 많다는 사실을 일깨워준다. 내가 술집 고양이를 싫어하는 우리 고양이 블레이즈에게 알려주고 싶은 점도 바로 그것이다.

비언어적 경청의 7가지 핵심

● 감각 수용기는 안전을 우선하도록 설계되었으며, 우리는 상대방의 얼굴을 보고 0.1초 이내에 판단을 내린다.

● 근접공간학은 사람들 사이의 물리적인 거리를 연구하는 학문이다. 격식을 갖춘 상황, 예컨대 네트워킹 행사 같은 대면 모임에서는 약 1.2미터 즉, 팔 하나 뻗을 정도의 거리에 떨어져 서는 것이 일반적이다.

● 얼굴 패치는 얼굴의 특징적인 부분을 보고 시각적으로 '듣도록' 도와준다. 누군가의 얼굴 전체를 다 보지 않고도 빠진 부분을 채워 넣거나 그 사람을 알아보게 해준다.

● 얼굴에서 가장 잘 읽을 수 있는 부위는 눈이다. 그다음은 입이지만 시각이 정상인 사람들조차 입 모양과 비짐을 읽는 능력은 일반적으로 낮은 편이다.

● 관심뿐 아니라 참여 의사를 표현하고 싶을 때 눈을 맞춘다. 눈을 마주치는 시간과 그 뒤에 이어지는 응시의 흐름 즉, 상대방을 바라보다가 잠깐 시선을 다른 데로 돌리는 눈맞춤 패턴은 문화권에 따라 다르다. 어떤 문화권에서는 짧은 눈맞춤을 선호하는데, 너무 짧아서 전혀 눈을 맞추지 않은 듯이 느껴지기도 한다.

- 미소는 진정한 미소와 예의상의 미소로 나뉜다. 아기들도 이 둘의 차이를 알아보고 구별한다. 어른이 되면 2가지 미소를 모두 중요하게 여기고 당연하게 받아들인다.

- 우리는 악수 같은 '느낌으로 듣기'를 호의와 신뢰를 전달·확인하는 수단으로 활용한다.

비언어적 경청을 위한 3가지 성찰
: 거울아, 거울아

화상 회의에서는 비언어적 표현을 관찰하기가 더 어렵다. 하지만 온라인 만남에도 장점이 있다. 좋든 나쁘든, 화면은 우리가 다른 사람에게 어떻게 보이는지를 실시간으로 보여준다. 대면 회의에는 이러한 거울 같은 기능이 없다. 화상 회의는 시각적 청자로서의 인식을 높여준다. 타인의 표정뿐 아니라 자신의 표정에 대해서도 인식을 높인다. 효과적으로 활용할 수 있는 비언어적 경청에 대한 3가지 성찰을 소개한다.

- 비대면 상호 작용에서 자신과 타인의 응시 지속 시간을 관찰해 보자.

- 자신과 타인에게서 나타나는 진정한 미소와 예의상의 미소를 구분할 수 있는가?

- 온라인상의 상호 작용은 청각을 이용한 듣기와 시각을 이용한 표정 읽기라는 2가지 경청 방식으로 제한되기 때문에 이 두 감각이 더욱 예민해진다. 화상 회의에서는 상대방을 실제로 만지거나 접촉할 수 없지만 화면을 통해 특정 단서에 주의를 집중해 들으면서 분위기를 파악할 수 있다. 어떤 표정들이 눈에 들어오는가? 시각적 경청을 통해 이전에는 미처 알아차리지 못했던 새로운 정보를 발견해보자.

6

문화적 경청

변화하는 세상을 듣다

文化

한국 드라마 〈사랑의 불시착〉에서는 한 여성이 아버지로부터 기업을
물려받게 된 일을 기념해 패러글라이딩을 하던 중 갑작스러운 기상
이변을 겪어 북한으로 넘어가버린다. 이 드라마는 남한의 재벌 상속
녀와 북한의 장교 사이에서 피어나는 로맨스를 중심으로 전개되는데,
여주인공이 완전히 낯선 환경에 떨어져 겪는 수많은 문화적 어려움도
함께 그려진다.

안타깝게도 나는 길을 안내해줄 잘생긴 북한 장교를 만나진 못했
다. 어린 시절 아버지의 직장을 따라 3년마다 전 세계로 거주지를 옮
겨 다니며 낯선 문화와 마주할 때마다 나는 여주인공처럼 당황스러
움을 느껴야 했다. 다행히도 그때마다 친구들이 새로운 문화에 적응

할 수 있도록 도와주었다. 처음에 나와 친구들 사이에는 낙하산을 타고 불시착한 여주인공과 북한 장교가 공유했던 '동일한 언어'조차 없었다. 대신 우리에게는 목소리 그리고 적극적인 초심자의 마음가짐이 있었다. 덕분에 인류학자 에드워드 T. 홀이 '문화의 숨은 언어'라고 부른 개념을 배웠다.

문화는 사람들이 서로 맺는 유대와 시간이 흐르며 함께 겪는 변화를 관통하며 언어로 표현된다. 이번 장의 제목에 쓰인 문화 즉, 文化는 2개의 글자로 이루어져 있다. 첫 번째 글자인 文은 '글' 또는 '문자'를 뜻하고, 두 번째 글자인 化는 '변화'를 뜻한다. 문화가 '글의 변화'를 의미한다는 개념은 언뜻 보기에는 말이 되지 않는 듯 느껴진다. 하지만 이 단어를 일본 문화사의 맥락에 놓고 보면 그 의미가 드러난다. 문화를 뜻하는 한자는 문화의 숨겨진 언어를 그대로 구현한 것이다.

4세기경 중국에서 한자가 전해졌다. 이때 문자라는 개념이 도입되면서 일본은 구술 문화 사회에서 문자 문화를 갖춘 사회로 변화했다. 마치 문화가 언어 속에 숨겨져 있다는 개념을 암시라도 하듯, 형식언어학에서는 '변형'을 '문장의 논리적인 심층 구조에 있는 요소가 표층 구조의 요소로 전환되는 과정'으로 본다. 한자로 구성된 단어를 분석하면 드러나는 숨겨진 요소들처럼, 형식언어학도 문화를 단지 구조 깊숙한 곳에 감춰진 무언가로 보는 데 그치지 않고, 우리가 듣고 이해하는 표면적 언어에 영향을 미치고 변화시키는 힘으로 개념화한다.

문화적 경청은 의사소통에서 문화적 의미를 듣기 위해 우리가 수행하는 깊은 탐구 행위다. 숨겨진 문화적 언어를 인식하는 일은 14개의 마음으로 듣기에서 목소리를 알아차리는 일과 같다. 익숙한 문화적 언어를 듣는 일은 가족의 목소리를 듣는 것처럼 마음이 편안해지고, 좋아하는 음악을 듣는 일처럼 즐겁다.

그러나 새로운 문화적 언어를 배우는 일도 중요하다. 그래야 초심자의 마음가짐이 단련되고 우리가 귀 기울일 수 있는 세상의 범위가 한층 더 넓어진다. 강한 유대를 맺고 있는 익숙한 문화권에 속한 사람들과의 교류뿐 아니라, 비교적 느슨하고 거리가 있는 사람들과의 교류도 중요하다는 사실은 아주 오래전부터 사회학자들과 인류학자들의 연구를 통해 밝혀졌다.

전자는 공동체 안에서 안정감을 형성하고, 후자는 새로운 공동체로 확장해나가는 능력을 키워준다. 문화적 경청을 할 때는 강한 유대와 약한 유대, 이 둘에 대한 인식이 모두 중요하다. 그래야 한 문화권 안에서의 연결을 강화하고, 새로운 문화권으로 건너갈 다리를 지을 수 있다.

우리는 하루 동안 여러 다양한 문화의 소리를 듣는다. 익숙한 문화 안에서는 강한 유대로 이어진 일원으로의 역할을 수행하고, 다른 문화들 사이에서는 느슨한 유대를 지닌 학습자이자 다리 역할을 하는 존재가 된다. 그리고 우리는 매일 서로 다른 문화 사이를 오가며 살아간다. 가족 문화에서 직장 문화로, 같은 세대 간의 소통에서 다른 세대와의 소통으로, 한 집단의 방식에서 다른 집단의 방식으로 오가거나 지리적·언어적 배경이 다른 사람들 사이를 넘나들면서 매일 문화 간 이동을 경험한다. 이번 장에서는 언어 문화를 다루지만 이어지는 장들에서는 문화의 다른 의미들 또한 계속 탐구할 예정이다.

문화적 경청은 강한 유대를 맺은 익숙한 문화에서부터 느슨한 유대의 낯선 문화에 걸쳐서 일어나기 때문에 우리는 집을 벗어난 순간부터 끊임없이 문화 간 소통을 한다. 이는 느슨한 유대를 맺은 문화를 배우고 탐색하는 과정이다. 특히 영어처럼 제2언어 화자와 다중 언어 화자가 압도적으로 많은 언어에서는 더욱 그렇다. 이 때문에 같은 언어인 영어로 듣고 말하는 상황에서도 쉽게 소통 오류에 빠질 수 있다. 흔히들 자신이 하나의 강한 유대 문화 안에서만 소통하고 있다고 믿는다. 하지만 실제로는 여러 느슨한 유대의 문화들 사이를 가로지르며 소통하고 있다.

솔직하게 말하자면 같은 언어로 말하고 들을 때도 문화 간 의사소통이 일어난다. 그러므로 이번 장에서는 먼저 영어와 문화 간 의사소통에 대한 몇 가지 통념부터 짚고 넘어가려 한다. 그다음 우리가 같은 문화적 언어로 소통하고 있다고 가정하는 일이 얼마나 위험할 수 있는지 보여주는 사례를 살펴볼 것이다. 우리가 하나의 거대한 용광로 안에서 같은 영어로 말하고 있다는 가정은 비극적인 결과를 초래할 수도 있다. 다시 말해 의사소통의 붕괴, 이번 장의 후반부에서 살펴볼 치명적인 오해로 이어질 수도 있다는 이야기를 전하고 싶다.

언어와 문화에 관한
고정관념에 반박하다

문화 간 의사소통에 관한 대표적인 고정관념이 있다. 바로 서로 다른 국가 출신의 단일 언어 화자 사이에서 생기는 오해는 서로 다른 언어 때문에 발생한다는 편견이다. 하지만 잠깐만 생각해봐도 이 고정관념이 사실이 아님을 알 수 있다. 두 사람이 같은 언어를 사용하지 않으면, 한 사람이 다른 사람의 언어를 배우기 전까지는 대화가 시작되는 일조차 어렵기 때문이다. 상대방의 언어를 전혀 모르는 상황에 놓인 적이 있다면 그 사람을 오해할 수조차 없다는 사실을 잘 알 것이다.

오해misunderstanding라는 단어에서 'mis'는 처음에는 어떤 의미를 이해했다고 생각했지만 그것이 실제로는 정확하지 않았다는 뜻을 내포한다. 아이러니하게도 오해는 상대방을 이해했다고 생각했지만 실제로는 그렇지 않았을 때 생긴다. 나는 여러 문화권에서 성장하면서 그러한 일을 수없이 경험했다.

그다음으로 흔한 고정관념은 첫 번째에 언급한 고정관념과 거의 반대되는 내용이다. 같은 언어를 사용한다면 혼란이나 오해가 절대로 생기지 않을 것이라는 편견이다. 하지만 이 고정관념 역시 쉽게 반박할 수 있다. 미국 출신의 모국어 화자인 영어 사용자가 영국 출신의 모국어 화자인 영어 사용자와 만나는 상황을 떠올려보자. 두 사람이 만나 대화를 나누는 순간 서로 말하고 듣는 과정이 문화 간 소통이라는 데 아마 동의할 것이다.

남한의 재벌 상속녀와 북한의 장교 사이에서도 같은 오해가 벌어졌다. 두 사람은 공통 언어인 한국어를 쓴다는 이유로 자신들이 같은 문화권 출신이라고 생각했지만 실제로는 서로의 문화가 너무도 다르다는 사실을 깨달았다. 전혀 다른 언어를 쓰는 사람들이라고 해도 어색하지 않을 만큼 차이가 상당했다.

이처럼 문화 간 의사소통은 같은 언어를 사용하는 화자와 청자 사이에서도 일어난다. 물론 지역에 따라 다른 영어를 사용하는 이들 이를테면 미국, 호주, 뉴질랜드, 남아프리카공화국, 싱가포르 등 영어를 주언어로 사용하는 수많은 국가의 사람들은 사실상 '동일한 영어'를 말하고 있는 것이 아니라고 주장할지도 모른다. 먼저 영어가 모국어로 쓰이는 국가들의 목록을 한번 살펴보자.

영어가 공식 모국어인 국가 목록[1, 2]

다음은 영어가 공식적인 모국어로 인정되는 국가들이다. 여기서 공식 언어란 법적으로 인정된 언어라는 뜻이다. 이들 국가는 대부분 다언어 국가지만 이 목록에는 법적으로 공인된 공식 언어를 보유한 나라들만 포함되며, 영어와 함께 사용되는 공동 공식 언어도 함께 표시했다.

- 가나

- 가이아나

- 감비아

- 그레나다

- 나미비아

- 나우루

- 나이지리아

- 남수단

- 남아프리카공화국(아프리칸스어, 은데벨레어, 북소토어, 소토어, 스와티어, 츠와나어, 총가어, 벤다어, 코사어, 줄루어)

- 도미니카

- 라이베리아

- 레소토(소토어)

- 르완다(프랑스어, 스와힐리어)

- 마셜제도(마셜어)

- 말라위(체와어)

- 모리셔스

- 몰타

- 미크로네시아

- 바누아투(비슬라마어, 프랑스어)

- 바베이도스

- 바하마

- 벨리즈(스페인어, 마야어)

- 보츠와나
- 부룬디(키룬디어(룬디어), 프랑스어)
- 사모아(사모아어)
- 세이셸(프랑스어, 세이셸 크레올어)
- 세인트루시아(세인트루시아 프랑스 크레올어)
- 세인트빈센트그레나딘
- 세인트키츠네비스
- 솔로몬제도
- 수단(아랍어)
- 시에라리온
- 싱가포르(표준 중국어, 말레이어, 타밀어)
- 아일랜드(아일랜드어)
- 앤티가바부다
- 에스와티니(스와티어)
- 우간다(스와힐리어)
- 인도
- 자메이카
- 잠비아(벰바어, 냔자어(체와어), 로지어, 통가어, 루발레어, 룬다어, 카온데어)
- 짐바브웨(체와어(치체와어), 치바르웨어, 칼랑가어, 코이산어, 은다우어, 은데벨레어, 샹가니어(총가어), 쇼나어, 수어(手語), 소토어, 통가어, 츠와나어, 벤다어, 코사어)
- 카메룬(프랑스어)
- 캐나다(프랑스어)

- 케냐(스와힐리어)

- 퀴라소(파피아멘토어, 네덜란드어)

- 키리바시(길버트어(키리바시어))

- 탄자니아

- 통가(통가어)

- 투발루(투발루어)

- 트리니다드토바고

- 파키스탄

- 파푸아뉴기니(토크피신어, 히리모투어, 파푸아뉴기니 수어(手語))

- 팔라우(팔라우어)

- 푸에르토리코(스페인어)

- 피지(피지어, 피지 힌디어)

- 필리핀(필리핀어)

다음 국가들에서는 영어가 법적으로 공식 언어로 지정되지는 않았으나 정부와 국민 대다수가 영어를 사용한다.

- 뉴질랜드

- 미국

- 영국

- 오스트레일리아

영어가 광범위하게 사용되는 이유는 정치적·경제적·문화적 권력이 얽힌 복잡한 역사적 배경을 통해 설명된다. 영어의 세계적 확산을 막으려는 투쟁 속에서도, 많은 이들의 불만과 반대 속에서도 영어는 결국 세계 공용어로 자리잡는 데 성공했다. 이는 한때 국제 사회의 중립적 언어로 제안되었던 19세기 언어 설계자 루도비코 라자로 자멘호프 Ludwik Lejzer Zemjonhof의 인공어 에스페란토를 압도한 결과다. 에스페란토를 열성적으로 지지하는 사람들이 있었지만 에스페란토는 프랑스어나 영어처럼 강대국들의 언어로 인정받는 지위에는 도달하지 못했다. 19세기부터 시작되어 인터넷·미디어의 발전으로 더욱 가속화된 흐름 속에서, 영어는 세계에서 가장 널리 사용되는 언어라는 우위를 점했다. 다른 언어들과 마찬가지로 영어도 수많은 갈등과 승리의 흔적을 안고 있으며, 그러한 흔적들을 유리한 방향으로 활용하며 발전해왔다.

통계에 따르면 현재 영어 사용자 수는 약 15억만 명에 이르며, 그중 무려 11억만 명 정도가 영어를 제2언어로 사용하거나 다른 언어들과 함께 사용한다. 세계에서 두 번째로 널리 사용되는 언어인 중국어 사용자는 대부분이 모국어 화자다. 전체 중국어 사용자 약 11억만 명 중 9억만 명이 모국어로 중국어를 사용한다.

영어 사용자면 어떤 방식으로든 문화 간 의사소통에 관여하고 있을 가능성이 높다는 점은 다시 한번 강조할 만하다. 이는 영어의 지속성과 활력을 유지하고 강화하는 데 도움이 된다. 흔히 들리는 주장과 달리, 문화적 다양성은 언어의 건강을 증진한다. 문화적 다양성은 영어에 새로운 단어와 문법을 끌어들여서 언어 자체에 활력을 불어넣었고, 영어를 사용하는 사람들의 삶의 질에도 긍정적인 영향을 주었다.

8개 국가의 5만 명을 대상으로 한 성인 건강 연구에서 다양한 문화권의 사람들과 교류할수록 삶의 만족도가 높아진다는 긍정적인 상관관계가 나타났다.[3] 연구진은 강한 유대로 이어진 익숙한 관계에서의 교류 강도나 단순한 교류 횟수보다도, 문화적 다양성이 개인의 일상을 건강하게 만든다는 뜻밖의 결과를 발견했다. 다양한 생물체가 살아가는 숲속에서 나무가 더욱 건강하게 자라는 것처럼 사람들도 깊이 연결되어 있지 않은 유대가 느슨한 사람들과의 교류를 통해 혜택을 얻는다.

사회학자 마크 그라노베터Mark Granovetter의 연구도 비슷한 결론을 도출했다. 느슨한 유대는 우리가 평소에 접할 수 없었던 정보·기회에 접근하게 해준다는 것이다.[4] 새로운 연결을 만들어가는 일은 우리의 마음을 열고 더 많이 배우고자 하는 욕구를 자극한다.

그렇다고 해서 익숙한 사람들과의 교류가 덜 중요하다는 뜻은 아니다. 우리는 익숙한 상호 작용도 원하고, 또 필요로 한다. 강한 유대를 맺고 있는 사람들과 함께 보내는 시간은 앞서 살펴본 것처럼 동종 선호의 여러 이점을 가져온다. 익숙한 사람들과의 유대는 편안함과 안정감을 느끼게 한다. 하지만 강한 유대 관계에만 의존하고, 느슨한 유대의 문화와 교류하지 않으면 삶의 전반적인 웰빙이 흔들린다. 너무 특정 문화나 익숙한 관계에만 몰두하면 문화적 맹점이 생겨서 폐쇄적인 사고방식에 갇히게 된다.

이상적인 문화적 경청은 두 세계가 조화를 이루는 지점에서 피어난다. 마음이 통하는 사람들과 함께 있을 때의 안정감을 느끼는 동시에 모험과 배움을 즐길 수 있는 확장된 시야를 갖는 게 좋다. 문화적 경청이 조화를 이룰 때 우리는 음식이나 음악, 춤 속의 다양한 문화를 즐기듯 언어 속의 문화를 즐길 수 있게 된다. 문화적 언어는 어디에나 존재하며 귀를 기울이기만 한다면 언제든 연습하고 즐길 수 있다. 새로운 문화를 만날 때마다 새로운 무언가를 배워나가는 경청의 여정을 시작해보자.

마지막으로 타파해야 할 고정관념이 있다. 문화 간 의사소통에서 오해가 생기는 주된 이유가 제2언어 화자의 억양 때문에 모국어 화자가 그 말을 이해하지 못해서라는 주장이다. 물론 억양 때문에 말을 잘못 이해하는 경우는 실제로 존재한다. 국가나 지역에 따른 언어적 특성을 듣고 이해하지 못해서 생기는 오해도 널리 퍼져 있다.

이와 같은 오해는 SNL로 알려진 코미디 프로그램 〈새터데이 나이트 라이브〉에서도 풍자된 바 있다. 미국인 승객이 비상 착륙을 시도하려는데 관제사의 강한 스코틀랜드 억양 때문에 말을 전혀 알아듣지 못하는 상황이 익살스럽게 그려졌다. 이렇게 억양 때문에 서로를 이해하지 못하는 상황이 우스꽝스러울 수도 있지만 실제로 목소리와 언어에 담긴 상대방의 문화를 이해하는 능력은 화자의 억양이나 청자의 언어 이해력 같은 표면적인 요소에만 달려 있지 않다.

억양과 단어는 문화 간 의사소통에서 가장 눈에 잘 띄는 언어적 특징인 만큼 오해가 생겼을 때 쉽게 문제의 원인으로 지목되기 쉽다. 소통의 오류는 그보다 더 깊은 문화의 근본적인 구조 때문에 발생하기도 한다. 이번 장에서 살펴보겠지만 실제로 발생하는 오해는 시간, 권위 같은 더 깊은 문화적 언어에 뿌리를 두고 있는 경우가 많다.

비행기 추락 사고의 은폐된 전말

콜롬비아의 아비앙카 052편은 기상 악화로 뉴욕의 존 F. 케네디 국제공항에 착륙하는 데 실패했다. 결국 아비앙카 052편은 추락하고 말았다. 사고 이후 진행된 조사에서는 관제사와 승무원 간의 연료 관리에 대한 오해가 있었음이 밝혀졌다. 반면 공식적인 판결에는 이 '의사소통 실패'의 주요 원인을 두고 콜롬비아 승무원이 '긴급 상황'이라는 단어를 사용하지 않았기 때문이라고 기록되었다. 하지만 무선 송수신 기록에 대한 포렌식 분석은 시간과 권위에 대한 문화적으로 뿌리 깊은 관념이 소통 오류를 일으켰고, 사고로 이어졌음을 보여준다.

신뢰성 경청을 다룬 장에서 살펴본 것처럼 모든 이야기에는 최소한 2가지 입장과 1가지 진실, 이렇게 3가지 이야기가 존재한다. 이제 문화적 경청을 통해 아비앙카 052편에 무슨 일이 있었는지 그 진실에 다가가 보자.

권위와 권력 그리고 문화적 언어 감수성

나는 종종 남편에게 농담 삼아 말하곤 한다. 내가 내 말에 제대로 귀를 기울이게 하고 싶을 때는 본론으로 들어가기 전에 친구 제임스의 이름을 먼저 꺼낸다고 말이다. 그저 "제임스가 그러던데…."라는 말을 하면 남편은 바로 집중한다. 제임스는 금융계에서 성공하고 인정받는 인물로, 지위와 권위를 모두 갖춘 사람이다.

영어권 문화에서는 지위를 하나의 자원으로, 권위는 시간이 지나면서 얻고 쌓아가는 것으로 여기는 경향이 있다. 그래서 지위를 가진 사람은 자연스럽게 권위를 갖게 된다. 화자에게 권위가 있다고 느끼면 청자는 더 주의를 집중하며 협조적으로 반응한다. 회사에서 사장님의 말을 들을 때는 별다른 이의를 제기하지 않고 "네네." 하는 것처럼 말이다. 다시 말해, 우리는 권위를 지닌 사람과 상호 작용을 할 때 상대방의 말에 귀기울일 가능성이 크도록 조건화되어 있다.

청자가 화자에게 부여하는 권위는 명령을 내리고 지시하고 복종을 요구하고 결정을 내릴 수 있는 권리다. 화자와 청자 모두 권위를 통해 세상을 이해하고, 궁극적으로 더 나은 결정을 내릴 수 있기를 기대한다. 나아가 권위를 가진 사람들은 그들을 지지하는 커다란 문화의 일부기 때문에 우리가 그들의 지시를 듣고 따르는 일은 곧 우리에게 익숙한 강한 유대 중심 문화의 측면들을 유지하고 강화하는 더 큰 사회 구조에 순응하는 일이기도 하다.

남편이 제임스의 말에 귀 기울일 때 그는 제임스의 말뿐 아니라 자신의 신념과도 맞닿은 문화를 함께 듣고 있는 것이다. 신념을 공유하면 그것이 정당화되고, 자신이 속한 공동체와의 유대감도 더욱 깊어진다. 자신이 속한 강한 유대 문화 안에서 우리는 스스로를 통제하기 위해 권위에 의지하며, 특히 위기의 순간에는 의존도가 더욱 높아진다.

이것은 콜롬비아 보고타에서 뉴욕으로 향했던 아비앙카 052편의 승무원들과 존 F. 케네디 국제공항의 관제사 모두에게 해당되는 일이었다. 당시 악천후로 여러 비행기가 1시간 넘게 공항 상공에서 대기 비행을 해야 했다. 아비앙카 052편은 대기 비행 시간이 너무 길어져서 보스턴에 있는 공항으로 향하는 일도 불가능한 상황이었다. 얼마나 더 대기할 수 있느냐는 질문에 부기장은 "약 5분 정도."라고 답했다. 관제사가 아비앙카 052편에 착륙 허가를 내렸지만 윈드시어(바람의 방향이나 세기가 갑자기 바뀌는 현상)를 만나는 바람에 착륙할 수 없었다. 관제사는 다른 비행기들의 운항을 조율하면서 아비앙카 052편에게 다시 상승하라는 지시를 내렸다. 관제사는 "북동쪽으로 약 15마일 인도한 뒤 접근시키겠다."라고 말했다.

그러나 그때쯤은 이미 연료가 심각하게 부족한 상태여서 아비앙카 052편은 다시 상승해서 재접근을 시도할 수 없었다. 비행 기록기의 통신 내용에서는 부기장이 이러한 사실을 보고하는 소리가 남아 있었으며, 2분 동안 4번에 걸쳐 연료가 떨어지고 있다고 반복해서 말한 사실을 확인할 수 있었다. 기장도 상황의 긴급함을 강조하며, 부기장에게 위급한 상황을 제대로 전달했는지를 3번이나 묻는다. 그때마다 부기장은 매번 전달했다고 답한다. 승무원들은 절박한 상황을 충분히 알렸다고 생각했다.

블랙박스에 녹음된 관제사들의 목소리에서 '스트레스가 드러났다'고 하면 너무 약한 표현이다. 관제사들의 목소리는 음량이 높았고, 아비앙카 052편과 다른 비행기들의 착륙을 동시에 조율하려 애쓰는 과정에서 음조도 뚜렷하게 높아졌다. 이러한 긴장감은 관제사가 접근 절차를 지시할 때 사용한 말투와 언어에서도 드러났다.

관제사는 "당신과 당신네 연료 모두 괜찮은가?"라고 묻는데, 이 목소리를 들은 아비앙카 052편 부기장은 분노를 감지한다. 기장이 "뭐래?"라고 묻자, 부기장은 관제사의 말을 그대로 전달하는 대신 그의 말투를 묘사하며 "화가 난 것 같습니다."라고 답했다. 영어를 모국어로 사용하지 않는 화자의 관점에서는 '당신과 당신의 연료'로 시작되는 문장이 짜증 섞인 말투처럼 들리고, 빈정댄다는 느낌을 받을 수도 있다.

한편 무선 송수신 기록에는 앞서 이야기했던 착륙 가능 여부를 묻는 질문에 대해 한 승무원이 "그럴 것 같네요. 정말 감사합니다."라고 대답한 소리가 남아 있었다. 그다음 기장은 착륙을 위한 계기 착륙 장치인 ILS를 요청했다. 부기장, 기장은 각각 관제사의 지시에 따라 차례로 ILS 명령을 이행했다. 그들은 이 비행기가 추락할 것임을 알고 있었지만 지시에 따랐다. "우리는 ILS를 따라야 해.", "지정된 ILS를 따라야

해.", "따를 거야. 죽기 위해서."라고 하면서 말이다.

뒤늦게 이 사건을 지켜보는 우리 입장에서는 안타까움을 느낄 것이다. '위기 상황에서는 명령이 아니라 직감을 따랐어야지'라고 생각할지도 모른다. 특히 수많은 생명이 걸려 있고 무언가 잘못된 것 같은 의심이 들 때는 명령보다는 자신의 직감을 따라야 한다고 말이다. 하지만 그러한 말은 사건과 멀찍이 떨어져 있는 사람이니까 할 수 있는 말일 뿐이다.

생명을 권위보다 우선시하는 생각은 바람직한 가치를 우선시하는 것처럼 들린다. 하지만 사회심리학자 게르트 호프스테드Geert Hofstede 의 연구에서는 친구 관계에서 인기 있는 무리의 편을 드는 일부터 조직 내에서 부조리를 외면하는 일에 이르기까지, 사람들은 도덕적이거나 합리적으로 옳다고 생각하는 자신의 판단이 아니라 권위를 따르는 결정을 훨씬 자주 내린다는 사실이 밝혀졌다.

바로 지난주에 나도 그랬다. 혈액 검사를 받으러 병원에 갔다가 의사의 말만 믿고 엘리베이터에서 잘못된 층에 내렸다. 병원 배치도에서 병동 위치를 직접 확인하고 소견서에 적힌 정보가 맞다는 점을 알면서도 의사가 알려준 정보를 따른 것이다. 이처럼 말로 표현된 권위는 의사 결정에 강력한 영향을 미치는 문화적 요인이다.

숨은 의미
: 말하고자 하는 바를 분명히 말하라

언어나 목소리로 표현되는 문화는 나중에 분석해보면 그 속에 담긴 의미가 분명하게 드러난다. 하지만 대화 상황 도중에는 즉각적으로 의미를 파악하기가 쉽지 않다. 기상 이변 속에서 여러 비행기의 착륙을 동시에 조율하느라 분주했던 상황으로 다시 돌아가보자.

관제사가 아비앙카 052편 승무원들이 그들의 운명을 결정할 권한을 자신에게 넘겼다는 사실 자체를 인식할 여유는 없었을 것이다. 게다가 관제사는 승무원이 보고한 남은 연료량이 심각한 수준이라는 점도 신뢰하지 않았다. 설령 관제사가 승무원의 말을 믿었더라도 제한된 시간 내에 승무원들이 어떻게 그렇게까지 자신에게 권한을 넘길 수 있었는지 이해하지 못했을 가능성이 크다.

그러나 인류학자 에드워드 T. 홀의 이론은 시간보다 권위를 우선시하는 방식이 아비앙카 052편 승무원들만 보인 태도가 아님을 보여준다. 그는 이러한 문화를 '다중 시간polychronic 문화'로 분류하며, 이 문화가 시간보다 관계를 더 중요시한다고 설명한다. 이에 반해 '단일 시간monochronic 문화'는 권위보다 시간을 우선시하며, 일정을 지키는 것을 제한된 자원인 시간을 모두에게 공정하게 분배하는 필수적이고 민주적인 방식으로 본다.

일본은 시간과 권위에 모두 높은 민감성을 보이는 '이중 시간bitemporal 문화'로 분류된다. 일본인들이 시간을 얼마나 중요하게 여기는지는 열차의 정시 운행에 대한 인식을 보면 쉽게 알 수 있다. 열차가 1분 이상 지연되면 직장인들은 '지각 사유서'를 발급받을 정도다. 지각 사유서는 직원과 고용주 간의 관계를 보호해준다. 지각이 개인의 부주의 때문이 아니라 열차 운행의 오류 때문이었다는 사실을 고용주에게 알려주는 것이다. 지각 사유서는 일본인들이 관계와 시간을 동시에 중요시하는 다중 시간적이면서도 단일 시간적인 문화를 어떻게 표현하는지를 보여주는 사례다.

위기 상황에서는 문화적 어조가 더욱 뚜렷해지고 극대화된다. 다중 시간적 문화에 속한 콜롬비아 승무원이 권위를 가진 사람들의 지시를 마치 독재자의 명령처럼 절대적인 신념으로 받아들여서, 어떤 대가를 치르더라도 실행으로 옮긴 행동이 그렇다. 또한 단일 시간적 문화에 속한 관제사들이 불가능한 시간 제약 안에서도 자신의 역할을 다하려 했지만 승무원들의 절박한 상황을 자신들의 상황보다 덜 심각한 일로 치부하며 "당신과 당신네 연료 모두 괜찮은가?"라고 물은 것도 마찬가지다.

아비앙카 052편이 추락한 이후 진행된 조사에서는 승무원들이 '긴급 상황'이라는 단어를 명확하게 사용하지 않아 연료 상황의 긴박함을 충분히 전달하지 못한 것이 의사소통 실패의 원인으로 지목되었다. 기장은 부기장에게 '긴급 상황'을 알렸는지를 여러 차례 묻고, 부기장은 알렸다고 답했지만 실제로 '긴급 상황'이라는 단어 자체는 관제탑에 전달되지 않았다. 무선 송수신 기록에는 승무원들의 고조된 우려가 분명하게 드러나 있는데도 말이다.

첫 번째 착륙 시도가 무산되었을 무렵 얼마나 더 대기할 수 있느냐는 관제사의 질문에 부기장이 "약 5분 정도."라고 답한 순간에서 이미 5분이 훌쩍 지난 상태였다. 만약 부기장이 대답한 예상 시간이 정확했다면 계산에 익숙한 단일 시간적 사고방식을 지닌 관제사는 아비앙카 052편이 긴급 상황에 처해 있다는 사실을 인지했을 것이다.

또한 '당신과 당신네 연료'라는 표현은 관제사가 부기장의 예상 시간에 의문을 품고 있었음을 암시한다. 비행기가 이미 5분 이상을 버텼다는 사실 자체가 이 비행기가 당장 위험한 상태는 아니라는 관제사의 의구심을 뒷받침하는 근거로 받아들여졌기 때문이다. 이러한 정보를 바탕으로 관제사는 "우리는 연료가 떨어져 가고 있다."라는 말을 들었을 때 승무원들이 연료량을 실제보다 더 적게 보고하는 건 아닌지 의심했을 가능성이 크다.

영어의 문법적 표현 방식도 이러한 가설을 뒷받침해준다. "연료가 떨어져 가고 있다we're running out of fuel."라는 표현은 비행기의 연료 상황을 모호하고 포괄적인 '시간적 개념'으로 드러내기 때문이다. 즉, 아직 연료가 완전히 떨어진 것은 아니라는 의미가 될 수 있다. 진행형 시제인 'running'도 모호성을 내포한다. 명확한 시간 제한을 제시하지 않으며, '연료가 떨어졌다!'라는 단순 명료한 현재 시제가 품은 '긴급 상황'의 절박함을 전하지 못한다.

모든 언어는 시간 개념을 나름의 방식으로 나눈다. 이를 전달하기 위해 주로 사용되는 수단이 바로 문법이다. 스페인어와 영어 문법에는 진행형 시제가 '어느 시점을 가리키는지'에서 차이가 있다. 두 언어 모두 진행형 시제를 사용해 어떤 행위가 진행 중임을 표현하지만 스페인어는 다중 시간적인 방식으로 진행형을 사용한다. 그래서 "연료가 떨어져 가고 있다."라는 말 속에는 "이미 연료가 다 떨어졌다."라는 의미까지 포함될 수 있다. 다시 말해, 스페인어에서는 진행형 시제로도 '긴급 상황'이라는 단어나 "연료가 떨어졌다!"처럼 영어 모국어 화자가 동일한 상황에서 사용할 법한 현재 시제 표현에 담긴 긴박감을 전달할 수 있는 것이다.

시간을 인식하는 방법의 차이는 관제사가 왜 승무원의 말을 긴박하지 않다고 받아들였는지를 설명해준다. 스페인어는 대명사 사용이 필수가 아니기 때문에 대명사를 굳이 사용하면 영어 모국어 화자가 특정 단어를 강조하고자 할 때 쓰는 것과 비슷한 효과가 난다. 여러 비행기의 착륙을 동시에 조율하느라 바쁜 관제사 입장에서 생각해보자. 그는 긴급함에 대한 청취적 이해가 빠진 상태다. 그런데 한 비행기가 인칭 대명사 '우리we'를 강조하면서 "우리는 연료가 떨어져 가고 있다."라는 말을 했을 때 이를 마치 요구처럼 들은 것이다. 즉, "이봐, 안 보여? 우리가 지금 특별 대우를 받아야 한다고!"라는 식으로 받아들였을 수 있다는 의미다.

요약하자면 권위와 시간에 대한 문화적 관념이 소통의 오류를 증폭시켰으며, 소통의 오류 때문에 아비앙카 052편이 추락해 롱아일랜드 코브넥에서 승객 73명이 목숨을 잃었다. 문화적 언어는 '긴급 상황' 같은 단어를 생략하는 결과만을 초래하는 게 아니다. 단어 생략은 문법 속에도 깊이 뿌리내려 있다.

사건 조사 이후 항공 용어를 표준화하여 의사소통 방법을 개선하라는 권고가 내려졌다. 예를 들어, 말을 잘못했을 때는 반드시 '정정correction'이라는 단어를 사용하고, 긴급 상황에서는 더 제한적인 언어를 사용하라는 조치가 포함되었다. 이러한 개선책 외에도 항공업 종사자들은 문화적 언어의 숨은 특성을 인지하는 감수성 훈련에 참여했다. 실제 상황에서 중대한 의사소통에 영향을 줄 수 있는 문화적 요소들에 대한 인식을 키워나가기 위함이었다.

항공업 종사자들만 스트레스 상황에서 문화적 언어를 바탕으로 결정을 내리는 건 아니다. 우리도 일상적인 대화를 할 때 권위와 시간의 충돌을 듣는다. 특히 직장에서는 어떤 업무를 완수해야 하는 담당자가 권위를 가진 사람인지, 아니면 신속하게 처리할 수 있는 사람인지에 관한 결정을 내리고는 한다.

긴장감이 가득한 상황에서 여러 목표가 충돌할 때 시간과 권위 사이의 딜레마를 극복하는 방법은 간단하다. 시간에 대한 책임을 서로 나누고, 공동의 노력에 관한 권위를 서로에게 부여하면 된다. 전통적인 역할 분담 방식으로도 가능하고, 이후 '업무적 경청' 장에서 다룰 '경청 순환listening loop'과 같은 방식을 적용해 상황을 해결할 수도 있다. 두 방식 모두 협력적인 의사소통을 전제로 하지만 협력 이전에 문화적 언어에 대한 이해가 전제되어야 하는 해결 방식이다.

신뢰성 경청을 다룬 장에서 '시간은 돈이다'라는 개념적 은유에 관해 이야기한 바 있다. 이 은유에서 시간은 개인이 무언가에, 혹은 누군가에게 '쓰는' 제한된 자원으로 여겨진다고 설명했다. 이번 장에서는 시간에 민감한 문화는 압박을 받을 때일수록 시간을 우선시하는 경향이 크고, 권위에 민감한 문화는 스트레스 상황에서도 권위를 우선시한다는 사실을 살펴보았다. 서로 다른 두 문화적 언어가 충돌할 때 그 딜레마에 대한 해법은 경청에 있다. 경청을 통해 우리는 시간이라는 자원을 공유하고, 공동의 목표를 위해 시간을 사용할 권한을 서로에게 부여하고 있음을 적극적으로 표현해야 한다.

시간을 뜻하는 한자 時間은 이러한 협력의 개념을 잘 보여준다. 이 단어에는 시간을 공동의 자원으로 보는 관점이 담겼기 때문이다. 첫 번째 글자인 '시時'는 시간을 하나의 지점으로 바라보는 개념을 담고 있고, 두 번째 글자인 '간間'은 시간이 흐르거나 지속되는 특성을 나타낸다. 영어에 "시간을 준다I'm giving it time."라는 표현이 있듯, 시간을 자원으로 인식하는 관점은 이 단어에서도 잘 드러난다.

특히 두 번째 글자인 '간'은 문자 그대로 '사이의 공간'을 의미하는데, 인간을 뜻하는 한자 人間에도 같은 글자가 쓰인다. 人間에는 '사이의 공간을 가진 사람들'이라는 의미가 담겼다. 도겐 선사가 말한 것처럼 '타인을 나 자신으로 바라보며' 서로에게 권위를 부여할 때 우리는 시간과 권위 사이의 공간에 함께 존재하게 된다. 바로 그 공간 안에서 문제를 협력적으로 해결해나갈 수 있는 것이다.

의사소통 상황에서는 서로 같은 입장에 서야 할 필요성을 인식하고, 그 '사이 공간'에서 서로의 딜레마를 이해하고 있음을 행동으로 보여주어야 한다. 서로의 관점을 상대방이 알아서 자동으로 이해할 것이라는 가정은 위험하다. 상대방의 입장을 들었다는 태도를 보여주는 게 도움 되는 이유도 그 때문이다.

대면하여 직접 나누는 대화 중에는 협력 의도를 간접적으로 전달하는 다른 방법들이 있다. 간접적인 표현도 물론 좋지만 협력 의도를 말로 표현하면 상대방과 내가 같은 언어적·문화적 의미장 안에서 대화하고 있다는 점을 더욱 확실히 전할 수 있다. 제한된 시간과 연료, 악천후로 스트레스를 받는 관제사, 승무원과는 달리 우리는 상대방의 말을 듣고 있다는 점을 분명히 보여주는 언어로 말해야 한다. 시간이 매우 중요하게 작용하는 스트레스 상황에서는 우리 모두가 사이의 공간으로 뛰어들어, 시간과 권한이라는 공동의 목표를 위해 힘을 합치고 서로 경청하고 있다는 태도를 드러내야 한다.

_____ 드러내는 경청의 힘

20세기 초, 인류학자이자 언어학자였던 에드워드 사피어Edward Sapir와 그의 제자 벤저민 리 워프Benjamin Lee Whorf는 언어가 문화를

204

표현하는 도구일 뿐 아니라 문화 자체를 형성하기도 한다는 개념을 제안했다. 사피어-워프 가설로 불리는 이 이론은 언어가 사고를 결정 짓는다고 주장한다.

논쟁의 여지가 있지만 최근의 연구들은 우리가 말하고 듣는 언어가 인지에 영향을 미친다는 사실을 점점 더 확실히 보여주고 있다. 스페인어에서 사용되는 불완전 진행형 표현인 '연료가 떨어져 가고 있다'와 영어의 대응 표현인 '연료가 다 떨어졌다'의 예시는 화자들이 문법을 통해 시간에 대한 문화적 개념을 구성하고, 단어와 강조 표현이 상황에 대한 이해에 영향을 미친다는 사실을 보여준다.

영어권과 스페인어권 문화는 모두 문화적 언어를 강력한 의사소통 수단으로 본다는 공통점이 있다. 소설가이자 시인인 리타 메이 브라운Rita Mae Brown은 문화적 언어를 사람들이 어디에서 왔고 어디로 가고 있는지를 알려주는 지도라고 표현한 바 있다. 언어는 인류의 역사를 담고 있으며, 사고하고 말하는 방식에 깊은 영향을 미친다.

19세기 시인이자 문학비평가이며 철학자였던 새뮤얼 테일러 콜리지Samuel Taylor Coleridge는 "언어는 인간 정신의 무기고로, 과거의 전리품과 미래 정복을 위한 무기를 동시에 보유하고 있다."라고 말했다. 이 말에는 언어가 과거의 역사를 전하는 도구면서 미래를 향해 행동하도록 강력하게 촉구하고 자극하는 역할도 한다는 의미가 담겼다.

조금 더 현대적인 관점에서 보면 문화적 언어는 말하는 사람에게 힘을 실어주는 방식으로 작동한다. '소리를 내는 바퀴에 기름이 발린다'라는 속담처럼 목소리를 내는 사람은 주목을 받고 원하는 것을 얻는다. 소설가이자 사회 비평가였던 토머스 만Thomas Mann의 "말하라, 그러면 얻을 것이다."라는 말처럼 '말은 문명 그 자체'기 때문이다.

말이 곧 힘이라는 전제가 깔린 단일 시간적 문화권에서는 대중 연설 같은 공식적인 말하기 상황에서 발언 시간이 조절된다. 예를 들어, 테드 강연은 권장 발언 시간이 18분으로 정해져 있다. 18분은 청중이 집중할 수 있는 인지 부하의 최적 시간으로, 그 이후에는 주의가 흐트러지기 시작한다. 방송계에서는 15분이라는 시간 단위를 선호한다. 15분은 프로그램 중간에 광고를 끼워 넣는 데 적절한 시간이라고 여겨진다. 인터뷰나 팟캐스트 같은 뉴스·오락 콘텐츠는 시간 단위가 더 길어질 수 있는데, 이는 한 사람만 계속 말하지 않을 때는 뇌가 대화를 더 오래 감당할 수 있기 때문이다.

그러나 모든 문화권에서 말을 곧 힘으로 여기고 장려하는 건 아니다. 반대로 어떤 문화권에서는 말이 불필요한 관심을 끌 위험이 있다고 본다. 일본에는 '지저귀지 않았으면 새는 총에 맞지 않았을 것이다'라는 속담이 있다. 말을 자제하는 문화권에서는 말하기보다 듣기가 선호된다. 신뢰성 경청을 다룬 장에서 살펴보았듯이, 듣는 문화권에서는 말이 많으면 자기 과시를 한다고 생각하기 쉽다.

중국에도 '말로는 밥을 지을 수 없다'라는 비슷한 속담이 있다. 또 아메리카 원주민은 '입에 천둥이 적고 손에 번개가 많은 것이 낫다'라고 충고한다. 이러한 문화권들에서는 말을 문제 해결의 최선책으로 여기지 않는다. 이는 1628년 영국의 국회의원이었던 존 핌$^{John\ Pym}$이 말한 "행동이 말보다 더 크게 말한다."라는 표현에서도 드러난다. 하지만 오늘날에는 말이 곧 행동이 되기도 한다. 결국 말이란 그 자체로는 공허한 것이며, 적절한 양과 방식으로 표현되어 비로소 문화가 규범적으로 인정하는 가치로 채워져야만 한다고 말하고 싶다. 그래야 말에 의미가 생긴다.

문화적 언어는 우리가 속한 집단 안에서 무엇을 '정상적인 말'로 여기는지를 일깨워준다. 말이 너무 적으면 '모호'하거나 '불분명'하게 들려서 말의 질이 떨어지고, 반대로 말이 너무 많으면 적절성과 전달 방식이 흐트러져서 '너무 직설적'이고 '강압적'이고 심지어 '무례한' 인상을 줄 수 있다. 또 한편으로는 자신의 문화적 언어를 바탕으로 다른 문화적 언어를 이해하려고 할 때 우리는 곧잘 타인의 의도를 오해한다. 그리고 오해가 쌓이면 결국 그들에 대한 고정관념을 진실로 받아들일 가능성도 커진다.

이번 장은 문화마다 말하는 시간을 분배하는 방식이 서로 다르다는 점이 어떻게 오해를 불러일으킬 수 있는지를 보여주는 사례로 끝맺겠다. 서로 다른 언어 문화를 가진 청자들은 말의 질과 양에 관한 각자의 대화 규범을 적용하므로 상대방의 대화 리듬과 속도를 받아들이는 방식에 차이가 생긴다. 우리가 어떤 언어의 단어를 오해할 수 있는 것처럼 말하는 양이나 겹쳐 말하기에 나타나는 문화적 언어 역시 잘못 해석할 가능성이 있다. 다른 언어 문화의 말하기 리듬을 자신의 문화

기준에 따라 평가하면 그 말이 어딘가 '이상하게' 느껴지기도 하는 것처럼 말이다.

_____ 차례를 지키는 화자, 빠른 화자, 경청형 화자

나는 내 인내심이 평균 수준 정도는 된다고 생각한다. 인내심을 1부터 10까지 점수로 매긴다고 할 때 1점은 줄서는 일을 극도로 싫어하는 수준, 10점은 나무늘보처럼 느긋한 수준이라고 해보자. 나는 아마 딱 중간인 5점쯤 될 것이다. 줄서기를 정말로 싫어하는 사람의 눈에 나는 권위에 순응하고 군중을 따르는 순한 양처럼 보일 것이다. 반대로 인내심이 10점인 사람의 눈에는 내가 줄을 무시하고 새치기하는 무례하고 배려 없는 사람처럼 보일 것이다. 사람마다, 문화마다 대화 도중에 말할 차례를 기다릴 때 얼마나 인내해야 하는지를 판단하는 저마다의 기준이 있다. 말하기 위해 기다려야 하는 적당한 시간의 길이가 다르다는 뜻이다.

내가 줄서기에서 애매한 5점에 머무는 이유는 간단하다. 매일 3가지의 서로 다른 줄서기 문화를 오가며 살기 때문이다. 나는 공공장소에서 효율성을 극대화하기 위해 집단 줄서기를 장려하는 문화권에서 태어났고, 다양성을 존중하는 환경에서 평등을 위해 개인의 말하기 차례를 공식적으로 분배하는 직장 문화를 거쳤으며, 개인성과 리더십을 희생시킨다는 이유로 줄서기에 강력하게 반대하는 문화적 신념을 가진 배우자와 살고 있다. 이렇게 3가지 서로 다른 줄서기 문화를 가까이에서 접하다 보니 일본, 미국, 프랑스의 줄서기 방식에 저마다의 장단점이 있다는 사실을 깨달았다.

대화 속 줄서기는 물리적인 줄서기와 비슷하다. 하지만 소포를 부치기 위해 줄을 설 때와는 달리 누가 말할 차례를 기다리고 있는지는 눈에 보이지 않는다. 만약 그러한 상황을 눈으로 볼 수 있다면 다양한 말 분배 방식을 단번에 알아차릴 것이다.

스펙트럼의 한쪽 끝에는 차례를 기다리지 않고 바로 말을 꺼내는 빠른 화자들pacey talker이 위치한다. 질문을 자주 던지고 다른 사람들의 말에 겹쳐서 말하는 경향이 있는 화자들이다. 스펙트럼의 반대쪽 끝에는 내가 경청형 화자listener-talkers라고 부르는 사람들이 자리한다. 이들은 대화가 진행되는 흐름 속에 자신을 조심스럽게 끼워 넣는 매우 자제력 있는 말하기 속도를 지녔다. 스펙트럼의 가운데에는 상황을 보며 자신의 차례를 기다리는 청자들이 있다. 대부분의 사람에게 가장 익숙하고 흔히 권장되는 방식이 바로 이 중간 스타일이다. 말할 차례를 기다리는 게 비교적 실행·관리가 쉽고, 공정한 말하기 분배 체계처럼 보이기 때문이다.

많은 사람들은 여러 줄서기 문화가 섞인 혼합형 스타일을 가지고 있어서 상황이나 장소에 따라 태도가 달라진다. 한 사람의 말하는 방식이 정반대로 나타날 때도 있다. 직장에서 말하는 방식, 친구나 가족과의 관계에서 말하는 방식이 한 사람에게서 나타나기도 한다.

이제부터는 우리에게 별로 익숙하지 않은 말 분배 방식을 살펴본 다음 다시 강한 유대 관계에서 나타나는 중간형 말 분배 방식으로 돌아가, 우리가 '정상'이라고 여기는 말하기 속도가 다른 유형의 화자들에게는 왜 낯설게 느껴지는지를 알아보겠다.

＿＿＿＿ 빠른 화자
: 말의 공유가 만들어내는 역동적 포용

어느 학회에서 강연을 끝냈을 때 한 학자가 내게 질문을 하러 다가 왔다. 알고 보니 질문은 하나가 아니라 둘, 아니, 셋이었다. 다 합쳐서 4개나 5개쯤 되었을지도 모르겠다. 정확히 기억나지는 않는다. 그는 연달아 질문을 던졌고 내가 첫 번째 질문의 답을 끝내기도 전에 두 번째 질문을 던졌다. 속사포처럼 질문을 쏟아내서 듣는 입장에서 따라가기가 벅찰 정도였다. 영화 〈월리스와 그로밋: 전자바지 소동〉에서 그로밋이 달리는 열차에 올라탄 채로 펭귄에게 쫓기면서 동시에 미친 듯이 열차 앞에 선로를 깔던 장면이 떠올랐다. 내 답변은 중간에 멈췄다가 다시 시작되기를 반복되었다. 만약 그 대화가 녹취되어 글로 남았다면 나는 아마도 질문에 제대로 답하지 못하는 사람처럼 보였을 것이다.

그 질문자는 물론 악당 펭귄이 아니다. 사회언어학자 데보라 태넌[Deborah Tannen]이었다. 그는 자신의 저서 『Conversational Style: Analyzing Talk among Friends』에서 빠른 속도의 뉴욕-유대인식 말하기를 '기관총식 질문[machine-gun questioning]'이라고 불렀다.[5] 기관총식 질문은 질문자가 어떤 사람이나 그 사람이 말하고 있는 주제에 대한 관심을 표현하기 위해 여러 질문을 연달아 던지는 문화적 말하기 방식이다. 이러한 매우 빠른 속도의 말하기 방식은 줄서서 차례를 지켜 말하는 화자에게는 모두가 동시에 말하고 있는 것처럼 느껴진다. 이 문화적 말하기 방식을 구사하지 않는 사람이라면 대화에 참여하는 대신 그저 입을 다물기를 선택할지도 모른다.

그러나 같은 방식의 기관총식 질문을 사용하는 두 사람이라면 여러 질문을 쏟아내는 대화에서 오히려 친밀감을 형성하고 깊은 유대를 만들어낸다. "잘 지내? 어디 아픈 데는 없지? 부모님도 잘 지내서? 애들은 잘 있고? 여전히 일에 치여 살아? 논문은 어떻게 됐어?"라는 문장에 담긴 각각의 질문은 서로 다른 내용을 묻고 있지만 일반적인 것에서 점점 더 구체적인 것으로, 단계적으로 화제가 이어진다. 의사가 심장의 잡음을 더 정확하게 들으려고 애쓰듯, 기관총식 질문자 역시 짧게 주고받는 답변들 속에서 상대방의 상태를 빠르게 파악한다.

이에 비해 영국식 인사인 "잘 지내?[You alright?]"에 "응, 잘 지내[Yeah, alright]."라고 답하는 방식은 무심해 보인다. 때로는 말 없이 미소나 고개 끄덕임으로 축약되기도 한다. 하지만 거의 말을 하지 않고도 순간적인 유대감을 형성한다는 점에서는 같은 목적을 달성한다.

이렇듯 미국과 영국에서는 동일하게 영어를 모국어로 사용하지만 저마다 고유한 문화적인 말하기 방식이 있으며 그 둘의 차이가 매우 크다. 런던에 사는 친구가 예전에 뉴욕 출신 친구와의 약속을 미뤘다고 이야기한 적이 있다. 계속해서 질문을 퍼붓는 게 부담스러워 거리를 뒀다는 것이다. 친구는 "그는 내가 소심하고 수줍음 많은 성격이라고 오해하고 있지."라고 말했다.

다행히도 동일한 말 분배 방식을 지닌 사람들끼리는 말하기 방식을 통해 유대감을 형성한다. 최근 한 팟캐스트 진행자가 자신의 이탈리아계 영국인 가족들은 절대 서로의 말을 제대로 듣지 않는다고 불평하는 것을 들었다. 가족들이 상대방의 말에 귀를 기울이고 자기 차례를 기다리면서 말하지 않고 모두 제각기 자기 할 말만 한다는 불평이었다. 그의 가족 중에는 차례를 지켜 말하기를 바라는 이들도 있겠지만 분명 대부분은 친척들이 한자리에 모일 때마다 빠른 속도로 이루어지는 대화 방식에 만족하고 있을 것이다.

경청형 화자
: 공유된 침묵이 만드는 하나 됨

일본에 사는 외국인들 사이에는 엘리베이터를 기다리는 상황과 관련된 농담이 있다. 다른 나라에서는 보통 엘리베이터가 내려오는 데에 오래 걸리면 아이들이 버튼을 누르는 장난을 치고 있는 게 아닐까 생각하기도 한다. 하지만 일본에서는 사람들이 서로 '먼저 타시죠'라는 문화적 관습을 실천하고 있기 때문에 엘리베이터가 내려오는 데에 오랜 시간이 걸린다는 것이다.

나는 은행원들을 대상으로 한 비교 문화 연구[6]에서 '경청형 대화'라는 표현을 만들어서, 사람들이 화자가 되기보다 청자가 되기 위해 차례를 기다리는 대화 체계를 설명하고자 했다. 경청형 대화란 사람들이 말하기 위해(즉, 엘리베이터를 타기 위해) 줄을 서되 상대방이 먼저 말하도록 양보하는 방식의 말하기다. 이러한 대화 방식은 다른 문화적 관습들과 마찬가지로 습관이 되어, 상대방의 말을 듣기 위해 차례를 기다리는 것이 자연스럽고 편안한 규범이 된다. 이 방식이 다른 대화 방식보다 더 예의 바른 말하기 방식은 아니지만 경청형 화자가 아닌 사람들은 이러한 대화 방식이 경청형 화자를 지나치게, 때로는 우스울 정도로 예의 바른 듯 보이게 만든다고 말한다.

아이러니하게도 교실이나 회의실에서 이루어지는 것처럼 차례를 기다리는 화자나 빠른 템포로 말하는 화자가 주류인 상황에서는 말을 충분히 하지 않는 경청형 화자가 무례하거나 소극적이라고 평가되기도 한다. 하지만 경청형 대화 문화권에서는 말하지 않거나 말이 다소 어눌하고 매끄럽지 않더라도 진솔하고 사려 깊으며, 무엇보다 정상적으로 말하는 사람이라고 여겨진다.

빠른 대화가 말하는 사람에게 소통의 책임을 두는 반면 경청형 대화는 듣는 사람에게 책임을 둔다. 그 결과, 더 긴 경청의 여백이 나타난다. 내가 조사했던 일본인 은행가들의 회의에서는 새로운 주제로 넘어가기 전에 이전 주제를 마무리할 수 있도록 긴 침묵의 시간이 마련되었다. 가장 길었던 침묵은 8초간 이어졌다.[7] 그 긴 시간 동안 무슨 생각을 하고 있었느냐는 질문에 은행원들은 아무도 더 할 말이 없는지를 확인하며 해당 주제가 마무리되는 상황을 즐기고 있었다고 답했다.

나는 경청형 대화 문화권에서 자란 사람들이 침묵에 편안함을 느낀다는 사실을 발견했다. 이러한 대화 방식을 공유하지 않는 사람들의 경우에는 8초간 침묵이 이어지면 4~5초쯤부터 몸을 배배 꼬거나 불안한 웃음을 내뱉기 시작하고, 보통 그 시점에 누군가 말문을 열어 침묵을 깨뜨린다. 경청형 화자가 자신과 다른 말 분배 방식을 가진 사람을 만났을 때 종종 이러한 일이 일어난다. 비경청형 화자가 대화의 여백을 말로 채우기 시작하면서 기존의 불균형이 더욱 심화되는 것이다. 커지는 문화 간 오해에 대해서는 사회적 경청을 다루는 다음 장에서 자세히 살펴보기로 하자. 우선 경청형 대화에 대한 또 다른 편견을 바로잡을 필요가 있다.

경청형 대화는 이타주의에서 비롯되는 게 아니다. 말할 기회를 얻는 게 목표인 빠른 속도의 줄서기 문화처럼 '상대방이 말하게 해주는 것'이 목표가 아니라는 뜻이다. 경청형 대화는 공덕을 쌓는 승려들을 단순히 자선의 수혜자로만 보는 게 아니라, 공동체 구성원들에게 공덕을 쌓을 기회를 제공하는 능동적인 공덕의 제공자로 보는 관점과 비슷하다.

말할 차례를 기다리는 화자들이 각자의 목표를 위해 번갈아가며 말함으로써 평등을 달성하는 방식과는 달리, 경청형 대화는 사람을 중심으로 한 맥락을 통해 평등을 만드는 방식의 듣기다. 다시 말해, 경청형 화자들은 자신이 무언가를 포기하고 있다고 여기지 않는다. 그들은 '조용히 입 다물고 들어주기'를 실천하는 것이 아니라는 점을 강조하고 싶다.

──────── 자신의 세계에서 벗어나보자

프랑스의 한 빵집에서, 줄을 서 있던 미국인이 점원 앞에 섰다. 점원이 어떤 빵을 원하느냐고 묻자 그는 '일반적인 빵'을 달라고 대답했다. 점원이 이 상황을 얼마나 재밌게 받아들였을지 짐작될 것이다. 미국인이 생각하는 '일반적인 빵'이 프랑스인이 생각하는 '일반적인 빵'과는 다를 테니까.

일반적이거나 정상적인 방식이란 결국 자신이 평소에 사용하고 들어온 방식을 뜻한다. 그 기준을 벗어난 사람은 부정적인 평가를 받는다. 말의 속도만 봐도 그렇다. 미국에서는 너무 느린 속도로 말하면 지능이 낮아 보인다는 비난을 듣기도 한다. 반대로 말을 너무 빠르게 하면 신경질적이라는 평가를 받는다. '적당히 빠른' 미국 표준 영어 속도로 말해야 한다. 시트콤에 나오는 것처럼, 시카고와 뉴욕 사이 어딘

가의 카페에서 들을 법한, 어느 특정 지역으로 단정 지을 수 없는 억양을 지닌 그러한 말투 말이다.[8]

그렇다면 '적당히 빠른 이상적인 속도'란 도대체 어느 정도일까? 한 연구에 따르면 영어의 평균 말하기 속도는 느린 경우 분당 약 110단어, 빠른 경우 분당 180단어에 이른다. 경매 진행자들의 말 속도는 이보다 훨씬 더 빠르다고 알려졌지만 라디오나 팟캐스트 진행자는 보통 분당 150~160단어 정도의 속도로 말한다고 한다.

사람들은 보통 말하기 속도가 분당 140~160단어일 때 편안하게 받아들인다. 이는 평균적인 읽기 속도인 분당 200~400단어보다 확연히 느린 속도다. 우리의 뇌가 청각 정보보다 시각 정보를 더 잘 처리해서 그러한 것인지, 아니면 학교 다닐 때 듣기보다는 읽기에 집중한 탓인지 확실한 이유는 알 수는 없다. 말의 분배와 속도, 차례 지키기 같은 화법의 관행에 대해서는 아직 밝혀야 할 것이 많다.

많은 사회언어학자가 반길 만한 사실이 있다. 한 국가의 미시 문화에서도 놀라울 만큼 커다란 문화적 다양성이 존재한다는 사실이다. 영어가 주된 언어인 영국처럼 작은 나라에서도 지역마다 다양한 문화적 언어가 존재한다. 영국의 청자들은 영국 표준 영어, 웨일스어, 스코틀랜드어, 게일어 같은 여러 언어를 들을 수 있다. 언어 전문가 라이언 스타키Ryan Starkey가 만든 지도에서 소개한 것처럼 수많은 방언도 접할 것이다.[9]

스타키가 지적하듯 언어와 문화는 끊임없이 진화하며, 방언들 사이에 명확하게 구분되는 경계선은 존재하지 않는다. 사실 방언이라는 개념 자체도 문제다. 언어를 바라보는 구시대적인 사고방식이기 때문이다. 일반적으로 사람들은 서로 다른 언어들은 서로 전혀 통하지 않고, 방언끼리는 기본적으로 이해는 가능하지만 특정 단어나 '억양'이 다르면 각자의 개성이 담겼다고 여긴다. 하지만 조금 더 자세히 들여다보면 이러한 구분은 설득력이 떨어진다.

예를 들어, 스페인어와 포르투갈어는 서로 다른 언어지만 공통점이 많고, 정작 오래전부터 표준 중국어의 방언으로 여겨진 광둥어는 표준 중국어와 유사성이 그보다 훨씬 적다. 앞에서 언급한 〈새터데이 나이트 라이브〉의 영상[10]에서 보듯 동일한 언어 안에서도 발음이 너무나 다르면 특정 지역의 방언에 익숙하지 않은 사람은 거의 알아들을 수 없는 경우도 흔하다.

문화적 언어는 어디에나 존재한다. 모든 문화적 언어를 문화 간 상호 작용으로 바라보는 시각은 우리 자신의 문화와 다른 문화 사이의 관계적 공간으로 들어가는 데 도움이 된다. 그러면 강한 유대의 문화 때문에 생기는 편견으로부터 자유로워진다. 보호막 같은 경계 밖으로 나가면 타인을 오해하게 될 위험이 줄어든다.

느슨한 유대의 문화적 언어에 대한 인식을 키운다면 점점 더 양극화되고 고립되어 가는 세상에 갇히는 일을 막을 수 있다. 현재 우리는 소통의 범위가 전 세계로 확장되었음에도 여전히 새로운 규범과 오래된 규범을 잘못 해석해서 무의식적으로 고정관념을 강화하고 갈등을 부추기며 살아간다.

　자신이 속한 세계에서 잠시 벗어나 초심자의 마음가짐으로 새로운 세계에 다가가보자. 문화적 경청을 통해 타인의 관점을 이해하고 그들에 대해 알아가보자. 그러면 다양한 문화가 공존하는 사회에서 바람직한 인간관계를 맺고, 삶이 더욱 풍요로워질 것이다. 문화적 경청은 적국의 장교와 사랑에 빠지도록 해주지는 못하더라도, 다양한 문화가 존재하는 세상에서 우리가 다양한 사람들을 만날 때 어떻게 경청해야 하는지 알려준다.

문화적 경청의 7가지 핵심

- 문화 간 소통은 단순히 출신 국가, 인종, 민족성이 다른 사람들과 말하고 듣는 것을 뜻하지 않는다. 다른 언어 문화를 지닌 사람들과 말하고 듣는 것이다.

- 언어 문화가 다른 사람들 사이에서 오해가 생기는 이유는 이국적인 억양 때문에 말을 잘못 이해해서가 아니다. 언어에 표현된 문화의 차이를 잘못 이해했을 때 오해가 생긴다.

- 언어와 문화에는 여러 특징이 있다. 그중에서도 밀접하게 연결된 2가지 특징은 바로 권위에 대한 민감성과 시간에 대한 인식의 차이다. 다른 언어 문화 출신의 두 사람이 영어로 대화할 때 한 사람은 시간을 중시하고 다른 사람은 권위를 중시한다면 오해나 갈등, 고정관념이 발생할 수 있다.

- 문화마다 말이라는 행위를 중요하게 여기는 정도, 누가 얼마나 말하는지 분배하는 방식, 대화가 어떤 속도로 진행되는지 등이 다르다. 일상적인 대화에서는 차례를 지키며 말하거나 격식 있는 자리에서는 순서를 정해 발언권을 분배하기도 한다.

- 말하기에 대한 민감도는 문화마다 다르다. 바로 이 차이가 오해를 불러일으키기도 한다. 빠른 속도로 말하고 질문을 속사포로

던지며 관심을 표현하는 사람은 강압적이고 공격적인 사람으로 오해받기 쉽다. 반면 말하기보다 듣기를 중시하는 경청형 화자는 주도성이 없는 사람으로 오해받을 수 있다.

● 대부분의 사람은 지역, 사회 구조, 직업, 세대에 따라 다른 언어 문화를 오가며 살아간다.

● 문화적 경청을 하면 서로 다른 언어 문화를 가진 사람과의 대화를 올바로 준비할 수 있다.

이번 장의
핵심 요약 ②

문화적 경청을 위한 3가지 성찰
: 문화 감도 조율하기

● 문화가 국가를 넘어서 지역, 사회 집단, 직업, 세대까지 포함하는 개념이라고 생각할 때 당신은 몇 개의 문화에 속해 있다고 느끼는가?

● 시간과 권위 중에서 당신은 어느 쪽에 더 민감한가? 둘 다에 똑같이 민감한가? 아니면 사람과 상황에 따라 민감성이 달라지는가? 대화 중에 이러한 문화적 언어의 특성이 서로 맞지 않는다고 느낀 적이 있는가?

● 당신은 빠른 화자인가, 경청형 화자인가, 아니면 차례를 기다리

는 화자인가? 혹은 3가지가 모두 섞인 유형인가? 당신은 어떻게 말을 분배하는 문화권에서 자랐는가? 당신은 회사나 집처럼 자신이 속한 언어적 문화와 다른 환경에서 말하기 속도를 조절하는가? 어느 쪽이 더 편한가? 대화 중에 말의 분배 방식이 서로 맞지 않는다고 느낀 적이 있는가?

7

사회적 경청

관계를 조율하는 윤활제

社交

기업 CEO 타쿠 와타나베는 새로운 사업의 출범을 알리는 행사장에서 턱시도를 입고 바 근처를 지나가던 중이었다. 한 직원이 그에게 칵테일을 만들어 달라는 요청을 했다. 일본어가 모국어고 영어를 제2언어로 사용하는 타쿠는 직원이 무안해할까봐 직접적으로 거절의 말을 하지 않고 돌려서 거절하려 했던 웃지 못할 일화를 들려준다.

"그래서 내가 뭐라고 대답했는지 알아요? '아, 사실 제가 모히토는 만들 줄 몰라요'라고 했죠."

바텐더가 칵테일을 만들 줄 모른다는 사실을 이해할 수 없던 직원은 "모히토를 만들 줄 모른다고요?"라고 되물었다. 타쿠가 칵테일을 만들지 않고 바를 지나칠 수 있던 두 번째 기회였다. 하지만 앞으로 함께할 직원들과 좋은 관계를 쌓고 싶었던 그는 정중하게 이유를 설명했다. "네, 미안해요. 저는 싱가포르 슬링밖에 만들 줄 몰라요."라고 말이다. 이쯤 되면 직원도 상황을 파악하고 무사히 대화가 마무리될 줄 알았다고 타쿠는 말했다.

타쿠가 곧 연설해야 할 연단 쪽을 힐끗 바라보던 순간 등 뒤에서 "그러면 싱가포르 슬링을 만들어주세요."라는 목소리가 들려왔다. 시간이 촉박했지만 타쿠는 자신이 바텐더처럼 보이냐고 농담을 건네며 칵테일을 섞기 시작했다. 싱가포르에 살던 시절 싱가포르 슬링을 만드는 법을 배웠다는 짧은 이야기를 들려주며 가벼운 잡담을 이어갔다. "싱가포르에서 바텐더였어요?"라고 직원이 물었지만 다행히 그때 진짜 바텐더가 돌아왔다. 타쿠는 미소를 지으며 칵테일을 건넸고, 마침내 연설을 하러 갈 수 있었다.

비록 유쾌한 결말로 끝났지만 나는 종종 이 이야기를 인류학자 그레고리 베이트슨Gregory Bateson이 말한 '보완적 분열 생성complementary schismogenesis'의 사례로 언급하곤 한다. 보완적 분열 생성은 자신이 잘 아는 방식으로 문제를 해결하려다 오히려 일을 악화시키는 상황을 가리킨다. 타쿠는 상황을 좋게 넘기려 했지만 정작 바텐더가 돌아와 그를 구해줄 때까지 그 대화에서 빠져나오지 못했다. 직원도 칵테일을 받기까지 여러 차례 실랑이를 거쳐야 했다.

의사소통 상황에서 발생하는 보완적 분열 생성의 사례가 항상 이렇게 유쾌하게 끝나지는 않는다. 대표적인 예로는 앞에서 살펴본 콜롬비아 비행기 아비앙카 052편의 승무원과 관제사 사이의 상호 작용을 들수 있다. 승무원들은 권위를 우선시한 반면 관제사는 여러 비행기를 시간 맞춰 착륙시키는 것이 목표였다. 양측의 우선순위와 목표가 충돌하면서 문제가 발생했다. 상황을 해결하려는 과정에서 양측은 각자의 문화적 가치를 반영한 대화에 집중했고, 결국 참사로 이어지고 말았다. 이처럼 문화적 가치의 차이는 보완적 분열 생성을 초래한다. 직설적인 방식과 간접적인 방식의 차이로 나타난 직원과 타쿠의 대화처럼 의사소통 스타일의 차이도 보완적 분열 생성으로 이어질 위험이 크다.

실제로 직설적인 소통 방식과 간접적인 소통 방식의 차이에서 비롯되는 보완적 분열 생성은 특히 판매자와 구매자 사이에서 자주 발생한다. 상인이 전통 공예품을 팔려고 애쓰고, 미국인 관광객이 구매를 거절하려 할 때처럼 말이다. 앞선 사례의 타쿠처럼 관광객이 좋게 말하며 상황에서 벗어나려고 할수록 상인은 물건을 팔기 위해 더욱 적극적으로 밀어붙였다. 결국 관광객은 공예품 3개를 샀는데, 그중 하나가 국보급 문화재로 밝혀져 체포되었다.[1]

커뮤니케이션 연구자들은 타쿠가 사용한 간접적인 소통 방식이 여성의 무력함이나 소극성을 보여준다고 해석한다. 하지만 이러한 소통 스타일은 특정 국가나 성별에 따른 무기력함을 뜻하지 않는다. 오히려 관계에 대한 메타 메시지를 전달하기 위해 선택된 사회적 경청 도구다. 간접적인 소통 방식이 사용될 때 화자는 '칵테일', '공예품', '행사' 등 무언가에 관한 메시지를 전달하는 동시에, 관계에 대한 메타 메시지도 함께 전달한다. '무안해하지 마세요, 사실 저는 바텐더가 아닙니다', '기분 나쁘게 듣지 마세요, 하지만 저는 공예품을 사고 싶지 않습니다'라는 메시지를 전하는 것이다.

일본인 CEO든 미국인 관광객이든, 누군가가 간접적인 표현을 사용할 때 그는 사회적 경청을 발휘한 것이다. 이러한 사회적 경청은 청자가 그 순간 진행 중인 대화에서 메타 메시지를 듣고 이해할 수 있도록 도와준다. 사회적 경청은 문화적 상황에 담긴 내용과 맥락을 함께 인식하고 분석할 수 있도록 도와주며, 이를 통해 지금 그 자리에서든 다음 만남에서든 대화를 더 나은 방향으로 이끌 기회를 제공한다.

이번 장에서는 앞 장에서 다룬 문화적 경청의 개념을 바탕으로, 사람들이 대화할 때 그 속에서 한 집단의 문화적 가치가 어떻게 드러나는지를 살펴보려고 한다. 사회적 경청은 개인의 문화를 더 깊이 이해하도록 도와준다. 실제 상호 작용 속에서 어떻게 자신이 원하는 가치를 드러내고 타인을 이해하는지를 집중해서 살펴보자.

또한 이번 장에서는 대화의 놀이 요소들을 조금 더 자세히 살펴보면서 미국, 호주의 연구자들이 여성적 스타일로 분류하는 의사소통 방식과 일본의 대화 스타일을 비교해볼 것이다. 구체적으로 말하자면 간접적인 대화 방식에 어떤 특징이 있는지 살펴볼 예정이다. 거절 피하기, 말끝을 올리는 억양, 비언어적 친밀감 표현 등이 간적접인 대화 방식에 포함된다. 모두 관계에 대한 메타 메시지를 전달하는 방식이지만 영어권에서는 여성적인 발화 방식으로 간주되어왔고, 자신감이 부족한 태도로 여겨졌다.

그다음에는 영어에서 특정 성별의 말투로 인식되어온 장난스러운 대화 방식을 살펴보고, 오늘날에도 여전히 그렇게 들리는지를 생각해 볼 것이다. 마지막으로 영어라는 언어 자체에 성별을 구분하는 특성이 있는지 되짚어보고, 사회적 경청을 통해 어떻게 말하는 이의 성별을 가늠하는지도 함께 살펴보고 싶다. 사회적 경청은 성별화된 문화를 위한 것만은 아니지만 경청을 연습하고 확장하기에 좋은 출발점이 된다. 다양한 형태의 사회적 경청을 살펴보는 동안 자신이 그중 어디에 속하는지 생각해보자.

그냥 No라고 말하라

'그냥 No라고 말하라 Just Say No'는 1980~1990년대 미국에서 마약과 전쟁을 선포하며 진행한 캠페인 문구였다. 이 문구에 대한 사람들의 반응은 엇갈렸다. 마약 사용으로 인한 보건 위기를 과소평가하고, 가볍게 여겼다는 비판도 있었다.

정신 건강 전문가들은 자신만의 선을 분명히 설정하려면 때로 거절도 해야 한다고 조언한다. 하지만 타인의 부탁을 거절하는 일을 어렵게 느끼는 사람들이 많다. 심리학자들은 그 이유가 괜찮은 사람처럼 보이려는 사회적 압박 때문이라고 본다. '안 된다고 말하는 두려움

fear of saying no', 줄여서 'FOSNO'라 불리는 이 현상은 미국인 관광객과 타쿠의 사례처럼 원치 않는 일을 마지못해 받아들이면서 'yes'라고 말하게 만들기도 한다. 연구자들에 따르면 일상적인 상호 작용에서 간접적인 소통 방식을 선호하는 사람들은 가고 싶지 않은 행사에 가겠다고 하거나 하지 않아도 될 일을 맡겠다고 나서는 경향을 보인다.

거절은 언제나 쉽지 않다. 그리고 문화적 가치가 얽혀 있을 때는 더더욱 어렵게 느껴진다. 예를 들어, 관제사가 착륙 절차를 따르라고 하거나 상사가 마감일까지 프로젝트를 끝내라고 요구하는 경우처럼 권위 있는 사람의 요청일 때는 동료가 요청했을 때보다 반대하거나 거절하기가 훨씬 어렵다. 생일이나 기념일 저녁에 참석하는 일처럼 사회적 규범에 따라 강화된 가족 중심의 문화적 가치 역시 거절을 어렵게 만든다. 대개 이럴 때 우리는 간접적으로 즉, 사회적으로 예의를 차린 방법을 이용해서 거절을 표현한다.

실제로 이러한 상황에서 우리는 'no'라는 말을 직접적으로 사용하지 않는다. 농담을 하거나 화가 나 있지 않은 이상 그렇다. 전 세계 모든 언어에 'no'라는 단어를 쓰지 않고도 거절을 표현하는 다양한 방식이 존재한다는 사실만으로도, 우리가 얼마나 자주 간접적인 의사소통을 사용하는지를 알 수 있다. 영어에서만 보더라도 거절을 표현하는 방식은 직설적인 '아뇨, 괜찮습니다 No, thank you'나 격식을 갖춘 '안 될 것 같군요 I'm afraid I can't'부터, 간접적인 '이번 기회는 넘겨야 할 듯하군요 I'm going to have to pass', 가벼운 '괜찮아 I'm good'에 이르기까지 다양하다.

때로는 초대를 받아들이지 못하는 데에 사과함으로써 거절을 표현하기도 한다. 예를 들어, "미안해, 끝내야 할 일이 있어서."라고 말하는 식이다. "다음에 해도 될까?" 또는 "다음은 어때?"처럼 대안을 제시하는 방식으로 거절하기도 한다. 아래에 제시된 'no'라고 말하는 10가지 표현을 살펴보면서 당신이 평소에 사용하는 말이 있는지, 혹은 앞으로 사용할 만한 말인지 생각해보자.

영어로 거절을 표현하는 10가지 방법

1. 아니, 고마워No, thank you.

2. 안 될 것 같아I'm afraid I can't.

3. 그러고는 싶은데 안 돼I would love to but I can't make it.

4. 그러고는 싶은데 아쉽지만 안 되겠어I wish I could, but unfortunately, I can't.

5. 일이 있어I've got a work commitment.

6. 말만 들어도 좋은데 안 될 것 같아That sounds amazing but I can't.

7. 아, 이런! 다음을 기약해도 될까?Oh no! Can I take a rain check?

8. 이번 기회는 넘길게I think I'll pass.

9. 별로야Not really.

10. 난 괜찮아I'm good.

언어 능력을 갖췄다는 말에는 매우 간접적인 거절 표현을 듣고 사회적 경청을 활용하여 그 말이 실제로 거절을 뜻한다는 사실을 추론하는 능력이 포함된다. 이 모든 과정은 정보적 경청을 다룬 장에서 살펴본 협력 원칙에 기반한다. 사회적으로 유능한 청자는 간접적인 거절을 들었을 때 화자가 예의 바르게 말하려 했다는 메타 메시지를 이해한다. 간접적인 의사소통은 격식 있는 상황이든 비격식적인 상황이든 관계를 고려하는 대화 방식이기 때문에 사회적인 경청을 통해 상대방이 선호하는 선택지가 간접적인 거절임을 알아차림으로써 대화가 갈등으로 이어지지 않는다.

일본어는 거절을 표현하기에 매우 유용한 언어다. 동사를 문장 끝에 놓는 구조여서 동사를 말한 뒤에 문장을 마치기 전 부정을 얼마든지 덧붙일 수 있다. 중복 부정이나 여러 번의 부정을 사용하는 것에 대한 문법적 제약도 없어서, 여러 번의 '아니오'로 이루어진 간접적인 거절 표현도 가능하다. 일본어 화자는 권위를 가진 사람이든 아니든 남녀노소 모두 이러한 방식으로 말한다. 이처럼 언어는 사회적 상호작용 속에서 문화적 선호가 발현될 수 있도록 가능하게 해준다.

일본인들은 청자가 화자로 전환될 때 과제보다 관계를 우선시하는 경향이 있다. 이는 바텐더로 오해받아서 결국 칵테일을 만들어준 CEO 타쿠의 일화에서도 엿볼 수 있는 일면이다. 또 내가 연구한 일본 은행가들의 회의에서도 그랬다. 한 관리자는 어떤 제안에 반대한다는 뜻을 전하기 위해 3가지 간접적인 비언어적 신호로 거절 의사를 나타냈다. 이어서 반대한다는 뜻을 간접적으로 전달하기 위해 문장 끝에 6개의 부정형 단어를 덧붙였다. 다음은 일본어로 진행된 회의에서 관리자가 거절 이유를 설명한 발언을 번역한 것이다.

> 음, 그러니까, (제가) 그게 전혀 가능성 없는 일이라고는, 아니라고는 할 수 없다고는 말하지 않겠다는 건 아니에요. 그러니까 다시 말해서, (제가) 그 일이 일어날 수 없다고 말하고 싶은 건 아니에요. 그렇게는 말할 수 없어요.

비록 매우 간접적인 방식으로 에둘러 표현되었지만 다른 중간 관리자들은 그 관리자의 거절 의사를 이해할 수 있었다. 이는 그가 말하기 전에 3가지나 되는 비언어적 신호(숨을 들이마시는 동작, 아래로 향한 시선, '음'이라는 말로 나타난 망설임)를 표현했기 때문이다. 듣고 있던 은행가들은 극도로 간접적인 의사소통 방식의 묘미를 즐기며 웃었고, 그 중 한 명은 자신이 이러한 식으로 말하면 미국인 동료들이 어떻게 받아들일지 모르겠다고 농담을 던졌다. "큰일이네요. 다 녹음됐는데. 인사고과에 큰 마이너스가 될 거예요."라는 말도 덧붙였다. 이렇듯 간접성을 중시하는 문화권에서 나타나는 극도의 간접 표현은 듣는 사람들에게 유대감을 형성하는 긍정적인 방식으로 받아들여질 수 있다.

긍정적 유대를 형성하는
비언어적 즉시성

　미국에서 여성들 사이의 사회적 유대는 간접적인 비언어적 소통을 통해 형성된다는 연구 결과가 나왔다. 호감 형성의 표현 방식으로 비언어적 행동이 나타난다는 것이다. 심리학자 앨버트 메라비언 Albert Mehrabian은 여성이 남성보다 더 자주 '비언어적 즉시성nonverbal immediacy'을 활용해 친밀감을 형성하고 전달한다는 이론을 제시했다. 이후 다른 연구자들도 신체적 근접성, 지속적이고 길게 이어지는 눈맞춤과 응시, 미소, 그리고 올라가는 억양과 같은 비언어적 즉시성이 여성 화자들의 상호 작용에서 친밀하고 따뜻한 분위기를 조성하기 위해 사용된 방식으로 관찰되었다고 덧붙였다.[2, 3]

　일부 연구는 언어적·비언어적 즉시성에 능숙한 태도가 인간관계를 원만하게 만든다고 본다. 하지만 다른 연구자들은 비언어적 즉시성이 특히 호감을 얻기 위한 수단으로 사용될 때 관계에 부정적인 영향을 준다고 여긴다. 예를 들어, 성별 불평등을 연구하는 사회심리학자들은 여성의 친화적인 태도와 거절을 피하려는 성향이 '여성은 누구에게나 호감 가는 존재여야 한다'라는 사회적 규범을 더욱 강화한다고 비판한다.

　의사소통을 하는 중에 나타나는 호감은 사회적으로 학습된 특성으로 이해될 수 있으며, 이는 자기 조절적인 동시에 수행적인 성격을 지닌다. 따라서 간접성과 같은 비언어적 친밀감은 화자가 청자에게 주는 인상을 관리하는 방식이 된다.

비언어적 친밀감의 한 예로, 호주 연구자들이 '고조 억양high-rising intonation, HRT'이라고 부르는 말투가 있다. 이 억양에는 부정적인 인식이 따라붙는다. 1장에서 '14개의 마음으로 듣기'를 다룰 때 고조 억양을 듣는 법에 관해 이야기했다. 원래는 말끝을 내리는 억양으로 말하는 평서문을 마치 질문을 던지듯 말끝을 올려서 말할 때 청자는 그 억양의 변화 속에서 숨은 의미 즉, 메타 메시지를 읽어낼 수 있다. 이러한 억양의 변화를 들으며 청자는 그 안에서 관계에 관한 메타 메시지를 감지한다. 내가 직장 동료에게 퇴근 후 열리는 행사에 대해 "나 오늘 행사에 갈까 해?"라고 말한다고 해보자. 이 말 속에는 '행사에 갈 것 같다'라는 문자 그대로의 의미 외에 적어도 3가지 이상의 메타 메시지가 담겨 있다.

1. 나는 행사에 갈지 아직 100% 확신하지 못하고 있다.
2. 나는 그 행사가 흥미로울지 확신이 없다.
3. 나는 동료도 갈 건지 묻고 있다.

고조 억양은 호감을 얻기 위해 수행하는 전략으로 들리지만 동시에 화자와 청자 사이의 관계적 공간에서 연결을 시도하는 초대로도 들린다. 강한 유대로 연결된 관계에서 진정성 있게 받아들여질 때 고조 억양은 '우리 함께 시간을 보낼까?'라는 연결의 신호로 작용한다.

한때 언론이 캘리포니아 남부의 10대들이 사용하는 고조 억양을 부정적으로 묘사한 적이 있었다. 이 고조 억양 화법에는 '밸리 걸 말투 Valley Girl Speak'라는 이름이 붙었다. 호주의 연구자들은 오래전부터 고조 억양이 나이 든 사람들보다 젊은층, 남성보다 여성 사이에서 더 흔한 의사소통 방식이라고 설명했다.[4] 곧 고조 억양은 '이상하고 생각 없는 젊은 여성들'의 이미지를 대표하는 억양으로 자리잡았다. 언론의 주목을 받으면서 고조 억양은 '업토크uptalk'라는 새 이름으로 불리게 되었고, 불안함과 자신감 부족을 뜻하는 말투로 여겨졌다.

그러나 단어가 하나만 놓여 있으면 아무런 의미가 없듯이 의사소통 방식도 그 자체로는 의미를 갖지 않는다. 사람들이 의사소통 방식에 의미를 부여하고, 의사소통 방식을 규제하고 규범화할 때 사회적으로 의미를 갖는다. 더 최근의 연구들은 젊은 남성들도 업토크 억양을 사용해 말한다는 사실을 밝혀내는 중이다.[5] 이는 업토크가 한때 여성적인 의사소통 방식이었다 하더라도, 시간이 지나면서 그 사용층이 빠르게 달라질 수 있다는 점을 시사한다.[6] 의사소통 방식은 그 방식이 속한 시대의 사회적 환경을 반영하기 때문에 맥락이 바뀌면 사용자들도 달라진다.

사회적 환경은 의사소통 방식이 어떻게 들리는가에 영향을 준다. 같은 연구에서 업토크를 사용한 젊은 남성들은 대체로 불안하거나 자신 없어 보인다는 부정적인 평가를 받지 않았다.[7] 이는 업토크가 본질적으로 불안감이나 무력함의 신호가 아니라, 단지 사회문화적으로 그렇게 인식할 때만 부정적인 의미로 받아들여진다는 점을 뜻한다.

심리학자 앤 밀러Anne Miller는 사람들이 쉽게 공감할 수 있는 소통 방식 즉, '공감 가능성relatability'과 관련된 연구를 진행했다. 그는 연구를 통해 직장에서 지위가 높을수록 비언어적 친밀감을 드러내는 표현이 줄어든다는 사실을 발견했다. 이는 사회적 지위가 소통 방식 자체를 바꿀 수 있음을 보여준다.

업토크에 관한 연구에서도 남성들이 여성과 함께 있을 때 업토크를 더 자주 사용한다는 사실이 밝혀졌다.[8] 남성들이 자신의 화법에 변화를 주고, 청자의 화법에 맞추려고 말하는 방식을 조율하고 있던 것이다. 결국 소통 방식은 그 시대의 전반적인 사회적 분위기뿐 아니라, 청자의 성별·화자의 지위에 따라서도 달라질 수 있다는 뜻이다.

밀러의 연구를 조금 더 자세히 들여다보자. 그의 연구에서 미국에서는 여성이 남성보다 설득력 있는 비언어적 친밀감을 더 많이 사용하는 경향이 있었지만 브라질과 케냐에서 시행한 같은 연구에서는 남녀의 차이가 나타나지 않았다.[9] 이 결과는 간접성이나 비언어적 친밀감과 같은 개인의 의사소통 방식이 성별뿐 아니라 국가 문화와의 교차적 영향 속에서 결정된다는 사실을 보여준다. 내가 연구한 일본인 은행가들의 비즈니스 회의 연구에서도 남성과 남성 간의 비공식적인 상호 작용에서 비언어적 친밀감의 표현이 나타났다. 그동안 직장에서 남성 간에는 친밀감이 빠진 상호 작용을 한다고 여겨왔다는 점을 고려하면 놀라운 발견이었다.

내가 그러한 비언어적 친밀감을 발견한 것은 샌프란시스코에서 열린 일본인 중간 관리자들의 회의에서였다. 한 남성 관리자가 담배에 불을 붙이자 다른 남성 중간 관리자가 재떨이를 밀어주며 금연 정책을 언급했다. "이 정책을 도입한 사람이 다름 아닌 당신이잖아요."라며 농담을 던진 것이다. 다른 회의 참석자들도 따라서 웃자 그 관리자는 담배를 비벼 끈 뒤 자신을 지적한 동료의 손을 가볍게 두드리고는 회의를 계속 이어갔다.

이렇게 남성들로 이루어진 관계에서도 비언어적 친밀감을 통해 서로의 행동을 인식·조율한다. 이러한 모습은 북미와 북유럽 외에도 남미, 지중해, 유럽, 중동, 동아시아, 남아시아, 동남아시아, 아프리카 등 여러 지역에서 관찰되었다. 이는 적어도 그 지역에서는 비언어적 친밀감이 여성에만 국한된 의사소통 방식이 아니라는 점을 시사한다.

사람들이 관계 속에서 호감을 표현하는 방식은 문화적·사회적·개인적 관계가 맞물리는 흐름 속에서 이루어지므로 사회적 경청을 사용하면 호감이 어떤 상호 작용 속에서 어떻게 나타나는지 들린다. 동성 간이든 이성 간이든, 의사소통의 역동성에 주의를 기울이면 사회적 경청을 통해 대화 속에서 실제로 문화가 어떻게 작동하는지 생생하게 들여다볼 수 있다. 이를 통해 우리는 타인의 문화적 가치관과 그들이 따르는 사회적 규범을 알아차린다. 사회적 인식이 변화함에 따라 사회적 경청을 하려면 서두르지 않고 천천히 귀를 기울여야 한다. 그래야 전통적인 문화가 남긴 메아리와 더불어 변화하는 현재의 목소리까지 함께 들을 수 있다.

사회적 경청을 사용해 들을 때 우리는 상대방의 의사소통 방식을 평가한다. 좋거나 나쁘거나, 강하거나 약하거나 등을 말이다. 하지만 언어는 문화에 영향을 미치기도 하며, 새로운 세대는 새로운 의사소통 방식을 만든다는 점을 기억해야 한다. 이에 대해서는 다음 장인 세대적 경청에서 자세히 살펴볼 것이다.

우리는 대화를 나누며 다른 청자들과 관계를 맺고 그들을 배려하려는 사회적 목적을 위해, 협력 원칙의 경계를 확장해나간다. 사회적 경청은 '경청 민감성'을 실천함으로써 어린 언어 학습자들뿐 아니라 초심자의 마음가짐을 지닌 나이 든 언어 학습자들까지 시대에 따라 달라지는 다양한 소통 방식을 능동적으로 익히고 참여할 수 있게 해준다.

과제 중심의 듣기, 관계 중심의 듣기

1915년 심리학자 에드거 루빈Edgar Rubin은 훗날 '루빈의 꽃병Rubin's Vase'으로 널리 알려지는 주제로 박사 논문을 썼다. 루빈이 고안한 그림은 보기에 따라 꽃병으로도, 마주 보고 있는 두 얼굴로도 보인다. 시각이 2가지 이미지를 동시에 인지할 수 없다는 점을 설명하기 위해 고안된 그림이다. 하나를 시각화하면 다른 하나는 자동으로 배제된다. 시선이 머무는 경계에서 꽃병이 보이면 두 얼굴은 사라지고, 반대로 두 얼굴이 보이면 꽃병은 사라진다. 우리는 꽃병과 얼굴이라는 두 이미지를 모두 볼 수 있다. 하지만 두 이미지를 동시에 볼 수는 없다.

루빈의 꽃병이라는 개념을 사회적 상호 작용에 적용해보자. 인간은 대화 속에서 과제task와 관계relationship 둘 모두에 집중할 수 있는 능력을 갖추고 있지만 이 둘을 동시에 수행하는 일은 쉽지 않다. 루빈의 꽃병을 듣기에 접목해보자. 우리는 한 사람과 그 사람이 전달하는 징보를 동시에 들을 수는 있지만 실제로는 둘 중 하나에 더 집중하게 되는 경향이 있다.

시각이나 청각에서 선택적으로 주의를 집중하는 것처럼 대화를 나눌 때도 우리는 특정 부분에 초점을 맞춘다. 대화 중일 때 우리의 초점은 꽃병이라는 즉각적인 상황에 맞춰질 수도 있고, 또는 두 사람이 마주보며 이야기하고 듣는 맥락, 곧 대화 속 사람들 사이의 관계에 맞춰질 수도 있다. 긴박한 순간, 특히 앞에서 말한 미국인 관광객과 CEO 타쿠처럼 스트레스가 많거나 혼란스러운 상황에서는 종종 자신에게 가장 익숙한 대화 방식에 초점을 맞추고 한 가지 듣기 전략만 사용해 문제를 해결하려는 경향을 보인다.

인간관계에서의 갈등을 연구하는 조직심리학자 카렌 젠Karen Jehn은 루빈의 꽃병 그림을 변형한 버전을 제시했다. 그에 따르면 어떤 갈등은 눈앞의 과업(꽃병)에 초점을 맞추는 반면 다른 갈등은 관계(배경에 있는 두 얼굴)에 초점을 둔다. 젠은 아이디어를 둘러싼 과업 중심의 갈등은 건설적일 수 있지만 관계 중심의 갈등은 적대감과 인신공격으로 이어지는 경향이 크다고 주장했다.[10] 그래서인지 갈등 해결 전문가들은 대개 관계 갈등은 최소화하고, 과업 갈등은 잘 관리하기를 권한다.

한편 젠더학자들은 갈등 상황에서 남성은 과업에 집중하는 반면 여성은 관계에 더 초점을 맞추는 경향을 보였다고 주장했다. 남성과 여성에게 고유한 의사소통 방식이 있다고 보는 견해에 모든 연구자가 동의하는 건 아니지만 성별에 따른 의사소통 방식의 차이가 갈등을 유발하거나 갈등의 본질을 흐리며 혼란을 초래할 수 있다는 주장에는 대체로 뜻을 같이한다. 다음의 대화는 룸메이트인 안나와 데이비드 사이에서 벌어진 혼란을 보여준다. 데이비드는 음악 축제 티켓을 막 구입한 상황이다.

안나: 티켓을 벌써 샀어?

데이비드: 축제가 토요일인데 너 그날 일 안 하잖아, 그래서….

안나: 내가 당연히 갈 거라고 생각한 거야?

데이비드: 아니, 축제는 그날 딱 하루만 하는 거고 티켓도 금방 매진될 수 있잖아-

안나는 데이비드가 이미 티켓을 샀다는 사실을 알게 되었을 때 그가 자신의 일정은 고려하지 않고, 미리 물어보지도 않았다는 점에 놀란다. 데이비드는 비난하는 뉘앙스를 느끼고는 안나가 일하지 않는

날에 축제가 열리기 때문에 티켓을 샀다고 변명하며 자신의 행동을 정당화한다. 지금까지의 내용을 바탕으로 보면 이 상황이 보완적 분열 생성으로 발전하고 있음을 알아차릴 것이다. 한 사람은 티켓을 구매하는 과업에 관해 이야기하고, 다른 사람은 구매 과정에서 자신의 의견이 고려되었어야 한다는 점을 말하고 있다.

과업 중심의 접근이 남성적이고, 관계 중심의 접근이 여성적이라는 점에 대해서는 연구자들 사이에 이견이 있다. 그러면서도 과업 중심의 의사소통과 관계 중심의 의사소통을 구분해야 의사소통 상황에서 발생할 오해를 명료하게 밝히는 데 도움이 된다는 점에는 비교적 일치된 견해를 보인다.

나는 일본인 관리자들 사이의 의사소통을 연구할 때 조직 전문가들이 '비과업적 탐색 발화non-task sounding'라고 부르는 사례를 여럿 발견했다. 비과업적 탐색 발화는 회의에 참석한 다른 사람들의 반응이나 입장을 떠보는 데 사용되는 긴 서두의 형태로 나타난다. 전원이 남성으로 구성된 그룹에서 이루어진 이 비과업적 탐색 발화는 과업 중심적이 아니라 관계 중심적이었고, 잡담처럼 들려서 비일본어권 경영진들은 시간 낭비라고 여기고는 혼란스러워했다. 여기에서 주목해야 할 부분은 사회적 경청에 과업-관계 도구를 적용하면 남성과 여성, 일본인과 일본인이 아닌 화자 등 서로 다른 의사소통 방식을 사용하는 사람들 간의 차이를 발견할 수 있다는 부분이다.

다양한 의사소통 방식을 예리하게 파악해야 천천히 경청할 수 있고, 대화의 흐름이 인신공격으로 치닫거나 보완적 분열 생성을 거쳐 갈등으로 번지는 상황을 막는다. 그러면 대화가 보다 협력적인 방향으로 나아갈 수 있다.

사회적 경청에서 놀이의 역할

사회언어학자 데보라 태넌은 젠더와 의사소통에 관한 연구를 진행했다. 남성과 여성의 대화 방식을 서로 다른 사회적 목표에 따라 구분한 것이다. 남성의 대화는 경쟁을, 여성의 대화는 친밀감을 목적으로 한다고 전제한 연구였다. 이러한 성별에 따른 유대 방식에 대한 태넌의 관점은 갈등을 과업 중심과 관계 중심으로 설명한 젠의 성중립적 설명을 보완한다. 이는 우리가 언어적·비언어적 상호 작용을 이해할 때 활용하는 다양한 경청의 흐름과도 연결된다. 사회적 경청은 지금까지 살펴본 다양한 듣기 방식을 일상적인 상호 작용 속에서 능숙하게 조합하는 기술이다.

우리는 말장난과 같은 대화 속 놀이를 통해 친밀감을 형성한다. 한 연구에 따르면 놀이는 일상의 경험을 즐겁고 흥미로우며, 지적으로 도전적인 경험으로 인식하고, 새로운 관점으로 바라보며 재구성할 수 있도록 도와준다.[11] 1670년대 런던의 거리 은어에서 유래한 것으로 여겨지는 가벼운 말장난banter은 관계와 집단 소속을 중시하는 문화 속에서 생겨났다. 이러한 말장난은 친밀감을 표현하는 방식으로, '갈등이 있더라도 우리는 서로를 잘 아는 사이처럼 장난을 주고받는 사이야'와 같은 메타 메시지를 전한다.

말장난은 놀이를 통해 협력을 강화하고 공감을 촉진하기 위해 경청 에너지를 활용하는 강력한 유대 형성 방식이다. 대화 속에서 말장난이 가장 효과적으로 작용할 때는 스트레스가 유발되는 상황에서 긴장을 완화시키는 방식으로 사용될 때다. 예를 들어, 내가 사고로 중환자실에 있을 때 채혈사가 "곧 나갈 거예요. 휴가가 영원할 순 없으니까요."라고 던진 농담은 중환자실이 휴가를 보낼 만한 일시적이고 안전한 공간이라는 개념을 장난스럽지만 매우 효과적으로 재구성했다. 결국 그 말이 전하려던 메시지는 "우리를 믿으세요. 책임지고 환자분을 집으로 돌려보내 드릴게요."였다.

일부 연구에서는 말장난을 전형적인 남성의 사회적 상호 작용 방식으로 보기도 하지만 실제로는 모든 성별이 다양하게 말장난을 주고받는다. 가볍고 유쾌한 놀림부터 때로는 기싸움이라도 하듯 말이 오가는 팽팽한 신경전까지 강도는 다양하다. 농담의 초점이 화자 자신에게 맞춰지는 자기 비하적 유머부터 상대방을 슬쩍 꼬집는 풍자나 빈정거림에 이르기까지, 목소리처럼 말장난도 톤이나 스타일이 폭넓은 스펙트럼 내에 분포한다.

어느 쪽이든 말장난을 '이해하는 쪽'은 청자다. 화자가 말장난을 시작하지만 말장난이 제대로 받아들여질지 말지는 청자에게 달려 있다. 말장난을 하는 사람에게는 그 뜻을 이해하는 청자가 필요하다. 그래서 많은 이들이 같은 문화권이나 같은 성별의 사람, 또는 연인 관계처럼 가까운 사이에서 말장난을 주고받을 때 더 편안함을 느낀다.

한편 우리는 남녀 간의 말장난일수록 위험 부담이 더 커진다고 인식하고는 한다. 다음은 제인 오스틴의 소설 『오만과 편견』에서 베넷 부부가 쌓인 감정을 식히기 위해 주고받는 말장난이다.

베넷 부인: 당신은 내 예민한 신경에 대한 동정심이 없어요.
베넷 씨: 여보, 당신이 잘못 알고 있는 거예요. 나는 당신의 신경에 신경을 많이 쓰고 있어요. 내 오랜 친구잖소. 지난 20년 동안 당신이 신경을 언급하는 걸 내가 얼마나 주의 깊게 들어왔는데요.

베넷 부인은 남편의 무정함을 꼬집으며 말장난을 시작한다. 이에 베넷 씨는 아내의 '신경'을 마치 아내와 별개의 대상인 것처럼 삼인칭화하여 한술 더 뜬다. 그는 "당신이 신경을 언급하는 걸 내가 얼마나 주의 깊게 들어왔는데요."라는 표현으로 신경증을 아내와 분리된 대상으로 다룬다. 부부는 자신들의 관계와 분리된 '신경'에 집중함으로써 말다툼과 농담의 경계를 아슬아슬하게 넘나든다. 말장난이 유쾌한 농담으로 받아들여질지, 싸움으로 끝날지는 이처럼 결국 듣는 사람에게 달려 있다.

나와 내 남편도 속에 쌓인 이야기를 털어놓을 때 말장난을 사용한다. 물론 19세기 무도회장에서 고민거리를 털어놓으며 나누는 대화와는 거리가 멀지만 말이다. 보통 우리 부부의 대화는 음식과 식사 준비를 중심으로 이루어진다. 대화에는 누가 언제 음식을 만들고 식사를 준비할 것인지, 그리고 상대방이 그 음식을 언제 먹을 것인지에 대한 관계의 문제가 깔려 있다.

남편: (그 일은) 언제 끝나?
나: 끝나야 끝나는 거지.
남편: 하하, 그게 무슨 대답이야.
나: 알아. 그래도 내 답은 그거야.

나와 남편의 대화는 '질문에는 답하지만 네가 원하는 답은 주지 않겠다'라는 태도를 명백하게 드러낸다. 이렇게 대화의 협력 원칙을 뒤집는 대답은 질문자가 "그게 무슨 대답이야."라고 비꼬듯 되받아치게 만든다. 흔히 볼 수 있는 보완적 분열 생성의 시작으로도 볼 수 있지만 나와 남편은 지금 분열이 일어나고 있다는 사실을 알고서 일부러 이렇게 대화하는 중이다. 남편이 다른 일을 하고 있는 나에게 "언제 끝나?"라고 물었을 때 일부러 성의 없이 대답해서 말장난의 시작을 남편에게 알린 셈이다. 과업적 질문에는 대답하지만 진짜 질문이었던 사회적 질문에는 답하지 않은 것이다.

사실 "언제 끝나?"라는 질문은 진짜 질문이 아니다. "요리 다 했으니까 얼른 와서 먹어."라는 메시지를 담은 위장된 명령문이다. 하지만 나는 "언제 끝나?"라는 질문의 진짜 의미를 따져 묻기보다는 남편이 내 대답을 이미 짐작하겠지만 마음에 들어 하지 않으리라는 것을 예상하고, 그 상황에서 생길 수 있는 긴장을 말장난으로 해소한다.

걱정 마시라, 남편은 늘 나에게 되갚아주니까. 얼마 전 내가 "비행기는 몇 시에 도착해?"라고 묻자 남편은 "저녁 먹을 시간에 맞춰서!"라고 답했다. 이번에는 남편이 비행기의 도착 시간을 알려줘서 내가 그 전까지의 시간을 어떻게 활용할지 계산할 수 있게 해주는 대신, 자신이 관심 있는 과업인 '저녁 식사'에 초점을 맞춰 대답했다. 오랜 시간 서로를 관찰해온 배우자로서 우리가 주고받는 말장난은 대체로 전통적인 성별 고정관념에 따른 대화 방식의 틀을 따른다. 초점이 과업이든 관계든, 혹은 그 둘이 합쳐진 것이든 간에 사람들과 주고받는 말장난의 초점을 이해하면 놀이가 긴장을 완화시키는 효과를 알고 누릴 수 있다.

동기 부여로 작용하는 트래시 토크

일반적으로 '트래시 토크'는 경쟁적인 분위기에서 남자들이 주고받는 말장난처럼 여겨진다. 펜실베이니아대학교 와튼스쿨의 교수 제레미 입Jeremy Yip과 모리스 슈바이처Maurice E. Schweitzer의 연구에 따르면 스포츠 경기가 시작되기 전이나 진행 중에 남성 선수들 사이에서 트래시 토크가 행해지는 모습을 주로 볼 수 있었기 때문이다.[12] 트래시 토크는 말로 하는 결투와도 같다. 상대방의 마음을 흔들기 위한 정면 대결의 수단으로 쓰여왔다. 대개는 일부러 도발적인 말이나 부적절한 표현을 던지는 맥락에서 사용된다.

그러나 조금 더 가벼운 버전의 트래시 토크도 있다. 예를 들어 "나는 너무 강해서 나를 만나면 약도 병에 걸려."라고 한 무하마드 알리의 말이 그렇다. 경기장에서 트래시 토크 형태로 발화되는 말장난은 상대방을 도발하는 동시에 화자와 청자 모두에게 투지를 불러일으키기 위한 목적으로 사용된다. 라커룸에서 진행되는 격려 연설에서도 트래시 토크는 선수들이 최선을 다하도록 북돋는 역할을 한다.

오늘날에는 이러한 가벼운 형태의 트래시 토크가 스포츠 외의 영역에서도 나타난다. 특히 비즈니스계에서 경쟁을 유도하면서 동기를 부여하는 목적으로 자주 활용된다. 조지타운대학교 맥도너프 경영대학원과 펜실베이니아대학교 와튼스쿨의 조직 행동 연구자들이 사무직 근로자들을 대상으로 진행한 연구가 흥미롭다. 이 연구에서 트래시 토크는 직장에서 흔히 나타나는 행동이며, 청자에게 놀랍도록 긍정적인 영향을 주는 동시에 해로운 영향을 끼친다고 밝혀졌다.

연구진에 따르면 트래시 토크는 팀의 사기를 높이고 우호적인 경쟁을 조성함으로써 청자들이 더 많은 노력을 기울이도록 동기를 부여한다. 그러면 성과가 올라가 팀 전체에 이익을 가져다준다.[13] 한편 같은 연구를 통해 트래시 토크가 청자에게 부정적인 영향을 끼친다는 사실도 알려졌다. 일부 업무를 할 때 주의를 흐트러뜨리고, 목표 달성을 위해 불법적인 수단까지 동원하도록 만든다는 점에서 그랬다.

말장난의 방식이 변화함에 따라 트래시 토크가 공격적이거나 모욕적인 것만도 아니며, 남성만 사용하는 것도 아니라는 증거가 계속해서 나오는 중이다. 한 여성 테니스 선수는 경쟁자에게 "당신은 정말 대단한 경쟁자야. 하지만 걱정 마, 나도 최상의 기량을 보여줄게."라고 말했다. 종합격투기 선수인 론다 라우지는 "나는 여자는 안 무서워. 나에 대해 무슨 말을 하든 상관없어. 말한다고 네 주머니에 돈이 들어오는 것도 아니고, 내 주머니에서 빠져나가는 것도 아니니까."라고 말했다.

이러한 대화 방식은 전통적으로 성별에 따라 구분되던 스타일들이 뒤섞인 대화 방식이다. 경쟁과 라이벌 의식을 바탕으로 하면서도 플러팅에서 볼 수 있는 유쾌한 연결감도 담고 있다. 예를 들어, "너 요리 잘한다며? 나한테 언제 맛있는 거 만들어줄래?"라고 했을 때 "잘못 알고 있는 것 같은데. 나는 요리 안 해." 식의 대화처럼 말이다.

말장난은 다양한 방식의 경청을 활용하는 청자의 귀를 통해 해석된다. 사회적 경청을 하면 사회적 놀이 즉, 말장난 주고받기를 시도할 수 있는 공간이 만들어지고 그 안에서 서로의 존재가 편안하게 느껴진다. 말장난은 언어가 사회적 불평등과 맞물려 갈등을 불러일으킬 수도 있는 상황에서 갈등을 완화시키는 방식이 될 수 있다. 또한 성별 고정관념을 강화하는 언어의 경우처럼 언어가 사회적 불평등과 어긋나 갈등이 발생할 때 그 긴장을 풀어주는 수단이 되기도 한다. 유머는 불편한 주제를 탐색할 수 있는 안전지대를 제공한다. 하지만 트래시토크를 연구한 입과 슈바이처의 연구가 보여주는 것처럼[14] 모든 목적 있는 대화가 그러하듯 말장난도 언제든 엉뚱한 방향으로 흐를 수 있다는 점을 기억하자. 말장난을 주고받는 화자와 청자 모두 가볍고 조심스럽게 발을 내딛어야 한다!

_____ 언어에도 성별이 있을까?

모든 언어에 성별 정체성이 있는 것은 아니지만 영어에는 성별이 존재한다. 직함이나 이름, 대명사를 성별에 따라 구분한다. 영어에 오랜 역사를 가진 성별화된 단어가 존재한다는 사실은 중요하다. 'Mister', 'Missus', 'Miss'처럼 이름 앞에 붙는 호칭은 그 사람의 성별은 물론이고, 여성의 경우에는 결혼 여부까지도 드러내기 때문이다.

일본어에서 사람 이름 뒤에 붙는 성별 중립적인 호칭인 '-san'이나 존칭 '-sama'가 성별이나 결혼 여부를 드러내지 않는다는 점과는 대조적이다. 이는 일본어에 성차별이 존재하지 않는다는 뜻이 아니라, 일본어는 단어를 통해 개인의 성별이나 혼인 여부를 노골적으로 드러내지 않는다는 의미다. 또한 일본어는 대명사를 생략하는 습관 때문에 성별에 따라 구분된 대명사를 사용하지 않는다. 대화에서 성별이 전혀 중요하지 않은 경우를 제외하면 성별을 구분하는 책임은 청자에게 있다는 뜻이다.

폴 그라이스의 협력 원칙 중에는 관련성의 격률이 있다. 과거에는 이름 앞에 붙는 호칭이 관련 있는 정보로 여겨졌지만 오늘날에는 관련성이 점점 줄고 있다. 실제로 고대 영어에서 'Master'라는 단어는 그 당시 사회에서 상류 계층의 교육을 받은 소년을 식별하는 데 중요한 용어였으나 20세기 중반쯤에는 그 중요성이 줄었고, 오늘날에는 거의 사용되지 않는 단어가 되었다. 미국과 영국에서는 이름 앞에 붙는 공식적인 호칭이 점점 덜 쓰이고 있다. 미국의 시민권 운동이나 영국의 계급 평등 운동처럼 평등을 강조하는 사회 운동이 점차 두 국가를 조금 더 비격식적인 방향으로 이끌었기 때문이다.

그러나 불평등의 흔적은 아직 남아 있다. 예를 들어, 남성과 여성 연구자에 대한 호칭의 차이가 대표적이다. 일부 학생들은 여성 교수에게는 이름을 부르고, 남성 연구자에게는 직함과 성을 붙여 부른다.[15] 이는 언어에 반영된 사회적 성불평등의 잔재가 아직 존재함을 보여준다.

미국에서는 여전히 문장 끝에 'ma'am'이나 'miss'를 붙이는 일이 흔하다. 하지만 'mister'는 거의 쓰지 않는다. 'mister'라는 호칭을 사용할 때는 대개 비꼬거나 상대방에게 도전하려는 의도를 담는다. 남성에게는 문장 끝에 'sir'을 붙이는 방식이 사용된다. 여성에게 말할 때 문장 끝에 'lady'를 붙일 경우, 이는 'sir'에 대칭되는 표현임에도 불구하고 무례하게 들리는 일이 많다. 이처럼 언어가 사회적 행동에 영향을 줄 수는 있지만 언어의 변화는 더디게 일어나는 경우가 잦다.

그러나 정책 입안자를 비롯해 사회를 개혁하려는 이들은 보다 중립적인 언어로 변화를 가속화하고자 노력해왔다. 사회적 경청을 활용하는 사람이라면 영어가 보다 성중립적인 방향으로 변화 중이라는 사실에 최소 3가지 근거를 댈 수 있을 것이다.

첫째, 직업 명칭을 비롯해 일상적인 단어가 보다 성중립적으로 바뀌었다. 직업 명칭이 기상학자meteorologist, 소방관firefighter처럼 성중립적인 명칭으로 바뀐 것이다. 아래의 목록을 보며 영어권에서 바뀐 직업 호칭들을 확인해보자. 더 생각나는 단어들이 있을지 모른다.

과거	현재
chairman, chairwoman	chair
mail/postman, mail/postwoman	postal worker
policeman, policewoman	police officer
salesman, saleswoman	sales executive/person
steward, stewardess, air hostess	flight attendant
waiter, waitress	server, table attendant, waiter
fireman, firewoman	firefighter
barman, barwoman	bartender
headmaster, headmistress	head teacher

성별화된 직업 명칭이 성중립적으로 바뀐 사례

둘째, 21세기에 들어서 이제 사람들은 자신이 선호하는 인칭 대명사를 선택하고 있다. 영어의 인칭 대명사에는 남성형 'he, him, his', 여성형 'she, her, hers', 성중립형 'they, them, their'가 존재한다. 삼인칭 대명사를 표기하면 상대방을 인식하는 데 도움이 된다. 영어처럼 성별화된 언어를 사용하는 화자가 사회적 언어 능력을 개선하면 대화에 참여하는 모두가 편안함을 느낄 수 있다. 문장에서 주어를 꼭 쓰지 않아도 되는 일본어 같은 언어에서는 성별을 언어로 표현해야 할 필요성이 상대적으로 덜하지만 문법적으로 인칭 대명사를 필요로 하는 영어 같은 언어에서는 성별을 뜻하는 인칭 대명사를 쓰는 게 자기 표현에 유용하다.

마지막으로, 최근 영어 화자들은 과거에 부정적인 의미를 지녔던 단어를 재정의하고 긍정적인 맥락에 사용하는 중이다. 'chick'이라는 단어가 대표적인 예다. 과거에는 여성을 지적이지 않은 존재로 비하하는 속어로 쓰였지만 오늘날에는 구시대적인 태도를 버리고 오히려 집단 내에서 친밀감을 표현할 때 사용한다. 'Chick lit'은 여성 문학의 한 장르가 되었으며, 'chick flick'은 여성 관객을 대상으로 하는 영화를 가리키는 용어가 되었다.

또 다른 예로 'queer'라는 단어가 있다. 한때는 기이함이나 이상함을 뜻하는 부정적인 의미로 사용되었지만 지금은 이성애 규범이나 이분법적인 성별 인식을 따르지 않는 사람들이 자신을 지칭할 때 사용하는 단어가 되었다. 'queer'라는 단어 자체는 청자를 '성별의 모호함'

이라는 개념에 익숙해지도록 유도하는 말장난이라고 할 수 있다.

사회적 경청은 부드러운 경청을 통해 정체성을 새롭게 인식하는 방식을 배우는 통로가 되어준다. 우리는 성별과 문화를 넘어 서로 연결되어야 한다. 그래야 시대에 뒤떨어지고 경멸이 담긴 언어를 없애고, 편견 섞인 행동에 문제를 제기함으로써 긍정적인 대화의 틀을 함께 만들어갈 수 있다.

한편 전통적으로 성별을 구분하는 언어가 모두 부정적인 것은 아니다. 이를 가장 잘 보여주는 것이 바로 이름이다. 성별화된 이름은 한때 남성과 여성을 구별하는 수단이었다. 지금도 많은 언어에서 이름을 개인의 성별을 비시각적으로 식별하는 방식으로 사용한다.

청자가 누군가의 성별을 추론하는 또 다른 방식이 있다. 대화 중인 사람의 목소리를 듣는 방식이다. 일반적으로 남성의 음성 범위는 약 85~180헤르츠, 여성의 음성 범위는 165~255헤르츠로 인식되기 때문에 목소리로 성별을 구분할 수도 있다.

남성으로 태어난 사람의 목소리가 여성으로 태어난 사람보다 음역이 낮은 가장 큰 이유는 후두의 크기 때문이다. 사춘기를 거치면서 호르몬의 변화로 인해 남성의 후두는 커진다. 이러한 해부학적 차이로 성대의 진동 속도가 느려져서 더 깊은 공명음을 만들어지고 결과적으로 남성의 음역대가 낮아진다. 이렇게 생물학적 차이는 있지만 주변의 가족이나 친구들만 보더라도 사람마다 음성 범위가 크게 다르다는 점을 알 수 있을 것이다. 사람의 목소리는 나이, 건강 상태, 스트레스,

체내 수분 상태와 같은 신체적 요인에 따라 달라지며, 공기의 질뿐 아니라 개인의 정체성에도 영향을 받는다.

시각 장애인인 마이크 램버트Mike Lambert는 평등과 다양성 교육 시간에 옆에 앉은 미디어심리학자에게 "미디어심리학은 처음 들어보는데 몇 가지 물어봐도 될까요?"라고 말을 걸었다.[16] 그 사람이 자기가 하는 일에 대해 설명해주고 있는데 강사가 다음 순서에 대해 설명했다. 강사는 참가자들에게 아이스브레이킹의 일환으로, 옆 사람에 대한 정보를 알아내고 그 내용을 모두에게 소개하라고 했다. 마이크는 미디어심리학자에게 이름을 묻고, 상대방은 "니나입니다."라고 답했다. 마이크는 니나를 어떻게 소개해야 할지 망설이다가 "어떤 인칭대명사를 선호하시나요?"라고 물었다. 그러자 니나는 "여성형(she)이요."라고 대답했다.

나중에 함께 지하철역으로 걸어가던 중 니나는 마이크에게 자신의 성별을 정중하게 물어봐주어서 좋았다고 말했다. 통화를 할 때는 사람들이 자신의 성별에 대해 자주 혼란스러워한다고도 덧붙였다. 마이크는 니나가 고마움을 표현하는 목소리에 마음이 무척 편안해졌다고 이야기했다. 이 일화는 성별 정체성이 유동적이고 성중립적인 오늘날, 성별에 대해 느리게 경청하는 태도가 긍정적인 배움의 경험이 될 수 있다는 사실을 보여준다. 성별 인식은 청자가 화자와 관계를 맺고 공감대를 형성하는 여러 방법 중 하나일 뿐이다. 지금 이 순간 사회적 경청의 모든 능력을 활용해 타인과의 연결을 이뤄보자.

다양한 소통 방식을 들으며 살아가자

2024년 파리 올림픽을 위한 사진을 촬영할 때 미국의 테니스 선수 크리스 유뱅크스는 팀 동료인 코코 고프에게 "너는 개막식 때 이 재킷을 입고 르브론 제임스랑 같이 기수를 맡는다며? 정말 부럽다!"라고 말했다. 프로 농구 선수 르브론 제임스와 코코 고프는 올림픽 개막식에서 센강을 따라 이동하는 보트 퍼레이드에서 미국 기수로 섰다.

우리는 모두 자신이 속한 문화 집단의 기수다. 문화적 경청은 어떤 집단에 중요한 가치를 표현하고 듣도록 해주고, 사회적 경청은 우리가 그 가치를 실제로 사용하고 확인하도록 돕는다. 규모가 크든 작든, 올림픽 무대에서든 직장 근처의 카페나 집에서든, 사회적 경청은 어떤 집단의 구성원을 알아보고 그들과 상호 작용하며 더 깊이 이해할 수 있도록 해준다. 언어적·비언어적 표현처럼 대화 스타일도 사회적 정보를 전달한다. 이 정보는 마치 깃발과 같다. 우리가 상대방에 대해 아직 알지 못하는 것들 속에서 방향을 알려주는 부표 역할을 하기 때문이다.

앞선 장에서 문화적 경청이 다양한 가치를 해석하는 데 도움이 된다고 설명했다. 한편 사회적 경청은 그 가치가 사람들 사이의 실제 상호 작용 속에서 어떻게 드러나는지를 배우고 그 범위를 이해하도록 해준다. 우리는 사회적 경청을 통해 자신이 속한 집단의 사회적 규범을 듣고 활용하며 따를 필요가 있다. 만약 포용성을 중요시하는 직장 문화에 속해 있다면 그러한 가치를 반영하는 언어를 사용하도록 요구받을 것이다. 직함 없이 모두를 이름으로 부르라는 식으로 말이다.

사회적 규범은 정책처럼 격식 있는 방식으로 표현되기도 하지만 때로는 사회적 압력을 통해 비공식적으로 요구되기도 한다. 주변 모두가 서로를 이름으로 부른다면 당신도 상대방을 그렇게 부를 가능성이 높다. 사회적 경청은 대화 속에서 문화가 어떻게 적용되고 있는지를 파악할 수 있게 도와준다. 우리는 이 정보를 바탕으로 대화 중에 자신과 타인의 말과 행동을 조절한다.

이번 장의 첫머리에서 서로의 대화 스타일을 이해하지 못할 때 보완적 분열 생성이 발생해 문화 간 오해를 야기할 수 있다고 이야기했다. 사회적 경청을 하면 보다 편안하고 즐겁게 대화할 수 있다. 편안함을 느낄 때 우리는 말장난을 통해 대화 속으로 놀이를 끌어들인다. 오늘날의 말장난은 이전에 남성적 또는 여성적이라고 여겨졌던 대화 스타일들을 결합한다. 서로의 대화 스타일을 알아갈수록 다양한 표현 방식을 배우고 연습할 수 있을 뿐 아니라, 자신의 대화 스타일에 유머를 더해 상황을 조금 더 유쾌하게 만들거나 긴장된 분위기를 풀고 대화의 흐름 자체를 바꿔볼 수도 있다.

우리가 살아가는 성별화된 세계는 미묘한 차이들로 이루어져 있다. 이러한 차이를 이해해야만 보완적 분열 생성과 같은 갈등이 어떻게 발생하는지를 인식하고, 다양한 사회적 감수성을 기를 수 있다. 누군가는 직장에서 여성의 권한을 강화하려면 전적으로 과업 중심의 의사소통 방식을 채택해야 한다고 주장할지도 모른다. 하지만 그렇게 되면 관계 중심 의사소통 방식을 놓치고, 우리가 활용할 수 있는 다양한 경청 방식들까지 잃게 될 것이다.

소통 방식을 획일화해버리면 말장난을 즐길 자유도 사라지고, 의사소통은 단순히 정보를 주고받는 딱딱한 도구로 전락한다. 사회적 경청은 우리에게 위험을 감수하라고 권한다. 익숙한 영역에서 벗어나 낯선 영역으로 손을 뻗고, 매일 마주치는 다채로운 의사소통 방식과 맥락 속에서 일하며 놀고, 귀를 기울이라고 말이다.

사회적 경청의 7가지 핵심

● 언어는 변화하는 사회를 반영하며 진화하고, 사회적 경청은 그 변화를 듣게 해준다. 문화적 경청이 한 집단이 중요하게 여기는 가치들을 듣게 해준다면 사회적 경청은 바로 눈앞에서 펼쳐지는 상호 작용에 집중하게 한다.

● 사회적 오해는 때때로 의사소통 당사자들이 바로잡으려고 애쓸수록 악화된다. 양쪽 모두가 문제의 원인을 계속 대화에 적용하기 때문이다. 이렇게 오해의 악순환이 발생하는 상황을 보완적 분열 생성이라고 부른다.

● 말끝을 올리는 고조 억양 같은 간접적 표현과 비언어적 친밀감은 여성적인 대화 스타일로 간주되었고, 자신감 부족·불안정함의 신호로 여겨졌다.

● 일본에서는 남성과 여성 모두 대화할 때 비언어적 친밀감과 간접적인 표현을 사용한다. 특히 거절을 직접 말하지 않는 문화는 직장처럼 격식을 갖춰야 하는 관계에서 상대방에 대한 배려를 표현하는 방식으로 자리잡았다.

● 루빈의 꽃병처럼 어떤 시각으로 보느냐에 따라 의사소통은 과업 중심으로 이뤄질 수도 있고 관계 중심으로 이뤄질 수도 있다. 모

든 연구자들이 '과업 중심 대 관계 중심'이라는 의사소통 유형의 구분이 반드시 성별 차이에 따른 것이라고 보지는 않지만 이 둘의 차이를 인식해야 갈등 해결이 가능하다는 데에는 의견이 일치한다. 과업 갈등은 유익하지만 관계 갈등은 위험하다고 보는 시각도 있다.

● 말장난은 남녀 모두 사용하는 장난스럽고 살짝 놀리는 말하기 방식이다. 대화의 협력 원칙을 뒤흔들면서도 대화를 유쾌하게 재구성할 수 있도록 해준다. 보통 친밀한 관계에서 비격식적인 말투로 사용되는 농담 섞인 말장난은 긴장을 완화하는 데 유용하다. 전통적으로 남성적인 의사소통 방식으로 묘사되어온 말장난은 최근 들어 청자에 대한 배려를 드러내는 여성적 특징을 일부 띠게 되었다.

● 언어마다 성별 표현의 정도가 다르지만 영어는 문법적으로 성별이 드러나는 주어를 반드시 써야 하는 구조를 지닌다. 영어 사용자들은 목소리, 억양, 이름, 호칭, 인칭 대명사 등을 통해 청각적으로 성별을 식별한다. 하지만 사회적 언어 규범은 시대에 따라 변한다.

사회적 경청을 위한 3가지 성찰

● 당신은 간접적인 표현을 사용하는가? 말끝을 올리는 고조 억양
을 사용하는가? 자주 거절하는 편인가? 거절의 말을 직접 하지
않는 것이 잘못이라고 생각하는가?

● 갈등 상황에서 당신은 당면한 과업에 집중하는가, 관계의 맥락
에 집중하는가? 아니면 모두를 고려하는가?

● 당신은 말장난을 하는가? 당신의 말장난 스타일은 무엇인가? 경
쟁적인가, 유쾌하게 장난치는 스타일인가? 아니면 그 둘이 섞여
있는가?

8

업무적 경청

협력하며 일하려면 들어라

協力

보호 장비 공장의 직원들은 새로 부임한 관리자 브루스에게 "우리 이야기를 들으러 오지 않으면 공장을 멈추겠다."라며 최후통첩을 보냈다. 브루스는 어찌할 바를 몰랐다. 여러 차례 자리를 마련해 직원들과 이야기를 나눴는데도 여전히 불만이 가시지 않았다는 사실이 믿기지 않았다. 갈등 해결을 위해 고용된 컨설턴트 그렉은 다시 직원들과 대화를 나눠보자고 제안했고, 브루스는 마지못해 동의했다.

모두가 모인 자리에서 브루스는 참석해줘서 감사하다고 말문을 열었다. 이어서 브루스는 그렉을 소개하며 마이크를 넘겼다. 하지만 그렉은 마이크를 곧바로 가장 가까이에 있던 직원에게 건네며 "하고 싶은 말씀을 해주세요."라고 말했다. 마이크를 잡은 직원이 "우리는 어제 아침 회의까지도 인수합병 이야기를 전혀 들은 바가 없습니다. 이미 진행이 되고 있었는데 말이죠."라고 말했다. 그 말에 동의하는 듯한 웅성거림이 이어졌다. 그는 "오후 회의 때도 아무 설명이 없었고요."라고 했다.

그렉은 끝도 없이 쏟아지는 불만을 계속 들었다. "지금 우리가 상대하려는 사람이 기존 경영진인지, 새로운 경영진인지도 모르겠어요. 대체 누구한테 말해야 하는지도 모르겠고요. 어차피 윗사람들은 우리의 말을 듣지도 않잖아요."라는 불평이 뒤따랐다.

이후 진행된 면담에서 그렉은 브루스에게 이러한 상황이 이 회사만의 문제가 아니라고 말했다. 최근 실시된 조사에 따르면 직장인 3분의 1 이상이 관리자들의 소통 방식에 불만을 느낀다고 답했다.[1] 브루스는 자신의 소통 능력이 꽤 뛰어나다고 생각했다고 털어놓았다. 그렉은 웃음을 터뜨리며 또 다른 연구 결과를 전했다. 대부분의 관리자들이 자신의 경청 능력을 실제보다 과대 평가한다는 것이다. 실제로 자신이 '좋은' 혹은 '매우 좋은' 청자라고 평가한 관리자들 중 무려 94%가 직원들로부터는 '매우 형편없는' 청자로 평가받았다.[2]

브루스가 상황을 어떻게 해결할지 묻자 그렉은 '경청'을 우선순위로 두어야 한다고 답했다. "직원들의 일이 보호 장비를 생산하는 일이면, 당신의 일은 먼저 신뢰를 만들어내는 일입니다."라고 말이다. 그렉은 서로 신뢰하는 문화를 만들려면 경영진과 직원들이 협력하여 경청의 관계를 새롭게 구축하고 지속해나가야 한다고 덧붙였다.[3]

3개월 뒤 진행된 중간 점검에서 브루스는 직원들이 더 건강하고 더 행복해진 것을 몸소 느낄 수 있다고 했다. 그렉은 브루스에게 자신이 제안한 업무적 경청 도구들을 실제로 도입했는지 물었다. 브루스는 모든 직원이 경청 순환이라고 부른 과정에 참여하도록 매달 브리핑 시간을 마련해 조언을 철저하게 지켰다고 답했다.

　그렉이 조언한 경청의 순환은 조직 내 모든 구성원이 서로 의견과 통찰을 공유하고 논의하는 일본의 의사 결정 방식인 '링기세이도'와 보고, 연락, 상담을 뜻하는 '호렌소'라는 소통 방식을 토대로 한다. 링기세이도의 핵심적인 경청 요소는 '기稟'인데, 이는 '숙의하고 논의한다'는 뜻이다. 여기에 호렌소에서 유래한 보고 체계의 '상담' 요소가 더해지면 조직 구성원들은 서로의 관점을 신중히 고려하게 된다. 이 과정이 순환을 이루면 모두가 경청에 참여하는 역동적인 구조가 만들어진다. 집단적으로 결정이 이루어지면 그 결정을 실행하는 데에 상대적으로 저항이 적기 때문에 모두가 참여하는 시스템은 큰 효과를 발휘한다.

　다시 말해 경청 순환이란 지속적으로 직원들로부터 정보를 수집하고, 제기된 우려에 천천히 귀 기울이며, 그에 따라 행동하는 과정을 반복하는 흐름이다. 경청 순환이 두 번째 주기에 접어든 이후로는 초기의 정보 수집 단계에 이전 행동의 결과를 구성원들에게 다시 보고하는 과정도 포함된다.

　경청 순환은 보호 장비 공장에서 다시 갈등이 발생했을 때 더욱 큰 효과를 발휘했다. 이번에는 생산 속도와 효율을 중시하는 생산팀과 제품의 품질을 우선시하는 품질관리팀 사이에서 갈등이 생겼다. 경영진은 전통적인 상명하달식 지시로 갈등을 진압하려고 하지 않았다. 대신 경청 순환 과정을 활용해서 양측이 대화를 나누도록 했고 이를 통해 서로에 대한 이해가 깊어질 수 있었다. 결국 경청 순환 과정을 함께하면서 갈등을 겪던 두 팀은 품질을 저하시키지 않으면서도 기한을 맞춰 납품할 수 있는 방안을 함께 모색하고 협력했다. 경청은 동료들 간의 협력적 문제 해결을 가능하게 했고, 모든 팀의 만족도가 더 올랐다.

누구도 배제되지 않고 모두가 참여하고 있다고 느끼게 하는 경청 순환은 기꺼이 협력하고자 하는 마음을 키워주며, 이번 장의 제목에 쓰인 한자들이 설명하듯 '여러 에너지'가 하나로 모이는 상태를 달성할 수 있게 된다.* 이번 장에서는 협력을 위해 일터에서 경청 순환을 가능하게 하는 5가지 중요한 에너지에 대해 살펴볼 것이다.

5가지 에너지는 바로 상호 존중, 신뢰, 혁신, 인정, 드러내는 경청이다. 이러한 에너지들은 말하고 듣는 구성원들이 있어야만 나타날 수 있다. 제록스의 전 CEO이자 회장이었던 앤 멀케이Anne Mulcahy는 "직원은 가장 큰 자산이며 기업의 경쟁력입니다. 가장 뛰어난 인재를 끌어들이고 유지하고 싶다면 격려와 자극을 제공하고 그들이 회사의 사

---

*   '힘'을 뜻하는 한자 '力' 4개가 '마음 또는 에너지'를 뜻하는 한자와 나란히 놓이면 '협력協力'이 된다.

명을 달성하기 위해 없어서는 안 될 존재라고 느끼게 해야 합니다."라고 말했다. 이번 장에서는 사람들이 '어쩔 수 없이'가 아니라 '원해서' 일하는 건강한 직장 문화를 만들어가기 위해 필수적인 경청 방식에 대해 살펴보자.

협력을 위한 경청 순환 1 : 상호 존중

소셜 미디어에 한 장의 사진이 떴다. 일본의 디지털 장관 고노 타로 KONO Taro*가 릿쿄대학교에서 연단 끄트머리에 앉아 학생들과 눈높이를 맞추며 대화를 나누는 모습이었다. 질의응답이 끝난 뒤에 그 자리에 앉은 것이냐는 질문에 그는 처음부터 연단 끝에 앉아서 강연을 했다고 답했다. 대학교 측의 초청이 사전에 계획된 것이 아니라 갑작스럽게 이루어져서 그렇게 앉아야 학생들과 더 원활하게 대화할 수 있다고 느꼈다는 말도 덧붙였다.

직장에서의 경청을 이루는 중심축의 하나는 상호 존중이다. 한 연구에 따르면 '존중 분위기'는 개인적 학습과 협력적 학습을 촉진하며 직원들이 제품과 브랜드, '자기 자신'을 발전시키는 동기를 부여한다.

---

*　일본어 이름을 말하고 쓸 때는 성이 먼저, 이름이 나중에 온다. 이러한 표기 순서는 고노 타로가 주도했다. 그는 성을 전부 대문자로 표기하면 이름 순서의 진정성에 주목할 수 있다고 주장한다.

일본의 디지털 장관 고노 타로가 릿쿄대학교에서 학생들과 대화하고 경청하는 모습. ＊

지위나 권한에 관계없이 이루어지는 존중은 일상적인 상호 작용 속에서 협력을 위한 경청 순환을 촉발시킨다. 이는 단지 비즈니스의 성장을 돕는 데 그치지 않고, 건강한 직장 문화를 만드는 데 목적이 있다.

경청은 상호 존중을 형성하는 데 중요한 요소다. 동료들의 이름을 익히고 그들의 배경과 관심사에 대한 이야기를 듣는 것은 심리적 안정감을 높이는 데 도움이 되고, 사내 문화에도 긍정적인 영향을 준다. 비즈니스 커뮤니케이션 전문가들을 인터뷰해온 커뮤니케이션학 교수 브리지타 브루너Brigitta Brunner는 경청이 좋은 비즈니스 관계를 형성하고 유지하는 핵심적인 역할을 한다는 사실을 발견했다.[4]

_____ 협력을 위한 경청 순환 2
: 신뢰

워런 버핏Warren Buffett은 애플이나 미쓰비시 같은 대기업들에 투자했다. 역사상 가장 위대한 투자자 중 한 사람으로 평가받는다. 소탈한 태도뿐 아니라, 사람들에게 자신의 이야기를 진심으로 들어주고 신뢰받고 있다는 느낌을 주는 능력으로도 잘 알려져 있다. 재산 대부분을 자선 단체에 기부하겠다고 약속한 버핏은 비즈니스에서 신뢰를 쌓는 일의 중요성을 강조하는 사람이기도 하다. 그는 "신뢰는 공기와 같다. 있을 때는 아무도 느끼지 못하지만 없으면 모두가 바로 알아차린다." 라고 말했다.

신뢰가 위태로워지면 직원들, 고객들, 투자자들 할 것 없이 모두가 대가를 치르게 된다. 앞에서 말한 보호 장비 공장과 마찬가지로, 보잉에서도 경영진이 직원들의 우려에 귀를 기울이지 않고 생산 속도를 안전보다 우선시하자 신뢰가 무너졌다.[5] 2018년과 2019년에 불과 5개월 간격으로 보잉 737 MAX 비행기 2대가 추락했고, 346명이 목숨을 잃었다. 비행 제어 시스템 결함 때문에 발생한 사고라고 전해졌다. 하지만 이후 정밀 조사를 진행해보니 안전 문화가 부재했으며 조종사의 의견이 비행기 설계·운용 과정에서 배제되었고, 경영진과 엔지니어 사이에 소통이 전혀 없었다.

소통의 부재는 자유로운 논의를 방해하고 경영진이 경청을 실천하기 어려운 분위기를 만들었다. 이후 보잉은 안전 전문가들의 권고에 따라 기업 문화를 개선하기로 했다. 엔지니어들이 최고 기술 책임자에게 직접 보고할 수 있도록 소통 채널을 추가하는 조치도 포함되었다.[6] 이러한 조치는 새로운 설계 시스템에 대해 충분히 훈련된 승무원들이 함께하자 더욱 효과를 발휘했다. 이렇게 누구나 자신의 의견이 존중받으며 필요한 정보를 충분히 공유받고 있다고 느끼면 '원활한 경청 순환' 속에서 소통이 이루어질 수 있다.

협력의 두 번째 축인 신뢰를 위한 경청은 조직 구성원들의 충성심을 쌓는 토대가 될 뿐 아니라, 고객에게까지 영향력을 끼친다. 블록 장난감으로 널리 사랑받아온 레고 그룹은 2000년대에 들어 적자가 계속 늘고 매출이 하락세에 접어들었다. 회사가 붕괴 직전에 이르자 새로 취임한 CEO 외르겐 비 크누드스토르프Jorgen Vig Knudstorp는 과감한 전략을 세우고 실행에 옮겼다. 직원들에게 온라인 커뮤니티와 포럼, 행사 등을 통해 충성도 높은 고객층의 목소리에 귀를 기울이고 고객과의 유대감을 회복하도록 장려한 것이다.

결과는 대성공이었다. 레고는 과거의 수익과 명성을 되찾았고 이후 몇 해 동안 꾸준한 성장을 이어갔다. 고객의 목소리에 귀 기울이자 신뢰가 쌓이고 팬층이 다시 모인 것이다. 직원들이 조직으로부터 신뢰받는다고 느낄 때와 마찬가지로, 고객도 자신의 목소리가 전해질 때 존중받는다고 느끼며 존중을 느낄수록 기업에 대한 충성심이 생긴다.[7]

경청과 신뢰는 함께 가는 법이다. 경청과 신뢰는 서로 이익을 주는 관계다. 둘 중 하나라도 없으면 기업은 사기 저하, 높은 이직률, 낮은 생산성이라는 부정적인 결과를 맞이한다. 미국의 갤럽 조사에 따르면 직장 내 단절감은 팬데믹 이후 점점 심화되어 지난 10년 사이 가장 높은 수준에 이르렀다.[8] 더욱 심각한 문제는 조직과 정서적 거리감을 겪는 직원들의 행동이 부정적인 악순환을 일으킨다는 점이다. 이들은 협력 의지가 약하고, 이는 결근 증가와 혁신 감소로 이어진다.

직원이 조직에서 존중받지 못한다고 느끼면 그 불만이 과도한 통제나 괴롭힘 같은 부정적인 행동으로 나타나며, 직장 문화 전반에 몰입 저하가 확산되어, 전체적으로 분위기가 나빠지는 악순환이 발생한다. 부하 직원에게 필요 이상으로 여러 개의 문서를 만들게 하고, 옆에서 지켜보며 세세하게 간섭하는 관리자는 흔하다. 이렇게 지나친 간섭을 받은 직원의 마음이 뜨는 것도 마찬가지로 흔한 일이다. 매사에 방향성을 제시하지 못하고, 무기력한 태도를 보이는 리더도 직원을 실망시킨다. 안타깝게도 업무에 대한 무관심은 신뢰와 경청처럼 매우 전염성이 강하다.

한번 깨진 신뢰를 회복하기는 어렵지만 그렇다고 아예 신뢰 회복이 불가능한 건 아니다. 금융 기관의 종사자들을 대상으로 수집한 데이터를 분석한 결과에 따르면 경청이 잘 이루어질수록 매출 및 순이익이 향상되는 뚜렷한 상관관계가 나타났다. 또한 직원들에게 다가가 그들의 이야기를 듣고 유대감을 형성하려는 노력이 뒤따르면 직원들이 조직에 더 헌신한다는 사실도 입증되었다.[9] 경청을 통해 신뢰를 회복하면 조직의 성과도 개선된다.

_____ 협력을 위한 경청 순환 3
: 혁신과 창의성

경청은 조직의 혁신과 창의성을 촉진하는 역할도 한다. 레고는 고객에게 다가가 그들의 목소리를 들었을 뿐 아니라, 디자이너들에게도 새로운 고객들을 끌어들일 아이디어를 자유롭게 탐색하도록 격려했다. 자신의 아이디어와 관점을 자유롭게 표현할 수 있다고 느낀 직원들은 문제에 대한 혁신적인 해결책을 제시하고 긍정적인 변화를 이끄는 데 적극적으로 기여한다. 경청으로 혁신 문화를 조성하면 조직은 직원들의 창의성을 효과적으로 끌어낼 수 있다. 그러면 조직 외부에서는 경쟁력이 높아지고, 내부에서는 직원들의 자발적인 참여가 촉진된다.

경청이 어떻게 혁신으로 이어질 수 있는지 보여주는 가장 대표적인 사례가 있다. 바로 포스트잇의 탄생 이야기다. 포스트잇은 3M의 화학자인 스펜서 실버Spencer Silver 박사의 실수에서 비롯되었다. 그는 비행기 조립에 쓰일 강력한 접착제를 개발하라는 업무를 받았지만 목표를 달성하지 못했다. 실버 박사가 자신의 실패담을 동료들에게 전

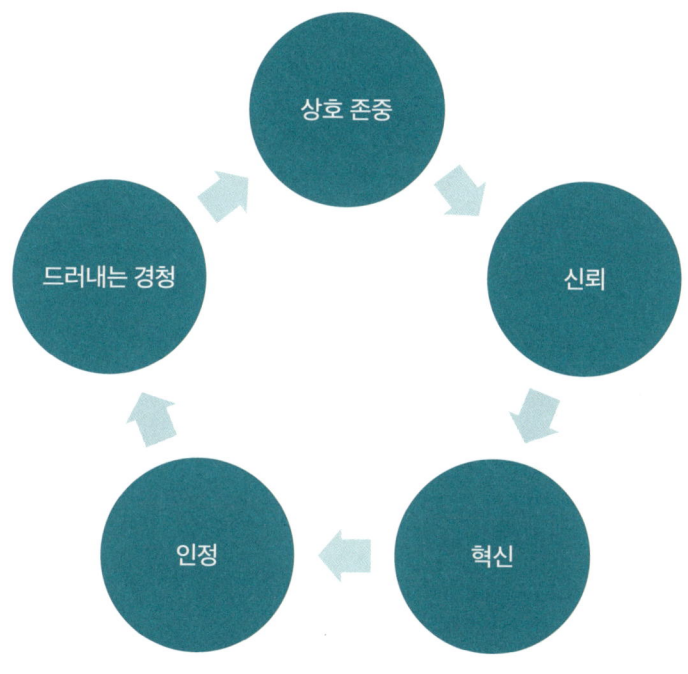

협력을 위한 직장 내 경청 순환

하자, 누군가가 끈적이지 않으면서도 잘 붙는 그 접착제를 성경에서 자꾸 빠져나오는 책갈피 대신 쓰면 딱이겠다고 농담을 던졌다.

실버 박사는 그 대화에서 얻은 아이디어를 바탕으로 포스트잇을 개발하고 상품화했다. 포스트잇의 발명은 그저 실수를 실용적인 제품으로 바꾼 이야기가 아니다. 경청이 신뢰를 만들고, 그 신뢰가 혁신의 불씨가 되며, 그 혁신을 인정하고 귀 기울일 때 더 많은 경청을 낳는 선순환으로 이어진다는 사실을 증명하는 사례다. 경청 순환을 통해 얼마나 많은 이점이 계속 이어지는지 보여주는 이야기다.

협력을 위한 경청 순환 4 : 인정

직장에서의 경청은 신뢰를 낳는다. 특히 경청이 인정이라는 방식으로 표현될 때 더 큰 신뢰로 이어진다. 내 친구이자 테크 스타트업 포멜로의 CEO인 대런 에드워즈Darren Edwards는 '열린 문 정책'을 통해 경청을 실천한다. 사무실 중앙의 개방된 공간에서 직원들이 자연스럽게 모여 어울리도록 함으로써 아이디어나 우려, 피드백을 공유할 수 있는 분위기를 마련했다.

주니어 개발자인 엠마 킴Emma Kim이 에드워즈에게 회사의 코딩 프로세스를 간소화할 혁신적인 아이디어를 말했을 때 그는 간결한 사용자 애플리케이션에 대한 설명을 귀담아들었고, 실제로 그 아이디어를 실행에 옮겼으며, 소셜 미디어를 통해 킴의 기여를 공개적으로 인정해주었다.*

에드워즈가 보여준 경청은 포멜로의 코딩 프로세스를 향상시켰고, 회사 전체에 '회사는 직원들의 의견을 존중한다'는 사실을 일깨웠다. 그러자 직원들과 경영진 사이에 신뢰가 형성되고, 더 많은 혁신으로 이어졌다. 이처럼 조직은 직원들의 목소리에 귀 기울이는 모습을 공개적으로 보여줌으로써 존중을 표현할 뿐 아니라 협업에 대한 감사의 마음을 나눌 수 있다.

노력에 정당한 보상이 따를 때 직장의 분위기나 관계는 달라진다. 생산성에만 초점을 맞추는 환경에서, 성과 외의 것에도 귀 기울이는 환경으로 바뀔 수도 있다. 개인과 전체의 노력을 인정하는 직장 문화는 공동체에 만족감을 심어주고 노력이 존중받는다는 인식을 심어준다. 구성원들이 충족감을 느끼면 이는 곧 회사에 도움이 되고자 하는 동기 부여로 이어진다. 인정은 강력한 동기가 된다.

맥킨지앤컴퍼니의 조사에 따르면 현금 보너스나 급여 인상, 스톡옵션과 같은 금전적 보상보다 비금전적 보상이 더 강력한 동기 부여 수단이 된다고 한다. 비금전적 보상에는 프로젝트나 태스크포스를 이끌 기회, 일대일 멘토링 대화 같은 보상도 포함되었다.[10] 멘토링은 경력

---

* 이 일은 한 기술 스타트업 회사에서 실제로 일어난 일이지만 회사 이름과 직원 이름은 가명이다.

개발에 도움이 되며, 자신이 배우려는 분야에 경험이 많은 사람과 함께 일상적인 업무를 헤쳐나갈 수 있도록 도와주는 귀중한 경청의 기회를 제공한다.

일본에서 멘토링은 가정에서부터 시작되는 문화적 관행이다. 멘토링은 앞선 장에서 언급했던 아마에라는 상호 의존적 관계와 부드러운 경청이라는 환경 속에서 이루어진다. 직장에서의 위계적 관계는 친밀함과는 거리가 있지만 멘토링 관계는 다르다. 예를 들어, 일본의 학교에서는 선배와 후배 사이에서 멘토링이 이루어진다. 마치 형제자매처럼 나이 많은 학생이 어린 학생을 돌봐주고 지식과 경험을 나눠준다. 서로 도움이 되는 상호의존적인 관계다.

멘토가 멘티의 이야기를 들어주고 피드백을 주듯, 시간이 지나면 멘티 역시 멘토에게 그러한 역할을 하게 된다. 모든 참여자가 부드러운 경청과 학습의 경험을 제공받는다. 멘토링은 드러내는 경청의 대표적인 예고, 드러내는 경청은 협력을 위한 직장 내 경청 순환의 마지막 중심축에 해당한다.

협력을 위한 경청 순환 5
: 드러내는 경청

상대방의 말을 경청하고 있다는 태도를 구체적인 행동으로 보여줄 때 상호 존중과 신뢰가 굳건해지고, 일에 대한 몰입과 긍정적인 분위기를 확산·증폭시킬 수 있다. 펩시코의 전 CEO 인드라 누이^{Indra Nooyi}는 2006년 350억 달러였던 매출을 2017년 635억 달러로 성장시키며 주주 수익률을 162%까지 끌어올렸다.[11] 그뿐 아니라 직원들을 '또 다른 가족'이라고 부르며 그들을 인정하고 격려하는 독특한 직장 문화를 발전시켰다. 한 팟캐스트 인터뷰에서 누이는 '또 다른 가족'이라는 문화를 도입한 이유를 설명하면서 '인정은 업무 성과를 끌어올리는 가장 확실한 방법'이라고 말했다. 금전적 보상보다 훨씬 더 큰 동기 부여가 될 수 있기 때문이다.

누이는 직원들의 부모에게 편지를 쓰는 독특하고도 인상적인 방식으로 인정을 표현했다. 부모가 자신을 자랑스러워한다는 사실을 알았을 때만큼 기쁘고 가슴이 벅찼던 적은 없지 않은가? 나중에 그의 직원들은 누이의 감사 편지가 특별한 보상의 의미로 다가온 '드러내는 경청'의 형태였으며, 덕분에 더 큰 열정으로 업무에 몰입할 수 있었다고 말했다.

인정은 다양한 형태로 보여줄 수 있다. 상이나 증서처럼 공식적인 형태로 구체화되기도 하고, 소셜 미디어에서 언급하는 일처럼 비공식적인 방식으로 나타나기도 한다. 또 팀 행사 같은 공개적인 자리에서 표현되기도 하며, 누이처럼 직원의 부모에게 보내는 개인적인 편지 형태기도 하다. 어쨌든 이렇게 드러내는 경청은 "당신이 하는 말을 듣고 있어요."라고 말함으로써 그 사람이 세상에 나누려는 이야기가 흥미롭고 중요하다는 메타 메시지를 전한다.

다양한 구성원으로 이루어진 조직에서 경청 보여주기

전통적인 기업 구조는 위에서 아래로 지시가 전달되는 단일 방향의 소통 방식에 의존한다. 오늘날 조직은 점점 더 적극적으로 참여하는 구성원들로 이루어져 있다. 경청을 통해 존중받고 금전적·비금전적 보상으로 인정받을 때 구성원들의 참여도와 생산성은 커진다. 협력적인 생산성은 전염성이 있어서 조직 전체에 퍼져나간다. 협력적이고 통합적인 영향력은 디지털 시대에 더욱 중요하다. 이 시대의 다양성은 풍부하고 다층적인 조직 문화를 만들 수도 있지만 반대로 조직을 분열시킬 수도 있는 양날의 칼이기 때문이다.

경청은 다양한 사람들이 함께 일하는 조직에서 차이를 조율하고 조화를 이끄는 중요한 역할을 한다. 노키아, 모토로라, 블랙베리가 지배하며 빠르게 변화하던 휴대전화 시장에서 개발된 아이폰은 경청이 다양한 관점을 수용해 혁신을 이끌어낸다는 사실을 보여주는 대표적인 사례다.

당시 애플의 CEO 스티브 잡스는 아이팟과 맥 컴퓨터로 성공을 거두었음에도 안주하지 않았다. 애플이 경쟁력을 유지하려면 혁신적인 제품이 필요하다는 사실을 인식했다. 그는 다양한 배경을 지닌 인재들을 직접 선발해 팀을 꾸렸다. 그 팀에는 하드웨어, 소프트웨어, 사용자 경험UX 디자인, 산업 디자인 분야의 전문가들에 더해 디자이너,

예술가, 마케터들도 포함되어 있었다.

애플이 경쟁사들과 가장 크게 달랐던 점은 팀들이 부서별로 따로 분리된 채 일하지 않았다는 점이다. 모든 팀은 자유롭게 소통할 수 있는 개방형 협업 허브에 배치되었고, 누구나 혁신할 수 있다는 원칙 아래에서 운영되었다. 포커스 그룹은 매우 긴밀한 협업이 이루어지는 환경에서 만났고 초심자의 마음가짐을 기반으로 서로 교류하면서 창의적인 해결책들을 탄생시켰다.

다양한 경로를 통해서 고객의 피드백을 수용해 시장 흐름을 더욱 면밀히 분석한 점도 애플의 성공 비결이다. 고객의 피드백을 받아들이자 애플은 경쟁사들과 차별화되었다. 다양한 사용자들의 공감을 불러일으키는 단순하고 직관적인 기기를 만들어낼 수 있던 것이다. 2007년 출시된 아이폰은 모든 유형의 사용자를 겨냥한 완전히 새로운 제품이었다.

애플은 하드웨어와 소프트웨어를 통합함으로써 매끄러운 사용자 경험을 구현해서 경쟁사들의 제품과 뚜렷한 차별화를 이루었다. 아이폰은 심미성과 사용자 친화성을 모두 갖춘 제품으로 소비자들에게 다가갔다. 소비자들의 피드백에 귀 기울인 덕분에 다양한 디자인 요소에 주의를 기울여야 한다는 사실을 파악한 것이다. 애플이 사람들과 기술의 상호 작용을 혁신하고 '모든 사람을 고려한' 획기적인 제품을 세상에 내놓을 수 있었던 건 경청 덕분이었다.

평범한 직장에서의 경청 순환

대중 문화 속에서 일본의 회사는 위계적인 구조로 묘사된다. 하지만 어떤 면에서는 위계적인 구조가 민주적이기도 하다. 일본 기업들이 실행해온 '타인을 자신처럼 여기는 문화적 가치'는 사무실 배치부터 조직적인 경청 순환의 체계까지 광범위하게 드러나기 때문이다.

일본의 사무실에서 부서장이 부서의 앞자리에 앉는 경우는 있어도, 전망 좋은 '코너 오피스'를 차지하는 일은 드물다. 일본의 리더들은 부하 직원들과 비슷하게 수수한 옷차림을 하고, 직원들과 음식과 음료를 함께 먹으며 동료애를 실천한다. 이러한 모임은 대부분 비공식적인 자리로 여겨지지만 서로의 의견이나 계획을 사전 조율하는 자리가 되기도 한다. 이를 일본어로 '우치아와세'라고 하는데 '쳐서 맞추다'라는 뜻이다.

직원들이 공동의 목표를 위해 함께 일하고 있다고 느끼도록 경청 순환 환경을 마련하는 건 관리자의 역할이다. 회의에서 관리자는 팀원들이 경쟁하거나 개인적으로 움직이지 않고 공동의 목표에 집중하도록 유도해야 한다. 프로그램 기획·관리, 함께 검토 중인 제안서에 대한 의견 교환처럼 공동의 과업에도 초점을 맞추도록 이끈다. 공식적인 문서를 통해서든 비공식적인 대화를 통해서든 사무실 안팎에서 이루어지는 경청 순환은 모두 린기세이도에 속한다.

린기세이도는 모든 이해관계자가 과제나 제안을 함께 다루고 나아갈 방향을 논의하는 일본의 의사 결정 방식이다. 공식적인 린기세이도에 앞서 이루어지는 준비 단계는 '네마와시'라고 불린다. 이 말은 '뿌리를 감싸 보호한다'라는 뜻으로, 나무를 옮겨 심을 때 뿌리를 다치지 않도록 감싸는 원예 용어에서 빌려온 개념이다. 네마와시는 결정으로 이어지는 논의 과정을 시작하기 전 3장에서 살펴본 상호 의존의 기반을 미리 다져놓는 관행을 가리킨다.

미국과 일본은 의사 결정이 이루어지는 장소가 다르기 때문에 두 문화권의 사람들 간에는 오해가 자주 발생한다. 내 연구에 참여한 미국인 관리자들은 일본인 관리자들이 회의에서 협상을 통해 결론에 도달하는 게 아니라, 사전에 '무대 뒤'에서 논의를 마친 후 정작 회의에서는 이미 합의된 내용을 형식적으로 승인만 하는 듯한 방식이 흥미로우면서도 답답했다고 말했다. 반면 일본인 관리자들은 미국인 관리자들이 합의에 기반한 의사 결정으로 이어질 수 있는 사전 준비 과정을 인내심 있게 밟으려 하지 않는다고 느꼈다.

그래서 일본에 처음 온 미국인들은 일본식 실사 회의(기업의 재무 상태, 경영 실태 등을 검토하고 정보를 주고받는 회의)를 지나치게 '형식적'으로 느껴 답답함을 겪는 경우가 많다. 회의에서 아무런 진전도 없는 듯 보이기 때문이다. 반대로 처음 미국을 방문한 일본인들은 미국인들이 너무 서두르는 것 같아서 대화를 따라가기가 벅차고 부담스럽다고 했다. 만약 실사 회의에 문화적·사회적 경청을 적용하면 양국의 구성원 모두 서로의 업무 문화를 이해할 수 있을 테다.

가장 큰 차이는 일본에서는 공식적인 회의 밖에서 이루어지는 경청 순환을 통해 의사 결정이 이루어지는 경우가 많은 반면, 미국에서는 주로 협상 테이블에서 의사 결정이 이뤄진다는 데서 일어난다. 이러한 간극은 선택적 청각 주의와 경청 채널이 달라서 발생한다. 일본 관리자들은 聴く 즉, 14개의 마음으로 듣기와 부드러운 경청에 집중하는 반면 미국 관리자들은 聞く, 정보적 경청과 신뢰성 경청에 초점을 맞추는 경향이 있기 때문이다.

직장 내 경청과 커리어 성장의 선순환

기업들이 경청 문화를 개선하기 위해 직원들을 지원하는 방법 중 직원 역량 개발 프로그램이 있다. 예전에는 단순한 복지나 혜택으로 여겨졌던 직원 역량 개발 프로그램은 기술 역량을 높이는 데 그치지 않고, 직원 개개인의 커뮤니케이션 능력 향상에도 기여하는 중요한 수단으로 인정받는 중이다. 직업 역량 개발은 조직 내 경청 능력을 길러주며 특히 팀 간 협업에서 그 효과가 두드러진다.

현재 다양한 조직에서 리더십 개발, 멘토링·코칭, 학비 지원, 교육 보조 등 여러 형태의 역량 개발 프로그램을 제공한다. 구글은 학습과 개방적인 소통을 장려하고 직원들의 커리어 목표, 기술 격차, 관심 분야를 반영한 역량 개발을 지원하기 위해 '20% 정책'을 도입했다. 직원들이 업무 시간의 20%를 스스로 선택한 프로젝트에 사용하도록 장려하는 정책이다. 20% 정책은 자유와 자율성을 바라는 직원들의 목소리에 귀 기울인 결과며, 직원들에게 자신이 열정을 느끼는 프로젝트를 추구하고 관심 분야에서 혁신을 시도할 기회를 제시한다.

직원들의 흥미나 관심사를 더욱 확장하고 발전시키는 데 도움이 되는 또 다른 경청의 방법으로 '구글러 투 구글러g2g' 프로그램을 꼽을 수 있다. 이 프로그램은 사내 워크숍, 세미나, 실습 과정으로 구성된다. 기술 역량, 리더십 개발, 다양성과 포용, 마음챙김 등 다양한 주제를 다룬다. 업무 환경에서 경청의 공간을 마련해 직원들이 멘토를 구하거나 동료들의 전문성과 지식을 배우도록 돕는다.

이러한 직원 혜택을 구글EDU 같은 조금 더 기본적인 학습 기회와 함께 활용할 수도 있다. 구글EDU는 코딩, 데이터 분석, 프로젝트 관리, 디지털 마케팅 등에 대한 학습 기회를 제공한다. 궁극적으로 역량 개발 프로그램들을 통해 직원과 리더 모두 기술뿐 아니라 사람에 대해 배우고 경청할 기회를 얻는다. 타인과의 경쟁 속에서 회사가 성장하고 조직 내부의 문화가 풍요로워지는 것이다.

재택 근무를 할 때 필요한 경청

흔히 줄임말로 'wfh'라고 부르는 재택 근무work from home는 팬데믹이 가져온 유일한 긍정적인 결과다. 이러한 선택지를 받지 못했던 세대로서 나는 많은 부모들이 재택 근무라는 유연한 선택권을 누릴 수 있게 된 점이 무척이나 부럽다. 회사에 출근하는 게 당연하던 시절에는 일을 포기하거나 근무 시간 동안 자녀를 맡길 곳을 찾아야 했다. 물론 여전히 그러한 현실은 존재하지만 재택 근무 문화의 확산은 삶에 더 많은 유연성을 가져오고, 원격 근무라는 개념이 생기기 전에는 시도조차 할 수 없었던 일자리에 접근할 기회도 열어주었다.

업무 구조의 유연성이 커지면서 소통 방식에도 변화가 생겼다. 그중 하나는 격식이 크게 줄어들었다는 점이다. 출퇴근이 당연하던 세대는 일과 사생활을 철저히 분리해야 한다고 생각했겠지만 지금은 일과 가정의 물리적 경계가 사라지면서 집과 회사에서 사용하는 언어의 구분도 점점 경계가 불분명해졌다. 대신 오늘날 많은 직장에서는 소셜 미디어를 이용한 개인 맞춤형의 소통을 선호한다.

또한 재택 근무는 협업과 일대일 미팅에서의 의사 결정 방식을 긍정적으로 바꿨다. 동료들과 의견을 주고받고 서로의 말을 더 깊이 경청할 수 있는 여유가 생긴 것이다. 하지만 공동 주거 공간에 사는 청년들이나 어린 자녀를 둔 부모, 혼자 사는 사람들에게는 재택 근무라는 새로운 의사 결정 환경이 더 복잡한 경험으로 다가오기도 했다.

소규모 회의가 점점 더 비격식적인 미팅의 분위기를 띠게 되면서 의사 결정은 온라인 커뮤니케이션 플랫폼을 통해 발언 시간과 경청 시간을 평등하게 분배하는 데 기여하고 있다. 더 많은 사람이 참여하고 배타성이 줄면서, 온라인 커뮤니케이션은 물리적인 장소나 시간에 상관없이 발언과 경청의 가능성을 열어준다. 하지만 이러한 의사 결정 방식이 가져온 여러 이점에도 불구하고, 생산성과 개인의 웰빙에 부담을 주는 새로운 문제들도 생겼다.

정보적 경청 능력에 영향을 미치는 생산성 문제는 다양하다. 듣기 자체를 방해하는 기술적 오류부터 원격 커뮤니케이션의 흐름을 방해하는 공사 소음이나 이웃의 음악 소리 같은 물리적 방해물에까지 이른다. 집이라는 공간을 일터로 내어주는 상황은 물리적인 측면뿐 아니라 관계적인 측면에서도 작업의 흐름과 집중력을 유지하는 데 어려움을 불러온다. 사무실에서도 인터넷 쇼핑, 업무와 무관한 소셜 미디어 사용과 같은 개인적인 일에 빠지기 쉽지만 재택 근무를 하는 상황에서는 업무적 경청과 사회적 경청이 한층 더 복잡하게 뒤섞인다. 회의에 참석하는 동시에 개인적인 활동도 할 수 있기 때문이다.

사무실에서 커피 타임을 가진 후 동료와 정수기 앞에서 자연스럽게 나누던 전통적이고 시각적인 대화 대신, 재택 근무 환경에서는 서로의 모습을 볼 수 없어도 디지털 커뮤니케이션을 통해 동료들과 교류할 수 있게 되었다. 이때 원격 커뮤니케이션이 점점 더 카메라를 끈 채 이루어지는 듣기 중심의 상호 작용으로 바뀌면서 청자는 발표자가 정한 정보 전달 과제를 그대로 받아들이는 문제가 종종 생긴다. 대화 중 신경 써야 할 사람들이 보이지 않으면 발표하는 사람도 집중력을 잃는다. 그러면 발표자와 청자의 존재감은 사라지고 발표에는 과업 중심의 내용만 남게 된다.

만약 화상 회의가 끝난 후 그냥 이메일로 문서를 첨부하지 굳이 회의를 했어야 됐는지 의문이 든다면 바로 그러한 상황이 벌어지고 있는 것이다. 발표자와 청자 모두 몰입하지 못한 채 진행되는 원격 커뮤니케이션에서 청자는 발표의 무미건조함에 지루함을 느끼고, 나아가 고립감까지 경험한다. 아이러니하게도 의사 결정 과정의 가장 큰 매력인 '굳이 그 자리에 있을 필요가 없다'는 개념이 경청의 이점을 누리지 못하도록 가로막는 방해물이 되기도 한다.

인터넷 속도는 갈수록 빨라지고 우리는 전 세계의 디지털 기기들과 실시간으로 연결되지만 정작 사람 사이의 연결감은 그 어느 때보다 약해지고 있다. 기업들은 디지털 고립이라는 문제에 대응하기 위해 조직의 건강 상태를 점검하는 한편 소외감을 느끼는 직원들과 다시 연결되고 의사 결정의 고립감을 줄이는 다양한 해결책을 도입하기 시작했다.

그중에서도 특히 효과적인 해결책은 일대일 또는 소그룹으로 이루어지는 경청 순환이다. 경청 순환은 고립감을 해소하는 가장 기본적인 해결책이다. 상사나 동료들과의 연결을 유지하기 위한 소규모 회의는 매체나 형식에 상관 없이 바람직한 업무적 경청을 위해 필수적이다. 화상 회의, 브레인스토밍, 영상·전화 통화를 통한 상황 점검, 온라인 메시징 플랫폼, 문자 메시지, 이메일 등 어떤 형태의 경청 순환이든 결국 작은 규모와 정기적인 만남이 유지되어야 한다.

연결을 유지하기 위해서는 규모와 빈도가 중요하다. 정기적인 경청 점검은 가장 중요한 처방이다. 멘토와의 짧은 대화, 화상 회의 중 소그룹의 채팅방에서 이루어지는 동료들과의 만남, 직접 만나서 점심을 먹으며 정보를 나누는 협업, 복도나 사무실에서 이루어지는 예기치 못했던 대화 등 형식은 중요하지 않다. 중요한 것은 친밀하고 적극적인 경청을 꾸준히 실천하는 습관을 기르는 태도다.

이제 몸을 혹사하면서까지 일하거나 상사가 퇴근할 때까지 눈치를 보며 자리를 지키는 것은 점점 과거의 유산이 되어 사라지고 있다. 일과 휴식의 균형은 기업이 지키려는 중요한 목표가 되었다. 인재 유지를 위해서는 직원들의 몸과 마음의 건강도 뒷받침되어야 한다는 사실을 깨달은 기업들은 이제 일과 휴식의 균형을 매우 중요한 과제로 여긴다.

_____ 일을 잠시 내려놓고
자신에게 귀 기울여라

일과 완전히 분리된 시간을 가지기 어려워진 건 현대에 들어서 생긴 문제다. 출발점은 전화였다. 전화 때문에 처음으로 함께 있지 않아도 언제든 동료나 상사와 소통할 수 있게 되었다. 1876년 알렉산더 그레이엄 벨Alexander Graham Bell이 최초로 전화기에 대한 특허를 획득하고, 토머스 에디슨Thomas Edison이 영어 사용자가 전화를 받을 때 쓰는 인사말을 "Hello?"로 정착시킨 이후 전 세계의 청자들은 아날로그 시대에서 디지털 통신 시대로 빠르게 진입했다. 기계식 타자기와 작별하고 인터넷을 통해 전 세계와 연결된 컴퓨터를 사용하면서 인간은 '연결되어 있다'라는 개념에 새로운 생명을 불어넣었다.

대기 시간의 획기적인 단축과 빠른 문서 작성 및 프로젝트의 실시간 협업을 가능하게 한 자동화·디지털화 덕분에 직장 내 커뮤니케이션이 훨씬 빨라졌다. 이는 곧 의사 결정의 속도가 빨라지고 생산성이 커지는 결과로 이어졌다. 빠른 속도를 높은 지능과 비용 절감의 상징으로 여기는 업무 문화에서 디지털화는 하늘이 내린 선물이었다. 디지털화는 생산성을 높이는 마법과도 같았다. 우리는 다시는 게으름을 부릴 수가 없게 되었다.

그러나 생산성이 중시될수록 항상 대기한 채로 신속히 응답해야 한다는 기대 역시 점점 당연한 것으로 여겨지기 시작했다. 직원들은 늘 '접속 상태'로 있어야 한다는 압박을 느끼게 되었다. 한때는 열심히 일하는 것이 존경받을 만한 일이었지만 이제는 점점 더 당연하고 필수적인 것처럼 치부된다.

실제로 조직심리학자 윌리엄 A. 젠트리William A. Gentry와 클레어 M. 하버Claire M. Harbour가 2018년 관리자들을 대상으로 실시한 조사가 이를 반증한다. 응답자 763명 중 74%가 퇴근 후에도 업무에서 완전히 분리되기 어렵다고 답했다. 항상 대기 상태가 아니면 승진에 불이익이 있을까 걱정되기 때문이었다.[12]

웨일스의 사회 개혁가 로버트 오웬Robert Owen이 처음 구상한 오전 9시부터 오후 5시까지의 근무 즉, 8시간 노동과 8시간 여가, 8시간 수

면으로 질서정연하게 나뉘는 하루 일과는 시대에 뒤떨어진 틀처럼 느껴진다. 헨리 포드Henry Ford가 도입한 하루 8시간, 주 40시간의 근무 제도 역시 더 이상 현실적이지 않다. 인맥 형성을 위한 네트워킹이나 근무 시간 이후의 사교 활동도 모두 경력 발전에 중요한 일로 간주되기 때문에 이제는 오웬이나 포드의 기준을 적용하기는 어렵다.

기술의 발달로 우리는 전 세계 어디에든 스스로를 노출할 수 있다. 항상 접속 상태로 있어야 하며, 우리가 살아가는 방식 자체가 온라인 공간 속으로 옮겨가고 있지만 말이다. 물리적 세계에서든 가상 공간에서든 끊임없이 '접속 상태'로 존재하며 24시간 내내 '경청 모드'를 유지해야 한다는 압박감은 개인은 물론 조직 문화의 경청 능력과 관계적 건강에 큰 영향을 미친다.

항상 대기해야 하는 상태는 피로를 초래하며, 주의를 집중하는 시간이 줄고, 이로 인해 발생하는 스트레스가 건강에 해로울 정도로 심해진다. 주의력 저하는 정보적 언어 이해력에 직접적인 영향을 준다. 스트레스가 커질수록 공감하며 듣는 경청 능력도 약화된다. 항시 대기를 강조하는 직장 문화는 대화를 서두르게 만들고, 결정도 성급하게 내리게 하며, 타인을 배려하는 분위기를 약화시킨다.

과로와 24시간 경청을 없앨 만능 해결책은 없다. 하지만 다행스럽게도 현재 일과 삶의 균형을 위해 시간을 관리해야 할 필요성에 대한 인식이 널리 퍼지는 중이다. 업무 시간에만 휴대폰을 확인한다거나 휴식 시간에는 업무 관련 연락에 응답하지 않도록 스스로 절제하자.

마지막 장에서 살펴보겠지만 좋은 경청이란 경계를 설정하는 행위다. 이메일이나 문자에 즉각 반응하지 않는다고 상대방을 무시하는 행동은 아니다. 특히 부재 상황을 미리 밝혀두었다면 더욱 그렇다. 청자로 성장하는 과정에서 꼭 기억해야 할 점이 있다. 어떤 기술을 사용하든 기술의 주체는 우리 자신임을 잊지 말아야 한다는 점이다.

경계 설정이 경청의 질과 워라밸을 모두 향상시킨다면, 현실적인 목표 설정은 한 영역에서 성공한다고 해서 꼭 다른 영역을 희생할 필요는 없다는 믿음을 강화한다. 목표는 이루고자 하는 바에 집중하고 책임감을 느끼기 위해 중요하지만 여러 영역에서 언제나 전력을 다해 100%의 성과를 내려고 하다 보면 오히려 스트레스가 커진다.

한꺼번에 감당해야 할 일이 너무 많아서 압박감에 시달릴 때 시도해보면 좋은 전략이 2가지 있다. 첫 번째는 '80 대 20의 법칙'이라고도 불리는 '파레토 법칙'에 기반한 방법이다. 파레토 법칙은 경제학자 빌프레도 파레토^{Vilfredo Pareto}의 이름에서 따왔다. 파레토는 이탈리아에서 전체 토지의 약 80%를 20%의 인구가 소유하고 있다는 사실을 발견했다. 사회과학 분야의 연구자들은 비즈니스 영역에서 한 기업의 수익 가운데 약 80%가 20%의 고객에게서 나온다는 사실을 발견했다. 생산성의 관점에서 보자면 전체적인 업무·활동 중 가장 중요한 상위 20%에 집중해야 성과가 나온다는 뜻이다. 일상적인 업무에서 파레토 법칙은 결국 우선순위 설정 그 자체를 뜻하게 되었다.

파레토 법칙을 업무적 경청에 적용해보자. 일종의 선택적 청각 주의를 하자는 것이다. 가장 시급한 20%의 사안을 파악하고 이를 팀·회사에 명확히 전달함으로써, 청자는 모든 메시지에 반응하기보다 가장 중요한 일에 시간을 할당하며 워라밸을 적극적으로 지킬 수 있다. 파레토 경청에는 중요도 순서로 정리한 메모 작성과 피드백 합의가 포함된다. 피드백 합의는 일본의 업무 환경에서 청자들이 합의를 이끌어내는 경청 순환에서 받는 피드백 지원과 비슷하다. 글로벌 CEO 코치 사비나 나와즈Sabina Nawaz는 비즈니스 환경에서 좋은 청자는 중요한 정보를 포착할 수 있는 사람이라고 말한다.[13]

두 번째 전략은 나와즈의 메모 시스템이다. 왼쪽 칸에는 정보성 과업 항목을 적고, 오른쪽 칸에는 회의 말미에 따로 물어볼 질문을 포함한 자신의 성찰 내용을 기록한다. 질문은 주제와 긴급성을 더욱 명확히 해준다. 그래서 질문을 던지면 중요한 사안에 대해 공감대와 합의를 형성하는 데 필요한 기반이 다져진다. 메모는 드러내는 형태의 경청이 된다. 합의의 토대가 쌓이는 과정에 정보적 경청과 14개의 마음으로 듣기가 포함되는 것을 보여주는 기록이다.

나와즈의 메모 시스템은 끊임없이 다듬고 정제하는 일본식 미학과도 닮아 있다. 제품을 개선하기 위한 소프트 파워로 사용되는 이 지속적 개선의 개념은 최근 '카이젠'이라는 단어로 널리 알려졌다. 80 대 20의 파레토 법칙처럼 거시적인 수준에서 경계를 설정하진 않는다. 하지만 지속적 개선은 매일 조금씩 들이는 노력으로 압도적인 부담이 쌓이는 일을 막을 수 있다는 개념을 토대로 한다. 14개의 마음으로 들기나 부드러운 경청처럼 지속적 개선이라는 개념도 동시에 여러 작업을 처리해야 하는 문제를 사전에 예방하려는 접근에서 출발한다.

_____ 경청하며 일하기

가정에서의 경청이 단순히 말의 내용을 이해하는 것에 그치지 않듯이 비즈니스 대화에서의 경청도 업무 내용을 파악하는 것이 전부가 아니다. 고객, 동료, 상사, 직원 등 조직과 관련된 다양한 이해관계자들의 목소리에 귀를 기울이는 태도도 필요하다. 투자 회사의 CEO인 친구는 "자기 아래에서 일하는 사람들의 말을 항상 귀 기울여 들어야 해. 앞으로 어떤 식으로 엮이게 될지 아무도 모르니까."라는 말을 한 적이 있다. 5년 후 정말로 상황이 바뀌었다. 직원이었던 사람이 내 친구를 컨설턴트로 고용한 것이다. 한때 상사였던 사람이 동료가 될 수도 있고, 그 반대의 경우도 생길 수 있다.

업무적 경청은 누구나 서로의 말을 듣고, 일뿐 아니라 사람에 대해서도 정보를 주고받아야 한다는 점에서 수평적이고 누구에게나 열려 있는 소통 방식이다. 경청을 통해 우리는 더 현명한 판단을 내리고, 시장 환경에 유연하게 대응해 앞서 나갈 수 있다. 우리가 선호하는 업무 환경을 구축하고 급변하는 상황 속에서도 함께 성장해나갈 수 있는 장기적인 관계를 만들어나간다.

이번 장에서는 회사 내부뿐 아니라 고객과의 관계에서도 경청을 통해 어떻게 상호 존중과 신뢰가 깊어지는지 살펴보았다. 상호 존중과 신뢰는 구성원의 몰입을 이끌고, 몰입은 노력이 인정받는 경험으로 이어진다. 그리고 혁신과 효율적인 시스템을 만드는 원동력이 된다. 반대로 존중이나 신뢰가 없으면 투명성이나 갈등 해결도, 건강한 워라밸도 기대하기 어렵다. 상호 존중과 신뢰는 협업적인 환경을 조성하고 경청 순환을 더욱 견고하게 만들어주는 중요한 사회적 자본이다.

직원들의 몰입도를 높이는 직원 역량 개발 프로그램을 운영하는 방법도 좋다. 단, 직원들의 기술 활용 역량을 강화하고 커뮤니케이션의 효율성을 높여주며 기업의 생산성과 혁신성에도 기여하는 프로그램이어야 한다. 만약 회사에 그러한 프로그램이 없으면 고립감을 해소하고 워라밸을 지키는 노력을 통해 스스로 몰입을 이끌어내야 한다. 앞에서 말한 것처럼 파레토 경청으로 업무의 우선순위를 파악하는 방법도 좋다. 그래야 너무 많은 업무를 감당하다가 지쳐버려서 일에 마음이 떠나버리는 불상사가 생기지 않는다.

업무적 경청은 장기적으로 신뢰를 쌓고 유지하는 데 도움을 주며, 건강하고 안정적인 직장 생활을 위한 든든한 토대를 마련해준다. 경청을 우선시함으로써 리더, 직원, 고객 모두가 상호 존중과 헌신을 표현할 수 있다. 개방적인 소통과 전문 역량 개발로도 이어져서 모두가 존중받고 만족감을 느낀다.

비즈니스 컨설턴트이자 경영대학원 교수인 로라 야누식Laura Janusik에 따르면 우리는 깨어 있는 시간의 최대 4분의 1을 듣기에 사용한다.[14] 사회 개혁가 로버트 오웬이 말한 '8시간 노동, 8시간 여가, 8시간 수면'을 기준으로 본다면 깨어 있는 16시간 중 4~8시간을 듣기에 쓰는 셈이다. 한마디로 대부분의 사람들은 식사에 쓰는 시간보다 더 많은 시간을 듣기에 할애한다는 뜻이다. 아마도 자신을 돌보는 활동에 쓰는 시간보다도 훨씬 많을 것이다.

물론 직장과 가정에서 다른 사람의 말을 듣는 '사이의 공간'에 많은 시간을 들이는 것은 바람직한 일이다. 하지만 타인과 공유하는 그 공간에 신경 쓰는 일만큼 자신의 니즈를 충족시키는 일에도 관심을 기울여야 한다. 다시 말하자면 신뢰할 수 있는 소통이 이루어지는 직장 문화를 만들어가는 과정에서 동료들과 협업하기 위해 타인의 말에 귀를 기울이는 것뿐 아니라, 자신의 내면의 소리에도 귀를 기울여야 한다는 뜻이다. 이 개념은 마지막 장에서 다룰 '적응적 경청'에서 자세히 살펴보기로 하자.

일단 지금은 바쁜 일정 속에서 업무의 우선순위를 조정해 경청 시간을 마련해보거나 정기적으로 대화에 참여하면서 매일 조금씩 경청·대화의 기술을 다듬어가길 권한다. 어떤 방식으로 경청을 연습하든 잠시 멈추어 천천히 귀 기울인 다음에 업무로 돌아가자. 그리고 일을 반드시 끝내게 만드는 작지만 깊은 가르침을 마음에 새겨보자. 천 리 길도 한 걸음부터다.

업무적 경청의 7가지 핵심

- 업무에 필요한 협력 에너지는 상호 존중, 신뢰, 혁신, 인정, 드러내는 경청이다.

- 업무 중에는 상호 존중과 신뢰를 구축해야 경청이 이루어진다. 이러한 가치는 인정을 통해 쌓인다.

- 인정은 드러내는 경청에 속한다. 누군가를 인정하는 방식은 다양하다. 예를 들어, 일대일 멘토링 경험과 같은 비금전적 보상을 줄 수도 있다. 비금전적 보상은 금전적 보상보다 더 오래 기억에 남기도 한다.

- 일본에서는 오래전부터 우치아와세(회의 전 비공식 논의)나 네마와시(사전 조율)와 같은 형태로 경청 순환이 존재해왔다.

- 직원 역량 개발 프로그램처럼 공식적으로 드러내는 경청도 혁신과 창의성을 장려한다.

- 일과 삶이 균형을 이루려면 업무의 우선순위를 조정하고 업무적 경청 모드가 하루 24시간 내내 지속되지 않도록 주의해야 한다.

- 파레토가 제안한 80 대 20의 법칙으로 경청을 최적화하면 일과 삶의 균형을 이룰 수 있다. 업무 중 어떤 경청이 중요한지를 우선순위에 따라 판단해서 파레토 경청자를 지명하거나 스스로 자

처해보자. 또한 지속적인 개선의 개념을 경청에 적용하면 갈등이나 오해가 커지는 상황을 막을 수 있다.

업무적 경청을 위한 3가지 성찰

- 당신은 업무에서 경청 순환을 활용하고 있는가? 어떤 방식이며, 그 효과를 다른 경청 순환에서도 공유할 수 있는가?

- 멘토링 관계에 참여하고 있는가? 동료들과 멘토링 프로그램의 장점에 대해 이야기해보고, 멘토와 멘티를 짝짓는 새로운 방법을 함께 모색해보자. 멘토가 되기 위해 꼭 나이가 많거나 직급이 높을 필요는 없다.

- 당신은 80 대 20의 법칙, 파레토 경청, 지속적인 개선에 대해 어떻게 생각하는가? 보다 나은 워라벨을 위해 회사에서 파레토 경청자를 자원하거나 지명하는 것 또는 지속적인 개선의 마음가짐을 실천하는 것이 의미 있다고 느끼는가?

9

세대적 경청

서로 다른 세대를 연결하다

世代

인터넷이 보편화되기 전 일본에 가면 오랫동안 보지 못한 세계를 실제로 볼 특별한 기회를 만난 듯했다. 모든 것이 변했지만 변하지 않은 것들도 있었다. 시부야 스크램블의 눈부시도록 현란한 네온사인과 조금만 걸어가면 늘어선 길거리의 음식 가판대들이 극명한 대비를 이루었다. 도쿄의 모든 지하철역에서 울려 퍼지는 안내 방송 멜로디도 기억하던 그대로였다. 일본 여행은 내가 떠나왔던 시절로 다시 돌아가는 시간 여행 같았다. 나는 지금까지도 일본을 떠올리게 하는 친숙하고 오래된 것들을 무척이나 좋아한다.

　TV를 틀면 과거로 돌아간 느낌이 더욱 실감난다. 기술은 발전했지만 여전히 똑같은 프로그램들이 방송되고 있다. 오늘날 유행하는 리

얼리티 쇼나 리액션 영상 같은 콘텐츠는 일본에서 1970년대부터 방송했다. 뉴스를 보는 중간중간 그러한 프로그램들을 보며 잠시 웃곤했다. 달랑 4개뿐인 채널에서 지루한 뉴스가 나오면 진행자들의 목소리며 말투, 스타일이 떠올라 반가운 기분이 들었다.

그러다 보면 이상한 일이 벌어지곤 했다. 당신도 이 감정을 알고 있을지 모른다. 처음에는 반가움에 젖어 있다가, 어느 순간 뉴스에서 내가 방금 전까지만 해도 전혀 몰랐던 무언가가 갑자기 튀어나오는 것이다. 북부 해안에서 게를 잡던 어부가 영해를 넘었다는 이유로 총에 맞아 사망했다는 소식이었다. 뭐라고? 내가 모르고 있던 현실의 단편을 들은 순간 전혀 다른 우주가 눈앞에 펼쳐지는 듯했다. 방금 떠나온 미국에 관한 뉴스조차 내가 알고 있던 것과는 전혀 다르게 들렸고, 역시나 평행 세계에 떨어진 것처럼 느껴졌다. 그러면 바로 그 순간, 발딛을 곳이 허물어진 듯한 불안감이 밀려오기 시작했다. 많은 이들이 인터넷에서 온갖 다른 관점을 한꺼번에 접할 때 겪는 것과 같은 감정말이다.

오늘날 인터넷, 디지털 메시지, 소셜 미디어는 우리의 삶과 정체성에 중대한 영향을 미친다. 요즘 일본에 과잉 관광 문제가 생긴 이유를 묻는다면 엔저 현상과 같은 단순한 답을 먼저 떠올릴 것이다. 하지만 나는 생각이 다르다. 사람들이 만화나 애니메이션, 게임 속에서 구현된 장소를 실제로 확인해보고 싶어서라고 생각한다. 일본을 방문하는 일은 디지털·가상 세계 속 풍경이 정말로 존재하는지를 확인하려는 일종의 현실 검증인 셈이다.

그러나 한편으로는 더 이상한 현상이 나타난다. 관광객들이 일본에서 반드시 해야 하는 일이 그들이 방문한 물리적 장소를 휴대폰으로 찍는 일이라는 점이다. 마치 그 장소가 다시 디지털화된 뒤에야 비로소 진짜가 되는 것처럼 말이다. 디지털 기술은 우리의 현실을 확인하는 동시에 현실을 끊임없이 불확실하게 만든다.

미디어도 비슷한 불안감을 불러일으킨다. 과거에는 미디어를 장악한 소수가 뉴스를 전달하며 그 뉴스를 단 하나의 진실인 것처럼 제시했다. 이러한 형태의 뉴스 보도는 '대중 매체'라고 불렸다. 대중 매체에서 청자들은 단일 집단이었다. 하지만 오늘날의 미디어 방송은 분산된 형태다. 뉴스는 소셜 미디어의 수많은 경로 중 하나가 되었다.

이제는 모든 사람이 다른 이들에게 방송을 할 수 있다. 누구나 이전에는 들을 수 없었던 소외된 목소리를 들을 수 있다는 측면에서 보면 오늘날의 뉴스 전달 방식이 더 민주적이라고 할 수 있다. 하지만 아이러니하게도 하나의 사실이 다양하게 해석될 여지가 존재하다 보니, 너무나 많은 가능성이 우리를 혼란스럽게 만든다.

알고리즘은 우리가 보고 싶어 하는 콘텐츠만 골라서 보여줌으로써 그것을 '현실'로 선택하게 한다. 시간이 지나면서 우리는 선택한 정보 경로만 접한다. 그러면 맞춤화된 정보 통로만 남게 되고, 우리는 그렇게 전달받은 정보를 절대적 진실로 받아들인다.

여러 세계가 존재한다면 그 사이를 매일 오가야 한다는 막연하고 불편한 감각만이 남는다. 우리는 각 세계에 대해 어느 정도 알고는 있지만 사실은 잘 알지 못한다. 예전처럼 모두가 똑같은 뉴스를 듣고 확신하던 때의 안정감도 더는 없다.

세대를 뜻하는 한자 世代에는 '대안적 세계'라는 개념이 담겼다. 첫 번째 글자인 '世'는 세계를 의미하고, 두 번째 글자인 '代'는 대안을 뜻한다. 디지털 세계에서 우리는 다양한 문화를 다루는 서로 다른 사람일 뿐 아니라, 서로 다른 세계관을 지닌 서로 다른 세대기도 하다. 우리는 매일 말하고 문자를 보내고 듣고 읽는 과정 속에서 폭발적으로 늘어나는 세대별 문화 사이를 오간다.

우리는 가상 세계가 등장하기 이전에 태어난 베이비붐세대에 속한 사람들을 '디지털 이민자'라고 부르며, 태어났을 때부터 스마트폰이 있었던 '디지털 원주민' 세대와 구분한다. 이번 장에서는 디지털 시대를 함께 살아가는 여러 세대들을 각 세대의 접점에 주목해 살펴보고, 종종 대립적으로 묘사되는 세대들이 협력해나갈 방안을 제안한다. 이 과정에서 지난 한 세기를 살아온 세대들을 묘사하는 언어를 살펴볼 예정이다.

또 온라인 학습, 전자 상거래 시장, 소셜 미디어, 문자 메시지의 시대에 소통이라는 과제를 떠안게 된 젊은 세대들이 타인의 목소리를 듣는 새로운 방식을 스스로 창조할 뿐 아니라, 부드러운 경청을 통해 다른 세대에 도움을 줄 수 있는 힘도 가졌다는 사실을 확인해보고자 한다.

_____ 세대별 접점을 듣는다는 것

사회학자 카를 만하임$^{Karl\ Mannheim}$은 한 세대에 속한 개인들이 자연재해나 인재, 전쟁 같은 역사적 사건, 사회 운동과 정치적 격변, 경제 불황과 호황, 고용 시장, 음악이나 패션 같은 유행, 대중 매체, 기술의 흐름 등 그 세대를 특징짓는 문화적 접점에 대해 공통된 인식을 가진다고 보았다. 전통적으로 세대 문화를 설명하는 방식은 한 세대에서 다음 세대로 이어지는 타임라인 위에 각 세대를 상징하는 주요 접점을 배열하는 방식이다.

미국의 히피 문화는 베이비붐세대를 대표하는 접점이다. 반전 음악·슬로건, 베트남 전쟁 징집에 반대하는 운동을 상징하는 평화의 손짓 같은 다양한 상징으로 이루어진다. 당시에는 대안적 세계에 대한 이해가 매우 제한적이었고, 넓은 인식을 보여주는 예라고 해봐야 평화의 손짓이 어떤 문화권에서는 불쾌하게 받아들여질 수 있다고 경고하는 다문화 교육 정도가 전부였다.

19세기 말과 20세기 이후 서구의 사회학자들은 세대를 같은 시대, 대체로 15년에서 20년 사이에 태어난 사람들로 이루어진 집단이라고 정의해왔다. 한 세대를 구분짓는 요소로는 음악, 패션, 오락이 있다. 최근에는 기술이 훨씬 중요한 구분 기준이 되었고 언어와 목소리도 세대 구분 요소로 포함된다. 특히 청자의 관점에서 볼 때 언어와 목소리는 중요한 세대적 특징이 된다. 그 시대의 언어만큼 한 세대를 잘 보여주는 것은 없다.

미국의 베이비붐세대는 'groovy^{멋진}'나 'far out^{별난}' 같은 말을 들으면 베트남 전쟁의 장기화에 반대하던 그 시절로 곧장 시간 여행을 떠난다. 1955년부터 1975년까지 20년에 걸쳐 이어진 이 전쟁은 한편으로는 미국 경제를 과도하게 성장시키면서 다른 한편으로는 인프라나 사회 복지 정책 같은 미국 내 우선 과제들에 대한 예산을 빼앗아갔다.

당시 언론은 평화의 손짓과 꽃다발로 엮은 화관을 내세우는 히피들을 '기존 질서에 도전하지만 다소 가볍고 하찮은 존재'처럼 묘사했다. 존 레논과 오노 요코의 평화의 송가 〈Give Peace a Chance〉와 같은 음악에 영감을 준 혁명의 분위기가 그 시대의 가장 큰 특징이라고 할 수 있다. 히피들은 전쟁에 반대함으로써 기존 체제에 저항했다.

기득권의 시각에서 보면 반문화주의자인 히피들은 '징병 회피자'였고, 전쟁 반대 시위에 나선 베이비붐세대는 찬성하지 않는 전쟁에 나가기보다 평화적인 공동체 봉사에 시간을 바치는 '양심적 병역 거부자'였다. 미국의 베이비붐세대 청자들은 징병 회피자나 양심적 병역 거부자라는 표현을 들었을 때 그 말을 한 화자가 사회정치적으로 어디쯤에 자리하는지 단번에 알아차린다.

언어는 문화를 나타낼 뿐 아니라 세대도 드러낸다. 항상 특정 세대 같은 사회적·문화적 집단에 분명하게 속하지는 않더라도 우리가 사용하는 언어는 청자에게 어떤 세대가 이를 가장 잘 대변하는지를 암시한다. 청자는 화자가 기존 질서를 옹호하는 쪽인지, 새로운 도전을 꾀

하는 세력에 속하는지를 파악할 수 있다. 모든 세대는 언어로 표현되는 고유한 목소리를 가지고 있으며, 청자는 각 세대가 무엇을 중요하게 여기는지 들을 수 있다.

접점과 상관없이 모든 이전 세대는 그 다음 세대에게 '기존 질서'를 대표하는 존재가 된다. 기존 질서를 뜻하는 'status quo'는 라틴어로 '현 상태'를 의미한다. 베이비붐세대가 사회의 주류 세력이 되자, 1960년대 중반부터 1980년대 초반 사이에 태어난 다음 세대인 X세대에게 '현 상태'는 혁명적이 아니라 훨씬 더 전통적으로 느껴졌다.

한때 '멋지고' '별난' 세대로 불리던 베이비붐세대는 기성세대로 자리를 잡자마자, 바로 X세대를 '나태한 세대slacker'라고 불렀다. 기성세대가 젊은 세대에게 흔히 하는 비판이었지만 1980년대 초반부터 2000년 사이에 태어난 밀레니얼세대는 혼란스러웠다. 밀레니얼세대가 보기에 그들의 이전 세대인 X세대는 나태하기는커녕 성실하게 일하는 세대였기 때문이었다.

베이비붐세대와 밀레니얼세대 사이에 위치한 X세대는 별로 주목받지 못하는 세대다. 사회적 담론에서도 무시되기 쉽다. 하지만 기술 변화의 전환점에 서 있던 세대라는 점에서는 자세히 살펴볼 만하다. 베이비붐세대의 언어가 빠르게 사라지고 그들의 대표적인 접점도 밀려나던 시기였다. 베이비붐세대 내내 사용되었던 카세트 레코더, 플로피 디스크, 타자기 같은 물건들이 기술의 발전과 함께 빠르게 자취를 감추고 그 자리를 마우스 같은 새로운 하드웨어가 차지했다.

사실 마우스는 베이비붐세대 때 컴퓨터 공학자 더글러스 엥겔바트 Douglas Engelbart에 의해 처음 소개되었다. 엥겔바트는 1968년 '모든 데모의 어머니The Mother of All Demos'라고 불리는 역사적인 발표를 했다. 그는 마우스와 화상 회의, 하이퍼텍스트, 워드 프로세싱, 실시간 협업 편집 기능까지 선보였다. 엥겔바트는 현대 인터넷의 기반을 마련하는 데 기여했으며, 하드웨어에 기억하기 쉽고 귀여운 이름을 붙이는 관행을 처음 만든 인물로도 평가받는다. 그는 다른 공학자들이 당시 부르던 '디스플레이 시스템용 X-Y 위치 표시 장치'에 마우스라는 친근한 이름을 붙였다.

X세대는 하드웨어가 본격적으로 세상을 지배하기 시작한 시대를 대표할 뿐 아니라, 기술을 더 많은 사람들이 쉽게 접근하고 사용하도록 마우스 같은 상징적인 단어들이 등장한 시대를 대표하는 세대다. 첨단 기술에 기억하기 쉽고 귀여운 이름을 붙임으로써 X세대는 결국 밀레니얼세대의 언어 감성으로 자리잡은 기술 언어의 변화를 이끌었다.

한 세대의 언어는 그 세대의 의미장이며, 한 세대의 접점은 개념적 은유처럼 현실을 구성하는 개념의 숲에 붙는 제목과도 같다. 한 세대의 상징적인 단어와 접점을 들을 때 우리는 현재 속에서 과거의 역사를 듣고, 동시에 그것들의 미래를 듣는다. 단어와 접점을 들음으로써 우리는 한 세대를 들여다볼 역사적 이정표를 제공받는다. 이는 도겐 선사가 말한 것처럼 타인을 자기 자신처럼 바라보는 야심찬 행위기도 하다.

청자의 귀에 오래 남는 '쉬운 단어'들은 세대 간의 교차점에서 탄생하는 경우가 많다. 'cool멋지다'처럼 진부한 단어들은 그 교차점에서 탄생했고 계속 살아남았다. 두 세대에 걸친 유행어들은 단어가 듣기라는 행위에 영향을 미쳐서 그 단어가 다음 세대에도 전파된다는 사실을 보여주는 예다. 인류학자 에드워드 사피어와 벤저민 워프가 지적했듯이, 한 세대의 문화는 언어에 영향을 주고 그 언어도 다음 세대의 문화에 영향을 준다. 어떤 단어를 사용할 때마다 우리는 그것을 적극적으로 퍼뜨리는 셈이다. 단어를 들을 때마다 그 단어가 앞으로도 계속 사용되도록 돕는 기회가 생기는 것이다.

개념적으로 쉬운 단어들만 세대에서 세대로 이어지는 건 아니다. 인지적으로 이해하기 쉬운 문법도 다음 세대에 의해 받아들여진다. '나는 당신에게 완전히 동의한다'라는 뜻을 의도적으로 강조하는 X세대의 'totally전적으로'라는 표현은 이제는 사라져가고 있을지 몰라도, 그 말에 담긴 강조 효과는 여전히 대화 속에 남아 있다. 언어학자들이 '화용론적 힘pragmatic force'이라고 부르는 이 말이 청자에게 미치는 영향력은 그대로 유지되는 중이다. 오늘날 우리는 'totally'를 강조어로 사용해서 자신이 말하고자 하는 바를 더욱 강하게 드러낸다. 예를 들어, "그 밴드는 정말 대단했어. The band was totally on fire."처럼 말이다.

강조의 화용론적 힘을 가진 단어들 중 오늘날까지도 자주 쓰이는 예로는 'actually'와 'literally'도 있다. 이러한 단어들은 말에 강한 어조를 실어주며, 세대의 경계에 있는 청자들에 의해 새로운 어조와 의미로 재해석되어왔다.

마찬가지로 특정 세대가 사용하던 표현들은 완전히 사라지기도 하지만 관계적인 메타 메시지 속에서 살아남기도 한다. X세대에게서 유행했던 'totally'나 'whatever' 같은 단독 표현들은 사용 빈도가 줄었지만 그 세대가 그러한 단어들을 사용할 때 문자 그대로의 의미 외에 관계적인 메타 메시지까지 담아 전달하던 방식은 밀레니얼세대의 언어 속에도 여전히 남아 있다.

예컨대 "I agree wholeheartedly. You can totally do it."이라는 의미로 무언가에 전적으로 동의하거나 위로와 격려를 건넬 때 강조의 뜻으로 쓰이는 '100%'와 같은 새로운 표현이 그 예다. 또 다른 예도 있다. 'I'm good'은 밀레니얼세대가 무언가를 사양하거나 거절할 때 상대방과의 관계를 고려해 완곡하게 사용하는 표현이다. 이렇게 의미는 세대를 거치며 단어와 문법 속에서 변화한다.

한편 의미의 변화는 몇 세대에 걸쳐 서서히 일어나기도 한다. 'I'm good'의 새로운 의미를 들여다보자. 이 표현은 단어의 의미를 반대로 사용하던 관습에서 유래했다. 이전 시대부터 존재해온 아이러니한 말투의 장난을 담고 있다. 베이비붐세대는 'uptight'라는 단어를 지금처럼 '긴장한'이라는 뜻이 아니라, 재즈 속어인 '탁월한'이라는 뜻으로 사용했다.

단어는 특정 시대의 비밀 암호처럼 세대 내부의 사람들은 포용하면서 외부의 사람들은 멀리 밀어내는 역할을 하기도 한다. 특정 세대가 단어의 기존 의미를 뒤엎고 일종의 암호처럼 쓰면 청자들은 'bad'를 '좋은'의 뜻으로, 'I'm good'을 '아뇨, 사양할게요'라는 의미로 받아들이는 법을 배운다. 억양의 변화가 관계에 담긴 메타 메시지를 전달할 수 있듯이, 단어도 특정 세대의 일원임을 드러내는 신호가 된다.

어떤 세대에 속한 사람은 막 등장해 쓰이기 시작하는 세대 고유의 단어들을 그것이 널리 퍼져 보편적인 '현상'으로 자리잡기 전 자연스럽게 알게 된다. 처음에 이러한 단어들은 일종의 암호처럼 모호성을 띠고 그 세대 구성원들에게만 허용되는 배타성을 제공한다. 내집단 구성원들은 단어의 미묘한 뉘앙스를 알고 있으므로 'lit'이라는 단어를 들었을 때 그것이 '지적으로 뛰어나다'는 의미에서 '흥미로운 것'을 뜻하는 일반적인 의미를 담고 있다는 것뿐 아니라 해당 집단 안에서만 통용되는 그 단어의 메타적 의미도 함께 이해한다.

'lit'이라는 단어는 원래 '술에 취한' 또는 '약에 취한'이라는 뜻이었다. 지금도 여전히 술이나 약에 취한 상태와 관련된 잠재적으로 위험한 물질에 대한 위험성과 매력을 함께 내포한다. 그래서 이 단어를 사용하면 위험 감수에 대한 사용자의 호의적인 태도를 뜻하는 메타 메시지를 전달할 수 있다.

이러한 태도는 도전적인 성향을 지닌 세대에게 특히 환영받는다. 화자가 자신이 속한 집단 내에서 특정 단어가 어떤 의도로 사용되었는지를 듣고 이해할 수 있다는 건 단어의 의미를 자신의 세대에 맞게 파악할 수 있다는 뜻 이상을 의미한다. 그 단어를 사용하는 사람의 목소리와 그 사람이 속한 세대적 정체성까지 함께 이해한다는 의미다. 누군가가 단어를 어떤 의도로 말했는지를 이해한다는 건 비밀 클럽에 들어갈 때 암호를 대는 것처럼, 그 세대에 속한다는 사실을 반증하는 암호를 해독할 수 있다는 뜻이다.

한 세대의 단어와 문화적 접점들은 그 세대 안에서는 친밀감을 형성해주지만 세대 간의 구분을 나눠 서로에 대한 선입견을 더욱 강화할 때도 있다. 젊은 세대는 나이든 세대를 고지식하고 융통성 없는 사람들로 보고, 나이든 세대는 젊은 세대를 게으르고 무책임하다고 여기기도 한다. 언어는 그 자체로 고정된 의미를 지니지 않지만 우리가 언어를 세대 같은 내집단과 유대감을 형성하는 데 사용하므로 언어는 개인을 집단에 포함하거나 배제한다.

_____ 세대를 특정짓는 약어

약어는 특정 세대가 사용하는 세대적 언어다. 그 세대에 소속되었는지 여부를 나타내는 암호기도 하다. 이니셜리즘initialism(머리글자를 딴 줄임말이지만 철자를 하나씩 읽는다)은 줄임말의 한 형태로, 여러 개의 복잡한 단어들을 각 단어의 첫 글자만 따서 간단하게 표현한다. 역사적으로 의학 분야에서 이니셜리즘이 가장 흔하게 사용되었다. 'ICU', 'MRI', 'DNA' 같은 약어는 각각 '중환자실', '자기공명영상', '디옥시리보핵산'보다 말하기도 쉽고, 알아보기도 쉽다.

시간이 지나면서 이니셜리즘은 원래의 긴 표현을 대체하게 되었고, 사람들은 약어에 익숙해진 나머지 원래 단어가 무엇이었는지조차 잊어버리기도 한다. 당신이 이니셜리즘을 들었다면 특정 집단에 접근할 수 있는 열쇠를 얻은 것이다. 따라서 그 의미를 아는 것은 단순히 유행어를 이해하는 데 그치지 않고, 당신이 세대적 문화에 접근하는 암호를 알고 있으며 단어와 사회적 접점이 다음 세대로 넘어가더라도 살아남을 수 있다는 의미기도 하다.

애크로님^{acronym}(역시 머릿글자를 딴 약어지만 알파벳을 보통 단어처럼 읽는다)도 마찬가지로 듣는 이에게 젊은 세대와 미래에 대한 접근 가능성을 제공한다. 한때 'FOMO' 같은 인터넷 약어는 'NATO(북대서양조약기구)', 'PIN(개인 식별 번호)'처럼 정치적이거나 상업적으로 무게감을 갖춘 기존의 약어에 비해 가볍고 유치한 젊은층의 유행어로 여겨졌다. 하지만 더는 그렇지 않다. 애크로님의 사용은 어떤 세대에나 중요하다. 애크로님을 사용하는 세대가 기존 질서에 도전할 뿐 아니라, 점차 사회의 중심 세력으로 성장해 영향력을 키우기 때문이다. 디지털 소통의 영향력이 점점 커지면서 인터넷 시대에 태어난 디지털 원주민들이 새로운 권력의 주체로 떠오르는 것처럼 말이다.

이니셜리즘이나 애크로님 같은 약어를 들으면서 그 사람이 어느 세대에 속하는지를 가늠하려 할 때 우리는 상대방이 우리의 기준에 부합하는지를 알아보는 데 그치지 않고, 함께 일하고 소통하는 데 필요한 사회적 기술을 갖추었는지도 살펴본다. 세대마다 그 세대에 속하는지에 대한 적합성의 기준은 서로 다를 수 있으므로, 각 세대의 청자는 자신에게 의미 있는 방식으로 약어에 귀를 기울인다.

예를 들어, 어떤 세대든 기술 활용 능력이나 상업적 지식, 비즈니스 감각을 나타내는 약어에 주목할 수 있지만 베이비붐세대는 그중에서도 비즈니스 감각에 더욱 귀를 기울인다. 반면 밀레니얼세대는 기술 활용 능력을 통해 드러나는 라이프스타일이나 유행에 더 민감하게 반응한다. 세대적 경청은 문화적 경청도 포함하므로 우리에게는 서로 다른 듣기 경로를 유연하게 전환하는 능력이 필요하다.

기술과 함께 문화적 가치와 사회적 규범이 변하듯이 두문자어 역시 유행이나 문화의 흐름에 따라 빠르게 사라지고 시대에 뒤처진다. 'NIMBY'는 'Not in my backyard^{내 뒷마당에는 안 돼}'의 줄임말로, 부동산 개발에 반대할 때 사용되던 두문자어다. 미국 워싱턴 D.C.의 한 주택가에서 고층 건물이 절반쯤 지어진 상황이었는데도 NIMBY 성향의 주민들이 공사를 중단시키고 결국 건물을 철거하게 만들었다. 시간이 지나면서 이 표현은 어떤 일이 공익에 도움이 되는지 여부와는 상관없이 자신에게 피해가 된다고 생각할 때 반대하는 사람들을 비꼬는 용어로 쓰이게 되었다.

일부 밀레니얼세대의 두문자어는 사라졌지만 인터넷 약어 'YOLO' 처럼 변형되어 살아남은 경우도 있다. 'You only live once^{인생은 한 번뿐}'라는 YOLO의 원래 의미는 유행이 지나버렸지만 지금도 반어적으로 여전히 사용된다. 갱단 문화에서 나온 'original gangster'의 줄임말 'OG'

도 의미가 바뀐 예다. 지금은 '구식이지만 멋있는 사람'을 칭찬할 때 쓰이는 표현으로 남았다. 이렇게 약어가 세대를 거치며 살아남고 변형되면 다음 세대가 그 약어를 일상적인 언어로 받아들여 자연스럽게 정착시킬 가능성이 커진다.

베이비붐세대와 밀레니얼세대의 두문자어 사용 방식에서 나타나는 가장 큰 차이가 여기서 발생한다. 전화를 사용했던 베이비붐세대는 즉각적인 메시지 전달 수단이 없었기 때문에 대화 속에서 내집단 소속감을 드러내기 위해 두문자어를 사용했다. 반면 디지털 원주민인 밀레니얼세대는 문자 메시지라는 새로운 매체를 사용하면서 정보를 빠르게 주고받기 위해 줄임말을 썼다.

또 베이비붐세대는 주로 사물이나 사람에 대한 상태·상황을 전달하기 위해 줄임말을 사용하는 반면, 밀레니얼세대는 지금 이 순간 자신이 겪고 있는 일·하는 행동을 전달하기 위해 줄임말을 사용한다. 예를 들어, 'on my way back돌아가는 중'의 줄임말 'OMWB'는 곧 일어날 행동을 청자에게 알린다. OMWB 같은 이니셜리즘은 정보를 전달하면서 정보 수신자에 대한 배려도 담고 있다. 메시지를 보낼 때 OMWB 다음에 "먼저 저녁 먹어."라는 문장을 덧붙이면 상대방과의 관계를 더욱 세심하게 돌보는 후속 메시지를 전할 수 있다.

간단히 말해, 베이비붐세대 때 생겨난 약어들의 목적이 'CEO'처럼 명확한 대상을 지칭하는 내용을 나타내는 데 있었다면 밀레니얼세대 이후에 생겨난 약어들은 대화에 참여하는 사람들에게 영향을 줄 수 있는 관계적 행위를 나타내는 데 목적이 있다는 의미다. 대화에 참여한 다른 사람을 배려하는 태도는 디지털 시대를 살아가는 모든 세대에 영향을 주었지만 특히 새로운 세대인 Z세대에게서 두드러진다. 문자 메시지를 주고받을 때 청자를 배려하는 것은 Z세대에게는 당연한 일이다.

문자 메시지를 읽는 것은 듣는 행위다

인터넷 약어가 디지털 세대를 정의하는 언어를 이해하는 데 중요한 부분이라면 문자 메시지라는 소통 매체에 대한 이해 역시 중요하다. 글쓰기 방식과 말하기 방식을 결합한 하이브리드 형태의 소통 방식인 문자 메시지는 대다수의 Z세대가 선호하는 소통 방식이다.

영국에서 이루어진 조사에서 1990년대 중반 이후에 태어난 18~24살 응답자의 4분의 3이 전화보다 문자 연락을 더 선호한다고 답했다. 4분의 1 이상은 전화를 아예 무시한다고 했고, 부모의 연락을 무시할 때가 종종 있다고 답한 응답자도 절반이 넘었다.[1] 부모, 이동 통신사, 마케팅 담당자들은 디지털 원주민 세대와 대화하려면 문자 메시지를 통해 접근하는 방식이 가장 효과적이라는 사실을 받아들이게 되었다. 실제로 문자 메시지를 배제한다면 디지털 원주민 세대에 대한 깊은 논의 자체가 어려워질 것이다.

문자 메시지는 말하기의 소통 방식과 쓰기의 소통 방식의 장점을 모두 지닌다. 말하기처럼 구어의 목소리가 지닌 비공식적인 친밀함을 전하면서 나중에 다시 들여다볼 수 있다는 점에서 쓰기와 같은 장점도 갖췄다. 따라서 문자 메시지를 읽는 사람은 글을 읽는 사람과 똑같은 이점을 누릴 수 있다.

대니얼 카너먼이 제시한 빠른 생각과 느린 생각의 개념을 기반으로 보면 문자 메시지는 '느린 듣기'가 가능한 소통법이다. 즉각적인 반응이 요구되는 말하기와 달리, 문자 메시지에서는 시간을 들여 천천히 답할 수 있으며 나중에 되돌아볼 수도 있다. 게다가 이메일이 글쓰기 형식의 일방적인 독백이라면, 문자 메시지는 대화를 나누는 사람이 신속하게 응답할 것이라는 전제를 바탕으로 이루어지는 쌍방향적 소통이다. 첫 글자를 대문자로 시작하거나 문장 끝에 마침표를 찍는 등 글쓰기에서 사용하는 규칙을 따르지 않는 선택을 하면 문자 메시지에 즉흥적이고 즉각적인 느낌을 부여할 수도 있다. 바로 이러한 친밀감과 대화적인 특성 때문에 디지털 소통을 연구하는 커뮤니케이션 학자들은 문자 메시지를 보내는 행위를 말하기chatting로, 문자를 읽는 행위를 듣기listening로 간주한다.

문자 메시지가 소통 수단으로 처음 등장했을 때의 일이다. 구두점 (마침표와 쉼표)을 사용하지 않는 방식이 논란을 일으켰다. 초기의 비판자들 중 상당수가 문자 메시지를 글쓰기와 동일한 소통법으로 보았기 때문에 논란이 발생했다. 하지만 점차 문자 메시지가 보편적이고 일상적인 소통 방식으로 자리잡으면서, 사용자들은 문자 메시지 특유의 비공식적인 성격의 대화를 점점 더 긍정적으로 받아들였다.

 문자 메시지는 대화처럼 누구나 자유롭게 참여할 수 있는 소통 방식을 가능하게 하고, 대화에서처럼 문자 메시지를 보내는 사람과 읽는 사람이 함께 소통의 부담을 나누게 해주기 때문이다. 게다가 문자 메시지에서 구두점이 전달하는 메타 메시지는 읽는 사람이 대화에 적극적으로 참여하고 있음을 보여준다. 문자 메시지 속 구두점은 실제 대화에서 목소리나 말투가 하는 역할을 대신한다. 예를 들어, 모든 글자를 대문자로 쓰면 목소리가 커진 것처럼 느껴져서 말투에 강한 강조가 더해진다. 한 친구는 대문자로 보낸 문자 메시지를 보고 "나한테 소리 지르지 마!"라는 답장을 보냈다.

 문자 메시지에서 억양의 변화는 문장에서 보통 쓰이지 않는 물음표나 마침표를 사용함으로써 표현된다. 예를 들어, "너 가는구나."라는 문장에 마침표 대신 물음표를 붙이면 긍정적인 놀람의 억양과 관계에 대한 관심을 드러낸다. 그리고 '안 가는 줄 알았어'라는 메타 메시지도 전달한다.

 문법적으로 질문에 해당하는 문장 끝에 마침표를 찍으면 실제 말할 때 말끝을 내릴 때처럼 비꼬는 듯한 어조가 만들어진다. 예를 들어보겠다. 친구의 답이 안 와서 세 번째로 같은 질문을 할 때 "가냐고."라는 문자 메시지를 보낸다면 어떨까? 이때 마침표는 답변을 재촉하는 뉘앙스를 풍긴다. 구두점 외에도 이모티콘을 덧붙여서 부드럽게 비꼬는 느낌의 메시지를 전달하기도 한다.

문자 메시지를 주고받을 때 우리는 말할 때처럼 비언어적 소통으로 관계를 조율한다. 그리고 말투의 강도를 조절한다. 약간 짜증은 났지만 예의를 잃지 않는 말투처럼 말이다. 문자 메시지가 인기를 얻게 된 것은 그러한 편리함 덕분이다. 문자 메시지는 말하는 사람과 듣는 사람에게 주도권을 평등하게 분배해서 비공식적이고 유연한 표현의 자유를 가능하게 하고, 시간을 들여 천천히 듣고 충분히 숙고한 다음 답할 시간을 벌어준다는 장점이 있다.

비동기적 소통에서의 듣기

디지털 시대는 비동기적 소통을 가능하게 했다. 말하는 사람과 듣는 사람이 실시간으로 동시에 소통할 필요가 없는 형태의 상호 작용이 비동기적 소통이다. 비동기적 소통은 개인 간의 관계를 넘어, 학교와 직장으로까지 확장되었다. 이점도 매우 다양하다.

예를 들어, 온라인 교육에서의 비동기적 소통은 학생에게 미리 녹음된 강의를 듣고, 필요할 때마다 강의 자료를 자신만의 속도에 맞춰 여러 번 살펴볼 기회를 준다. 충분히 시간을 들여서 깊이 숙고하고, 신중하게 답변하는 자기 주도 학습은 학생들에게 더 나은 학습 기회를 제공한다. 교수진이 학생 개개인의 상황에 맞는 피드백을 제공하는 데도 도움이 된다. 비동기적 듣기와 학습이 결합되면 학생들은 자신의 학습 경험을 스스로 조율하는 주도권을 쥐게 되고, 이는 학습 접근성과 몰입도를 높인다.

비즈니스계에서도 비동기적 소통은 서로 다른 시간대에 있는 팀들이 프로젝트를 보다 효과적으로 협업하도록 도와준다. 응답하기 전에 맡은 업무를 충분히 이해할 시간적 여유도 제공한다.

온라인상의 듣기를 연구하는 학자들에 따르면 학생들은 비동기적 토론에서 시간을 보다 효율적으로 활용했으며,[2] 과제나 댓글의 질도 더 높아졌다.[3] 토론 내용을 다시 찾아보고 여러 번 읽고 들으면서 자신의 의견을 수정하거나 보완할 수 있기 때문이다. 게다가 비동기적 소통은 시간적 압박을 줄여줌으로써 집중력을 높이는 긍정적인 연쇄 효과를 낳는다. 이는 결국 의사 결정의 질을 개선하고 나아가 생산성까지 높이는 결과로 이어진다.

디지털 소통에서 다시 미래로

1992년 12월, "메리 크리스마스Merry Christmas."라는 최초의 문자 메시지를 보낸 인물로 알려진 영국의 소프트웨어 프로그래머 닐 팹워스Neil Papworth는 문자 메시지가 이 세상의 듣는 방식을 영원히 바꿔놓을 것이라는 사실을 미처 예상하지 못했다. 오늘날 사람들은 하루 평균 46개의 문자 메시지를 '듣는' 세상이 되었다.[4] 50억 명이 넘는 사람이 디지털 기기를 소유한 지금, 통계를 보면 문자 메시지야말로 청자가 실제로 '들을' 가능성이 가장 높은 소통 수단임을 알 수 있다.

312

마케팅 담당자들에게는 반가운 소식일 것이다. 전체 문자 메시지의 무려 98%가 수신자에 의해 확인되며, 그중 95%는 전송된 지 3분 이내에 읽힌다. 광고성 이메일의 열람률이 고작 20%에 불과한 것과 비교하면 매우 인상적인 수치다. 소비자는 문자 메시지가 제공하는 일대일의 개인적인 대화 느낌을 좋아한다. 문자 메시지는 전화 통화처럼 느껴지면서도, 듣는 사람에게 훨씬 덜 부담스럽고 비용 에너지도 적게 드는 의사소통 방식이다.

디지털 원주민들은 디지털 이민자들이 전화를 걸기 위해 얼마나 많은 수고를 들였는지를 알면 놀란다. 게다가 힘들게 전화를 걸었지만 상대방이 자리에 없어서 음성 사서함으로 넘어가버리는 실망스러운 상황이 일상적으로 벌어졌다. 음성 사서함은 디지털 이전 시대가 이용하던 비동기적 음성 통화 서비스로, 아날로그 기계가 발신자의 음성 메시지를 카세트 테이프에 녹음해두는 형태로 전달되었다.

그러나 디지털 원주민 세대에게 더 충격적인 사실이 있다. 바로 과거의 음성 메시지는 사생활 보호가 전혀 안 되었다는 사실이다. 당시에는 발신자의 음성 메시지가 같은 공간에 있는 사람 모두에게 들렸다. 또 기계에 접근할 수 있는 사람이면 누구나 메시지를 다시 재생해서 듣는 게 가능했다. 베이비붐세대의 사람에게 음성 사서함의 메시지가 다른 사람에게 알려져서 민망했던 사건이 있었는지 이야기해 달라고 해보라. 그만큼 흔한 일이었고, 웃긴 사건이 자주 발생했다.

프라이버시는 중대한 문제다. 문자 메시지, 디지털 기술, 온라인 플랫폼의 확산은 프라이버시에 대한 인식을 변화시켰다. 잇따른 개인 정보 유출 사건, 감시 스캔들, 온라인 프라이버시에 대한 논쟁 등이 계기였다. 프라이버시를 강화하는 기술들이 개발되고 시장에 등장했다. 암호화된 메시지 앱, 가상 사설망VPN, 개인 정보를 보호하는 웹 브라우저 등은 사용자가 자신의 정보·메시지에 누가 접근할지를 통제하도록 돕는다.

그러나 도용되거나 위조된 온라인상의 개인 정보는 소셜 미디어와 뉴스 매체를 통해 유포되는 허위 정보와 비슷한 양상을 보이며, 사이버불링이나 당사자의 동의 없이 개인 정보를 공개하는 신상 털기와 같은 행위도 여전히 심각한 문제다. 디지털 혁명이 수많은 장점을 가져다주었으나 인공 지능을 활용해 허위 정보를 규제하고 감시하는 일은 여전히 우리가 해결할 큰 과제다. 기술이 폭발적으로 발달하는 오늘날, 허위 정보에 맞서려면 더욱 경각심을 가져야 한다. 온라인상에서의 비판적 듣기가 그 어느 때보다 중요해졌다.

기술 보조 경청 능력을 길러야 할 때

기술은 이제 삶의 일부다. 익숙하게 여겨지는 다른 경청 방식들과 마찬가지로 기술 보조 경청도 우리에게 유리하도록 잘 활용해야 한다. 소셜 미디어가 소통 방식에 끼친 영향에 대해서는 더 이상 설명이 필요치 않다. 다양한 세대의 수많은 사람이 이미지, 동영상, 밈, 글 등을 소셜 미디어에 올리면서 이전까지 주류 매체에서는 거의 들을 수 없던 목소리와 이야기들이 널리 퍼져나가는 중이다. 기업들도 이 흐름에 합류했다. 지금 대부분의 회사들은 소셜 미디어 계정을 운영하며 다수의 직원을 두고 관리하고 있다.[5]

소셜 미디어의 강점은 말하고 듣고자 하는 사람들을 연결해주는 데에만 있지 않다. 연결에서 나아가 소셜 미디어는 사람들이 사적인 영역과 공적인 영역에서 모두 소통할 수 있게 해준다. 수많은 사람이 디지털 기기를 사용하면서 이제 거의 누구나 소셜 미디어 계정을 개설해 콘텐츠와 생각을 공유한다. 지리적으로 외진 곳에 살더라도 누구든 공동체에 참여하거나 새로운 공동체를 만들 수 있다.

게다가 소셜 미디어 특유의 친근한 대화 분위기는 개인적인 소통의 느낌을 더한다. 덕분에 형식적이고 공개적인 의사소통 방식보다 훨씬 더 즉각적이고 쌍방향적인 특성을 갖고 있다. 한 연구에 따르면 온라인 이용자들은 소셜 네트워킹 사이트에 더 쉽게 경청하는 경향을 보였다.[6]

소셜 미디어에서의 경청은 개인적이고 사적인 동시에 네트워크로 연결된 공개적인 성격도 지니기 때문에 우리는 더 넓은 공동체에 자신의 목소리가 전달되고 받아들여졌다는 느낌을 받는다.[7] 고객의 말에 귀 기울이는 고객서비스팀처럼 소셜 미디어도 사적인 문제와 공적인 문제에 모두 접근하고 대응할 수 있는 유연성을 띤다.

이러한 이유로 많은 기업이 고객의 불만에 대응하기 위해 소셜 미디어 채널을 활용하는 중이다. 오늘날 상위 기업의 약 30%는 고객의 불만을 듣기 위한 전용 소셜 미디어 계정을 따로 운영한다.[8] 그리고 이를 통해 고객 불만이라는 부정적인 요소를 고객 참여로 전환시키고 있다. 자신들의 브랜드가 얼마나 언급되었는지 추적하는 등의 모니터링은 이제 일반적인 관행이 되었으며, 사람과 인공 지능이 함께 온라인상의 대화에 적극적으로 귀 기울이며 모니터링을 한다.

이러한 방식의 모니터링 즉, 온라인 경청은 새로운 트렌드를 파악하거나 브랜드에 대한 고객의 반응을 알아보는 데 그치지 않는다. 수집한 정보를 바탕으로 제품을 개인화하고 맞춤화하는 데에도 활용된다. 고객들은 사진, 이야기, 경험 등을 통해 긍정·부정적인 피드백을 모두 공유하면서 신제품을 베타 테스트하고, 브랜드 구축 과정에 참여한다. 소셜 미디어를 중심으로 이뤄지는 온라인 경청은 공동체 의식을 형성하고 브랜드의 인지도를 높이므로 모두에게 긍정적인 영향을 미친다.

한편 검색 경청은 또 다른 양상을 보인다. 검색 엔진에 질문을 던지고 그에 대한 정보를 답변으로 듣는 방식은 매우 편리하고 유용하다. "오늘 날씨 어때?"라는 단순한 질문에 검색 엔진은 청자가 원하는 외부 기온과 강수 여부 등 정보를 정확하게 충족시키는 답변을 제시한다. "곧 맑아질 것 같아. 외투를 걸쳐."처럼 사람이 건넬 만한 모호한 대답과는 다르다. 우리는 단순하고 직접적인 답을 원할 때 기계 보조 경청 즉, 검색을 이용한다.

매년 검색 엔진을 통해 기계에 던지는 질문은 수조 개에 이른다. 하루 평균 한 사람당 3~4회 이상 검색을 한다. 일기 예보부터 뉴스, 볼 만한 TV 시리즈에 이르기까지 검색 엔진은 방대한 데이터를 뒤져서 기능적인 답변과 간추린 추천 목록을 제공하고, 이러한 정보를 기반으로 사용자들이 결정을 내리도록 돕는다.

게다가 기계와는 관계를 따로 조율할 필요가 없다. 아마 그래서였을 것이다. 팬데믹 당시, 영국의 전 총리 보리스 존슨이 봉쇄 조치를 단계적으로 완화하겠다고 발표한 직후 영국 노동자들이 가장 많이 찾아본 질문은 "내일 출근해야 하나?"였다.[9]

우리는 기계가 답을 제시할 때 느끼는 확실함을 선호한다. 기술 문제 해결이든, 체중 감량 방법이든, 혹은 "왜 그 사람이 나와 연락을 끊었을까?" 같은 질문이든, 단호하고 군더더기 없는 "예."라는 대답은 언제나 환영받는다. 사람들은 가장 가까운 파트너에게조차 묻지 않는 질문을 기계에는 서슴없이 던진다. 기계에게 물어보면 확실한 답을 얻을 수 있을 것이라고 느끼기 때문이다. 설령 그것이 착각일지라도 말이다.

심지어 사생활을 어느 정도 희생하더라도 불확실성을 피하기 위해 우리는 검색 엔진에 답을 구한다. 알다시피 검색 엔진은 질문을 저장한다. 질문을 입력하려고 하면 다른 사람들이 많이 했던 질문이 추천 목록으로 뜬다. 그 사실을 잘 알면서도 사람들은 여전히 검색 엔진에 질문을 던진다. 때로는 나만 같은 질문을 한 게 아니라는 사실에서 위안을 느끼기도 한다. 아이러니하게도 검색을 통해 얻는 위안은 공개적인 내용의 메시지를 맥락적 메타 메시지로 받아들이는 데서 비롯되기도 한다. '괜찮아, 내가 답을 듣고 싶어 하는 질문을 다른 사람들도 물어봤으니까'라고 안심하는 것이다.

우리는 기계를 의인화하는 데 능숙하다. 음성 인식, 얼굴 인식, 말투나 감정의 뉘앙스 해석 기능을 기계에 프로그래밍해서 인간처럼 행동하도록 만든다. 머지않아 기계가 인간이 하는 일을 거의 대부분 하게 될 가능성이 크다. 비록 완벽하게 똑같지는 않더라도 거의 비슷한 수준까지는 말이다. 이러한 변화는 디지털 이주민 세대에게 큰 두려움으로 다가간다.

기계의 듣기 지능이 인간과 동등하거나 그보다 뛰어난 수준에 이르게 된 지금, 개인 정보를 보호하고 기술의 윤리적 사용을 보장할 수 있는 견고한 규제 체계가 반드시 필요하다. 또 우리 각자도 디지털 리터러시를 키워야 한다. 신뢰할 수 있는 출처의 정보, 조작되거나 왜곡된 정보를 비판적으로 구별할 수 있는 듣기 지능이 필요하다.

온라인 경청은 그 끝없는 광범위함이 장점이지만 뒤집어 생각해 보면 같은 이유에서 어려움을 양산한다. 소셜 미디어 알고리즘은 강력한 위력을 지니지만 그만큼 콘텐츠 선별 과정이 편파적일 위험도 크다. 그래서 거짓되거나 오해를 불러일으키는 콘텐츠가 6장에서 다룬 패스트 매핑이라는 은유 속에 교묘하게 끼워진 채 널리 퍼져 나간다.

검증되지 않은 허위 정보가 확산되면 불평등과 차별이 양산되는 데에서 그치지 않는다. 허위 정보는 대중의 혼란을 부추기고 불신을 키워 사람들을 서로 고립된 집단으로 갈라놓는다. 또한 온라인상에서 악의적인 괴롭힘이 판치는 환경을 조장한다. 기계가 인간의 목소리를 그럴듯하게 모방하게 된다면 우리는 일상 언어에서 사용하는 부적절한 표현을 걸러내기 위해 더욱 세심한 비판적 경청 능력을 갖춰야 할 것이다.

일각에서는 기술을 완전히 외면하자고 주장하기도 한다. 하지만 디지털 시대에 소통을 최적화하려면 기술 보조 경청의 이점을 배우고, 그 위험을 완화하는 방법을 터득해야 한다. 그래야 디지털 경청 능력과 책임 있는 시민 의식을 키울 수 있다. 조직들은 콘텐츠 조정, 알고리즘 설계, 커뮤니티 관리 등을 통해 허위 정보를 예방해야 하며, 개개인도 자신의 정보를 보호하는 방법을 실천해야 한다. 온라인이라는 공간을 책임감 있게 활용하려면 모든 세대의 참여가 필요하다. 디지털 환경에서 태어난 세대는 물론 다른 세대 역시 함께해야 한다.

디지털 시대와 세대, 그리고 사이의 공간

Z세대, 어린 밀레니얼세대로 이루어진 디지털 원주민 세대와 그리고 디지털 이민자 세대로 분류되는 이전 세대는 서로 다른 경험·기술 역량을 지닌 집단이다. 하지만 이들이 협력하면 모두가 이익을 얻는

다. 디지털 원주민들은 디지털 이민자들이 기술 문해력을 갖추도록 도울 수 있다. 이는 단지 디지털 미디어를 다루는 실질적인 능력을 키우는 것을 넘어, 새로운 기술 환경에 적응하기 위한 사고방식을 이해하도록 돕는 일까지 포함한다. 나에게도 이러한 사고방식이 큰 도움이 되었다. 더 나은 표현을 찾지 못해 이렇게 표현한다. '베타 상태여도 괜찮다고 생각하는 사고방식'이라고 말이다.

앱이 처음 시장에 나오기 시작했을 무렵, 한 언어 앱 개발사가 나를 자문가로 영입했다. 내가 합류했을 때는 이미 개발이 한창 진행 중이었고, 얼마 지나지 않아 앱이 출시되었다. 나는 앱이 베타 버전으로 출시되었다는 사실에 경악했다. 일이 정확히 어떤 식으로 돌아가는지 잘 몰랐던 나는 왜 그렇게 미완성인 상태로 출시되었는지 도무지 이해할 수 없었다. 하지만 수석 프로그래머 파이살의 설명을 듣고 나서 고개를 끄덕였다.

파이살은 앱 개발이 우리가 언어를 배울 때 사용하는 부드러운 경청과 같다고 설명해주었다. 처음에는 실수를 하고, 그 실수를 분석하면 규칙이 언제 어떻게 적용되는지 직관적으로 이해하게 된다는 것이다. 그러고 나서 다음번에 그 새로운 규칙을 시험해보면서 자신이 세웠던 가설이 정확한지 확인한다.

새로운 언어를 배울 때 화자와 청자가 협력하듯이, 앱 사용자들이 오류를 발견하고 개발자가 오류를 수정해 프로그램을 업데이트한다. 사용자들은 베타 버전의 앱을 무료로 사용하는 대신 그에 대한 보답으로 앱이 개선되는 데에 도움을 준다. 나는 앱 개발도 언어 학습처럼 최소 두 사람이 소통하며 협력해야 한다는 사실을 알게 되었다. 그렇게 부드러운 경청을 함께 연습하고 계속 배워나가는 것이다.

디지털 원주민 세대의 두드러진 특징은 불확실성에 대한 태도와 그에 대한 적응력이다. 이들은 오류나 플랫폼 레이아웃의 변화에도 태연하게 반응한다. 팬데믹 때 학교 수업이 온라인으로 전환되자 영상 플랫폼 개발자들은 다른 기능을 개발하는 과정에서 녹화 버튼의 위치를 계속 바꾸곤 했다. 나는 그러한 변화가 무척 거슬렸지만 파이살의 '베타 상태여도 괜찮다고 생각하는 사고방식'을 떠올리며 이내 마음을 바꿨다. 여러 나라를 옮겨 다니며 새로운 언어를 배우면서 내가 이미 이러한 사고방식을 연습해왔다는 사실을 다시금 깨달았다.

처음에는 항상 아무것도 모르고, 모든 게 낯설고 어렵기만 한 상태에서 시작했던 기억이 난다. 새 언어의 문법은 도무지 말이 안 되는 것처럼 느껴졌고 불규칙 동사 같은 것들은 제멋대로 바뀌는 듯했다. 매일 실수의 연속이었다. 그러다 3개월이 지나는 순간부터 서서히 모든 것이 제자리를 찾았다. 그때쯤이면 비로소 복잡한 개념이 은유적인 이미지와 빠르게 연결되는 방식을 알아차리게 되었다. 머릿속에 이미지를 떠올림으로써 상대방의 말을 직관적으로 '이해하는 순간'이 찾아오는 것이다. 베타 상태여도 괜찮다고 생각하는 사고방식은 '당분간은 불확실함이 따르겠지만 결국에는 해결의 실마리가 찾아온다'고 믿는 사고방식이다. 디지털 세대가 내게 가르쳐준 가장 유익한 교훈이었다.

반대로 디지털 원주민 세대도 디지털 이민자 세대에게 도움을 받을 수 있다. 어쩌면 그 도움은 검색 엔진이 알려주는 정보보다 깊고 값질 지도 모른다. 온라인에서 '디지털 이민자가 디지털 원주민을 도와주는 방법'이라고 검색해보니 바느질, DIY, 그리고 다소 난해한 '대면 만남' 같은 것들이 떴다.

Z세대는 직접 만나서 소통하는 일이 디지털 상호 작용보다 훨씬 더 어렵다고 말한다. 직접 마주하는 대화에서는 많은 것이 분명하게 결론 나지 않은 채 남겨지기 쉽지만 디지털 상호 작용에서는 상대방의 반응을 지켜보며 시간을 두고 대응할 수 있기 때문이다. 어떤 Z세대 친구는 결과를 예측할 수 없다는 것이 불안하게 느껴진다고 했다. "대화가 어떻게 흘러갔는지 파악하기가 더 어렵기 때문이에요."라며 말이다.

디지털 원주민이 디지털 이민자에게 배울 수 있는 건 기술의 도움 없이 이루어지는 대면 상호 작용에서 결과를 미리 알지 못해도 괜찮다는 사실, 다시 말해 '베타 상태'를 받아들이는 법이다. 디지털 이민자들은 자신의 경험을 들려줌으로써 디지털 원주민들에게 '정해진 답이나 계획 없이, 방향을 모른 채로도 천천히 귀를 기울이면 소중한 배움이나 뜻밖의 좋은 결과를 만날 수 있다'라고 말해줄 수 있을 것이다.

세대적 경청과 함께 앞으로 나아가기

인터넷이 발달하기 전 일본을 방문하면 뉴스를 통해 접하는 이 전혀 다른 세계에 불편함과 이해할 수 없는 감각을 느꼈다. 하지만 천천히 귀를 기울이다 보면 어느새 이전과는 다른 수준의 이해에 도달하고는 했다. 단순한 이해를 넘어, 서로 다른 세계에 대한 존중이라고밖에 설명할 수 없는 감각이었다.

이렇게나 극단적으로 다른 현실 속에서 살아가면서도 여전히 협력하며 서로에게 도움을 줄 수 있다는 사실은 내게 큰 깨달음을 주었다. 마음을 열고 대화에 참여하면 각자의 입장만 지키려고 애쓰는 대신 서로에게서 배움을 얻는 데 집중할 수 있다고 말이다.

디지털 소통 때문에 발생한 어려운 문제들도 많다. 하지만 디지털 소통은 개인의 자기 표현을 가능하게 하고, 공동체를 연결하는 강력한 도구며, 앞으로도 우리와 계속 함께할 것이다. 사람에게 배우는 것은 검색 엔진을 통해 정보를 얻는 것과 다르다. 빠르지도 즉각적이지도 완벽하지도 않다. 때로는 더디고 실수도 따른다. 가르쳐주는 사람의 나이와는 상관이 없다. '베타 상태'로 사람의 말을 경청하는 법을 배우는 일은 지금뿐 아니라 앞으로도 매우 유익할 일이 될 것이다. 그저 디지털 환경에서의 경청에 도움이 되기 때문만이 아니라, 훨씬 더 복잡하고 느리고 깊이 있는 14개의 마음으로 듣기에 큰 도움이 되기 때문이다.

세대적 경청의 7가지 핵심

- 접점은 베이비붐세대, X세대, 밀레니얼세대, Z세대 각각의 상징적인 언어를 듣고 그 세대의 특징을 이해하도록 도와준다.

- 유행어나 약어는 세대 간 소통에서 우리가 주목해서 들어야 할 문화적 접점이다.

- 어떤 단어나 약어는 살아남아서 계속 사용되지만 어떤 것들은 시간이 지나면서 사라진다.

- 어떤 단어나 약어는 다음 세대에서 의미가 바뀌어 쓰인다.

- 세대에 따라 사용하는 약어의 유형은 다르다. 베이비붐세대는 약어를 주로 지위를 표현하는 데 사용했다. 밀레니얼세대는 주로 행동을 간단히 표현하는 수단으로 약어를 사용하는데, 이는 집단의 라이프스타일과 소속감을 반영하기도 한다.

- 검색 엔진에 질문하는 일은 일상이 되었다. 조직은 개인 정보 보호와 온라인 안전을 위한 규제를 마련해야 하며, 개인도 비판적 경청 능력을 길러야 한다.

- 디지털 원주민과 디지털 이민자 모두 세대적 경청 능력을 기르고 서로에게서 배워야 한다. 그래야 온라인에서도, 대면 상황에서도 베타 상태를 받아들일 수 있다.

세대적 경청을 위한 3가지 성찰

- 당신은 어떤 세대에 속하는가?

- 당신이 속한 세대를 대표하는 단어나 표현은 무엇인가?

- 다른 세대로부터 무언가를 배우겠다는 목표를 세워보자. 아래의 목록에서 선택해도 좋고 직접 주제를 정해도 좋다.

디지털 이민자라면 디지털 원주민에게 배워보자

- 소셜 미디어 계정을 만들고, 관리하고, 정보를 비판적으로 이해하는 방법.

- 개인 정보 설정을 이해하고, 클릭을 유도하는 해로운 콘텐츠를 구별해 온라인에서 안전하게 활동하는 방법.

- 어떤 앱을 이용해야 하는지, 앱을 다운로드하고 사용하는 방법.

- 메신저 앱을 사용할 때 지켜야 할 매너.

- 다양한 화상 회의 플랫폼에서 문서를 저장하고 공유하고 협업하는 방법.

디지털 원주민이라면 디지털 이민자에게 배워보자

- 전통적인 미디어에서 잘못된 정보를 구별하는 방법과 비판적 경

청 능력을 온라인 미디어에 어떻게 적용할 수 있는지 여부.

- 온라인 대신 오프라인에서 시간을 보내는 방법 - 뜨개질이나 DIY 말고도 해볼 일은 많다!

- 대면 경험을 하다가 겪은 이야기를 디지털 스토리텔링에 활용하는 방법.

- 대면 소통에서 겪었던 재미있는 일이나 사건 공유하기.

- 실수로부터 배우는 방법. 미국의 전 영부인 엘리노어 루스벨트는 도겐 선사의 '타인을 곧 나로 여기라'는 가르침과 비슷한 말을 남겼다. "다른 사람의 실수에서 배워라. 모든 실수를 직접 경험하기에는 인생이 길지 않으니까."

`10`

적응적 경청

맞추기, 조정하기, 적응하기

合わせ

도쿄에서 초등학교 졸업을 앞둔 해, 어머니는 매주 화요일과 목요일 저녁을 '언어의 시간'으로 정하겠다고 선언했다. 화요일 저녁에는 식탁에서 오직 일본어만 사용하고 목요일 저녁에는 식탁에서 오직 영어만 써야 한다고 말이다. 두 언어를 섞어 쓰는 건 절대 금지였다. 영어면 영어, 일본어면 일본어, 하나의 언어로만 말하고 들어야 했다.

세계 곳곳을 오가며 보낸 어린 시절, 어머니는 그 나라의 현지 학교에 다니게 하는 등 나와 형제들이 여러 언어를 구사할 수 있도록 적극적으로 지원했다. 한편으로는 당시의 많은 부모처럼 자녀들이 어느 언어도 제대로 익히지 못한 채 이 나라 말, 저 나라 말을 뒤섞어서 사용하게 될까봐 우려했다. '언어의 시간'은 어머니의 우려에서 비롯된 교육 방침이었다.

물론 일반적으로는 상대방이 어떤 언어를 이해하지 못한다고 생각하면 그 언어로 말하지 않는다. 하지만 다국어를 사용하는 공동체에서는 아이가 두 언어를 뒤죽박죽 사용하게 될지도 모른다는 두려움이 매우 강하고, 이는 전혀 근거 없는 걱정만도 아니었다. 자유롭게 말해도 되는 요일이면 나와 형제들은 언어를 섞어서 사용했다. 단어와 문법이 섞였고 심지어 한 단어를 내뱉을 때조차 언어를 섞어서 썼다.

어머니는 동생이 식탁 위의 물체를 가리키며 'futotning'이라고 말한 다음 날, 하루에 하나의 언어만 사용하는 방침을 도입하기로 결심했다. 동생은 일본어의 동사 'futoru살이 찌다'와 영어의 현재 분사 '-ing'를 섞어서 동사를 형용사처럼 만든 단어를 내뱉었다. 영어에는 동사를 형용사로 바꾸는 규칙이 있지만 일본어에는 그러한 문법적 규칙이 없어서 발생한 사건이었다. 하지만 우리가 언어를 섞어서 사용한 이유는 문법적 차이 때문만은 아니었다. 대부분의 사람들과 똑같은 방식으로 말하고 들은 것뿐이었다. 다른 사람들이 쓰는 말투를 참고해 비슷한 방식으로 말한 것이다. 그게 자연스럽게 들리니까 말이다.

대부분의 사람들은 공공장소에서는 말을 조심하려 애쓰지만 집에서는 자연스럽게 나오는 대로 말한다. 언어를 섞어 쓰는 일도 그러한 습관에서 발생한다. 나중에 알게 된 것이지만 언어를 섞어서 발화하는 방식을 '코드 스위칭code-switching'이라고 부른다. 코드 스위칭은 학술적으로 흥미로운 연구 주제지만 단일 언어를 주로 쓰는 국가에서는 코드 스위칭을 하는 사람이 많지 않다.

사실 우리 어머니처럼 언어 혼용을 두려워하는 일은 역사적으로 오랫동안 코드 스위칭이 금지된 국가들에서 나타난 현상이다. 예컨대, 남편의 할아버지는 어릴 때 다니던 프랑스 남부의 학교에서 모국어인 프로방스어를 사용하지 말라는 지시를 받았다. 캘리포니아의 공립학교에서는 2016년까지 이중 언어를 사용하는 아이들에게 학교에서는 영어만 사용하라는 정책을 시행했다. 이 지역들과 다른 여러 나라에서는 둘 이상의 언어를 사용하는 일을 '충성심의 분열'로 간주했다. 그래서 한 언어만 선택해서 사용하는 데 초점이 맞춰졌고, 동시에 2가지 일을 해낼 수 없다는 사고방식이 자리잡게 되었다.

그러나 우리는 한 번에 여러 가지 일을 할 때가 많다. 특히 오늘날 같은 디지털 시대에는 대부분의 사람들이 매우 자주 멀티태스킹을 한다. 글로벌 전문 서비스 기업 액센추어가 30개국의 전문가 3천 6백 명을 대상으로 실시한 연구 결과를 살펴보자. 응답자의 80%가 전화 회의 중에도 멀티태스킹을 한다고 밝혀졌다. 응답자의 66%는 전화 회의를 하는 동안 업무 이메일을 처리하고, 35%는 메신저를 사용하며, 34%는 개인 이메일을 확인하고, 22%는 소셜 미디어, 21%는 뉴스나 엔터테인먼트 콘텐츠를 본다고 답했다.

3개 세대의 반응을 비교한 연구에서는 모든 세대가 상당한 수준의 멀티태스킹을 한다고 나타났다. 특히 밀레니얼세대는 하루 중 절반이 넘는 시간을 멀티태스킹에 할애했다.[1] 따라서 업무 인력의 대다수가 멀티태스킹을 한다고 볼 수 있다.

이러한 연구 결과는 집중력이 부족하면 성과가 떨어지고, 멀티태스킹을 하면 실수가 늘어난다는 사실을 강조하려고 할 때 종종 인용된다. 단일 작업에 집중하는 것을 옹호하는 사람들은 멀티태스킹이 정보를 정확히 기억하는 능력을 떨어뜨리고, 한 작업에서 다른 작업으로 넘어갈 때마다 전환 비용switching cost을 치르게 된다고 주장한다. 이러한 주장을 뒷받침하는 연구는 멀티태스킹을 단순하고 반복적인 일에만 제한하고, 복잡한 일은 단일 작업으로 처리하기를 권장한다.

반면 멀티태스킹을 옹호하는 사람들은 우리가 '끊임없이 멀티태스킹을 요구하는 세상'에서 살아간다고 반박한다. 사람들은 직장에서 자주 멀티태스킹을 한다. 원해서 하는 것이 아니라 필요해서 하는 경우가 많다. 흔히 경영진들이 우려하듯이 업무를 소홀히 하거나 놀 계획을 세우는 게 아니라, 소통 네트워크를 유지하기 위해 어쩔 수 없이 멀티태스킹을 하는 것이다.

따라서 우리 가족이 집에서 코드 스위칭을 피하려 했던 것처럼 멀티태스킹을 무조건 피하기보다는 베타 상태를 괜찮다고 생각하는 사고방식으로 멀티태스킹을 최적화하는 게 낫다. 멀티태스킹을 최적화한다는 뜻은 곧 적응한다는 뜻이고, 이것이 바로 마지막 장인 적응적 경청의 기본 전제다. 적응적 경청이 중요한 이유는 우리가 지금까지 다룬 다양한 경청법을 더욱 개선하고, 힘든 상황에서도 유연하게 대처하게 해주기 때문이다. 적응적 경청은 호기심으로 마음을 열고, 정보의 신뢰성을 날카롭게 판단할 수 있도록 해주며, 매일 마주하는 다양한 사회문화적 듣기의 경험을 순조롭게 헤쳐나가도록 도와준다.

_____ 소통에서의 멀티태스킹

우리는 대화할 때 들으면서 말하고 말하면서 듣는다. 대화가 서로 차례를 지켜서 질서 정연하게 이루어진다고 생각할지도 모르지만 실제로는 항상 듣기와 말하기를 동시에 한다. 앞서 문화적 경청을 다루며 언급한 빠른 화자들에게 동시에 수행되는 듣기와 말하기 현상은 너무나 당연한 일일 것이다. 빠른 화자들은 듣는 동안에도 생각을 즉각적으로 입 밖에 낸다. 빠른 화자는 이렇게 멀티태스킹을 하는 반면 차례를 지키는 화자와 경청형 화자는 상대방이 말하는 동안 다음 질문에 대한 답변을 암호화하며 머릿속으로 말한다.

따라서 말할 차례를 기다리는 화자나 경청형 화자도 대화 도중 다음에 무슨 말을 할지 생각하면서 멀티태스킹을 한 번이 아니라 여러 번 반복적으로 하고 있다. 듣기와 말하기가 오가는 과정에 적절히 끼어들어서 말해야 하기 때문이다. 결국 소통은 개인 간의 협력적인 멀티태스킹인 동시에 진행 중인 대화를 따라가면서 자신이 말할 내용을 끼워넣는 내적인 멀티태스킹이기도 하다. 이 과정을 거치지 않으면 분위기 파악 능력이 부족하다는 비판을 받는다. 또 다음에 할 말을 생각하고 현재 진행 중인 대화에 맞게 조정하지 않으면 결국 말하려고 했던 내용을 잊어버릴 수도 있다.

내가 좋아하는 일화가 있다. 한 소년이 교회 예배에 참석해 다른 아이들 틈에 앉아 있었다. 소년은 아이들의 말을 너무 깊이 몰입해 듣다가 자신이 크리스마스에 받고 싶은 선물이 무엇인지 까맣게 잊어버리고 말았다. 그 질문에 답할 차례가 되었지만 할 말을 잊어버린 소년은 얼굴이 빨개진 채 일어섰다. 당황한 그는 주머니에 손을 넣어서 동전 하나를 꺼냈다. 갑자기 답이 떠오른 소년은 기쁜 마음으로 동전을 들어 올리며 "돈이요!"라고 외쳤다.

할 말을 생각하지 말고 온전히 듣는 데 집중해야 한다는 조언을 자주 들어봤을 것이다. 많은 연구 결과들도 듣기만 하는 대화 방식이 중요하다고 뒷받침한다. 다음에 무슨 말을 할지만 생각하면 듣기의 질과 이해력이 떨어져 '반응 계획 방해response planning interference'라는 심리학적 현상이 일어날 수 있다는 논지다. 이러한 현상을 방지하기 위해서는 상대방의 말을 듣는 데에 전념해야 한다. 휴대폰을 내려놓고 화자에게 청각·시각을 집중하라는 말도 좋은 조언이다. 상대방에게 안도감을 주고 대화 속도를 늦추기 때문이다.

한 연구 결과에 따르면 평소 상대방의 말을 끊으며 "잘 지냈어? 휴가 중이야? 여기 마지막으로 온 게 언제였지?"처럼 연달아 질문을 던지는 빠른 화자들도 정보량이 많고 더 집중이 필요한 내용을 들을 때는 말의 속도를 늦추는 경향을 보였다. 멀티태스킹은 상당히 힘든 일인데도 불구하고, 대화의 속도를 늦추면 '들으면서 말하기'라는 과도

한 작업에서 발생하는 부정적인 영향이 줄어든다. 느린 듣기가 다양한 상황에서 더 깊이 있는 듣기를 가능하게 하는 것은 사실이다.

그러나 듣기란 그저 입을 다물고 상대방에게 온전히 집중하는 행위만을 의미하지는 않는다. 그러한 듣기는 상대방의 말을 받아들이기만 하는 수동적인 행위다. 혼나거나 괴롭힘을 당할 때처럼 제대로 이루어지지 않는 피상적인 경청인 것이다. 우리는 멀티태스킹하며 들을 때 생각을 전부 말로 표현하지는 않지만 상대방이 말을 이어가도록 적극적으로 반응하며 쌍방향으로 대화를 이어간다.

따라서 어머니가 식사 시간에 코드 스위칭을 금지했던 일처럼 멀티태스킹을 무조건 금지하기보다는 멀티태스킹의 부정적 효과를 상쇄할 수 있는 방법을 찾는 게 더 낫다. 멀티태스킹을 하며 들을 때 속도를 늦추는 것 말고 모두에게 도움되는 전략은 또 무엇일까?

메타 토크: 말하기에 관한 말하기

빠른 화자만 멀티태스킹을 소리 내어 표현하는 건 아니다. 차례를 지키는 화자와 경청형 화자도 자신의 멀티태스킹을 말로 표현하는 경우가 많다. 말을 차례차례 정리된 형식으로 이어가길 선호하는 차례를 지키는 화자들, 대화를 이끌어가는 역할을 청자가 맡길 원하는 경청형 화자들도 멀티태스킹에 대해 입 밖으로 자주 말한다.

예를 들어, 내가 은행원들을 대상으로 진행한 연구에서 화자들은 대화의 중요한 전환점마다 자신이 듣고 있다는 사실을 표현하는 모습을 보였다. 주제를 바꾼다거나 대화에 참여하고 빠지는 상황을 다른 모든 청자들에게 알리는 의도였다.

나는 이 메타 토크를 '말하기에 관한 말하기'로 명명했다. 그들은 주제를 바꾼다고 알림으로써 새로운 주제를 안내하는 동시에 자신의 역할이 청자에서 화자로 바뀌었다는 점을 강조했다. "이번 주 매출 감소의 원인이 고객 서비스에 응답하는 걸 지연했기 때문인지에 대해 논의해야 할지 모르겠네요."라는 식이었다. 주제 전환을 미리 알리는 건 다음 주제를 예고하는 의도만 담긴 게 아니다. 청자들이 새로운 정보를 받아들일 준비를 할 수 있으므로 인지적 부담도 줄어든다.

이러한 말하기에 관한 말하기는 청자에게 새로운 주제가 무엇인지 들려줌으로써 주제를 매끄럽게 전환하고 듣기의 질을 올려준다. 이는 청자를 배려하는 소통 방식이며 흥미롭게도 청각 장애인을 돕기 위한 의사소통 전략이기도 하다. 은행원들이 했던 것처럼 대화의 주제가 바뀔 때 메타 토크를 통해 다음 논의할 주제를 미리 알려주면 청각 장애가 있는 사람들은 물론 회의의 모든 참여자가 원활하게 대화의 다음 단계로 넘어갈 수 있다.

메타 토크 즉, 말하기에 관한 말하기는 앞으로 어떤 행동을 취할지 방향을 잡는 데도 도움이 된다. 참가자들에게 그들의 말이 잘 전달되었다는 신호를 보내기도 한다. 내가 진행한 연구에서 은행원들이 나눈 대화가 대표적인 예다. "주간 보고는 여기까지입니다. 다른 분?"이라고 말할 때 의도는 무엇일까? 이러한 말은 단순히 회의를 마무리할 준비뿐 아니라, 다른 사람들의 말을 들었다는 사실을 표현하고, 이제는 다른 사람들에게 발언 기회를 넘기는 역할을 한다.

청자가 다음에 취할 행동을 준비하도록 돕는다는 점에서 메타 토크는 청자가 자신이 듣고 있다는 사실을 말로 표현하는 방식이기도 하다. 이는 "웅. 웅." 식으로 맞장구를 치는 반응을 해서 듣고 있음을 드러내는 것처럼 경청을 명확하게 보여주는 역할을 한다. 하루 동안 다양한 대화 상황을 오가면서, 다른 청자들이 다음 주제로 매끄럽게 넘어갈 수 있도록 도움으로써 우리는 대화의 모든 참여자가 다음 단계로 넘어가도록 준비시키고, 지금까지 오고간 정보적 언어에 만족하도록 유도한다. 이러한 현상은 멀티태스킹을 유리하게 활용하는 대표적인 예시다.

메타 토크로 함께 듣는 경험을 하면 관계를 재확인할 수도 있다. 말하기에 대한 말하기는 우리가 함께 듣고 있다는 사실을 되새겨주고 그러한 경험 속에서 서로의 연결감을 굳건히 만들기 때문이다. 메타 토크는 사람들이 대화 중 말하면서 듣는 멀티태스킹을 할 때 관계에 대한 배려를 잊지 않도록 도와준다. 한편 교육 전문가들은 멀티태스킹을 하면서도 대화를 원활히 이어가고, 듣는 내용의 질을 높여주는 다른 대화 기법들도 제안했다.

질문의 질을 높이자

검색 경청으로 답변을 이끌어내는 질문을 던지는 일도 듣기의 한 방법이라는 점을 앞서 설명했다. '듣다'라는 뜻의 한자 聞이 '묻다'라는 의미로도 사용된다는 점도 이야기했다. 화자는 자신이 모르는 것을 배우기 위해, 청자의 입장에 서려고 질문을 던진다. 하지만 화자를 우대하는 문화권에서는 질문하는 행동이 위험할 때도 있다. 질문을 하는 순간 무언가를 모른다는 사실이 명백히 드러나기 때문이다.

리더십 전문가들에 따르면 사람들이 질문을 하지 않는 가장 큰 이유는 질문을 하면 자신이 모른다는 사실을 드러내게 되고, 그로 인해 약하거나 멍청하게 보일까봐 두렵기 때문이라고 한다.[2] 비록 질문하는 일이 쉽지는 않지만 여러 연구들에 따르면 질문은 관계에 긍정적인 효과를 불러온다. 질문은 상호 작용의 시작점이 되고, 관심을 보여주며, 이해를 명확히 하고, 참여를 독려한다.

그러나 모든 질문이 긍정적인 영향을 미치는 건 아니다. 학습 전문가 제프 웨츨러Jeff Wetzler는 양질의 질문은 상대방에 대한 관심을 보여주고 상대방을 깊이 이해하도록 도와주지만 어떤 질문들은 화자의 생각 흐름을 방해하거나 화자를 방어적으로 만든다고 조언한다. 웨츨러는 열린 질문을 던져야 한다고 했다. 상대방이 진심으로 전하고자 하는 바를 알아차려서 상대방의 말에 귀 기울이며 질문을 던져야 한다는 것이다.

336

단순히 '예/아니오'로 대답할 수 있는 질문은 상대방이 이야기를 하도록 유도하지 못한다. 이미 알고 있는 것 이상의 정보도 얻지 못한다. 이러한 유형의 질문은 상대방이 마음의 문을 닫거나 방어적인 태도를 보이게 만든다.[3] 또 유도 질문은 질문이 아니다. 꾸짖는 말을 질문의 형태로 감춘 것이다. "지금 뭐 하는 거야?", "정말 확실해?" 같은 질문은 "그만해.", "나는 네가 틀렸다고 생각해."라는 말로 들리기 마련이다.

그러나 3장에서 소개한 초심자의 마음가짐을 질 높은 질문과 합치면 진정으로 알고자 하는 마음에서 출발한 사려 깊고 진정성 있는 질문을 던질 수 있다. '어떻게'로 시작하는 질문이 바로 그러한 질문이다. 어떤 과정에 대해 설명해 달라고 요청하는 '어떻게' 질문은 상대방이 위협을 느끼지 않게 하면서 자연스럽게 대화에 참여하도록 이끈다.

초심자의 마음가짐을 갖추면 상대방이 멀티태스킹을 조정하고 대화에 참여하도록 돕는 질 높은 질문을 던질 수 있다. 메타 토크와 마찬가지로 질 높은 질문은 대화의 주제를 자연스럽게 전환해서 말수가 적은 사람도 자신이 흥미를 느끼는 주제에 대해 적극적으로 이야기하도록 돕는다. 질 높은 질문은 듣는 동시에 말하는 멀티태스킹을 잘 수행하고 있다는 점을 보여주는 예시며, 그렇게 들으면서 말하는 태도에는 '그러한 걸 안다니 정말 흥미롭다. 더 이야기해줘'라는 메타 메시지가 담겨 있다. 좋은 질문은 화자가 멀티태스킹을 능숙하게 수행하며 다른 사람을 대화에 자연스럽게 끌어들일 때 나온다.

내용을 요약하며 들어라

어떻게 반응할지 미리 계획하느라 즉, 다음에 할 말을 생각하느라 상대방의 말을 제대로 듣지 못하는 상황을 막고 싶다면 또 다른 듣기 보조 전략을 사용해보자. 바로 내용 요약이라는 전략이다. 학교에서 수업 내용을 필기하면서 요약하는 것처럼 '말로 하는 요약'은 듣기 이해의 대표적인 형태로, 자신이 상대방의 말을 올바르게 이해했는지 확인할 수 있다.

요약은 핵심 내용을 반복하고 자신의 말로 정리함으로써 기억에 오래 남게 한다. 화자가 말한 내용을 요약하고, "당신의 말을 이렇게 이해했는데 맞나요?"라고 확인하는 메타 질문을 통해 이해를 더욱 분명히 하기도 좋다.

그렇지만 요약 확인이 대화의 흐름을 방해하는 경우, 다른 청자들이 중요한 세부 사항이나 핵심을 놓치게 만들 경우에는 오히려 부정적인 영향을 불러오기도 한다. 요약 확인이 '반응 계획 간섭'이라는 형태로 전락하는 것이다. 말하는 도중에 끊임없이 내용을 요약하면서 끼어들면 화자의 생각 흐름이 끊긴다. 또한 정말로 듣고 있는 것이 아니라 그저 듣고 있다는 인상을 주기 위해서만 들은 내용을 확인하는 듯 비춰질 수 있다. 가장 효과적인 내용 요약은 전달된 핵심 정보를 단순히 나열하는 게 아니라 다양한 문화, 성별, 세대의 말투와 뉘앙스를 포착하며, 듣는 경험에 집중하는 요약이다.

338

내용 요약은 반사적으로 작동할 때 가장 효과적이다. 마치 박쥐가 자신이 낸 소리의 반향을 들으며 어둠 속을 헤쳐나가듯, 내용 요약은 대화 속에서 자신이 어디에 위치하는지를 감지하게 해주는 내면의 목소리처럼 작용한다. 다시 말해, 화자가 말한 내용을 정리해서 확인하는 요약은 소리를 내어 말하기보다 마음속에서 조용히 반사적으로 이루어질 때 효과적이라는 뜻이다. 마음속으로 내용 요약을 하면 대화 상황에서 자신이 어디쯤 서 있는지를 가늠하기 좋다.

훌륭한 요약자는 반향 탐지자와 같다. 말하기와 듣기를 동시에 수행하는 대화 속에서 자신이 정리하고 요약한 내용을 속으로 되새기며 그 흐름을 따라가고 방향을 잡는다. 반향 탐지자는 메타 토크, 질 높은 질문, 내용 요약 같은 대화 전략들을 활용한다. 이를 통해 모든 참여자들이 대화의 어조에 자신을 맞추고, 과제를 동시에 수행하는 상호 작용을 하면서 대화의 흐름을 따라갈 수 있도록 돕는다.

_____ 어조를 맞춰라

말하는 사람이 주도하는 전략인 질 높은 질문, 내용 요약이 정보 전달 측면에서 청자를 이끌어준다면, 듣는 사람이 주도하는 방법인 어조 맞추기는 관계적 측면에서 모두가 조화를 이루도록 한다. 어조 맞추기는 14개의 마음으로 듣기에서 중요한 전략 가운데 하나다. 청자가 진행 중인 대화에 적절한 문화적 어조를 설정할 수 있게 해준다.

우리는 종종 대화의 사회적 격식 수준에 맞춰 어조를 조절한다. 예를 들어, 누군가 "안녕, 잘 지내?"라고 인사하면 "응, 그럭저럭. 너는?"처럼 격식 없는 말투로 대답하고, 직장 동료가 "이번 분기 보고서에 대해 이야기할 수 있을까요?"라고 물으면 "물론이죠. 오늘 오후에 검토하고, 다른 부서들과 주요 사안을 논의할 수 있도록 내일 중으로 회의를 잡겠습니다."처럼 더 격식을 갖춘 말투로 대답한다.

마찬가지로 대화에서 화자의 감정 에너지에 맞춰 자신의 어조를 조절한다. 누군가 힘든 하루를 보냈다는 이야기를 하면 등을 툭 치며 농담 섞인 밝은 어조로 "에이, 까짓것 그냥 털어버려!"라고 말하지는 않을 것이다. 만약 그렇게 반응하면 대화가 그대로 끝날 가능성이 크다. 대신 "저런, 무슨 일이야?"처럼 상대방이 자신의 하루에 대해 이야기할 기회를 만들어주는 말을 건네는 게 훨씬 자연스럽다.

어조를 맞추기 위한 노력은 대화 속에서 어색함 없이 어울리도록 해주고, 대화에 참여한 모두의 만족감을 높여주며, 나아가 앞으로 이어질 관계에도 긍정적인 영향을 준다. 반대로 어조를 읽지 못하면 그 순간의 대화를 망치고, 관계 자체에 부정적인 영향을 끼친다. 모두가 편하게 어울리는 자리에서 혼자 일 이야기를 꺼내는 식의 행동이 그렇다.

문화적 어조를 맞추는 일은 대화 내내 계속해서 자신의 말투를 조정하고 또 조정해야 하는 멀티태스킹이기 때문에 쉽지 않다. 하지만 초심자의 마음가짐으로 받아들이거나 베타 상태에 머무르면 마치 반향을 따라가듯 대화 속에서 어조를 적절하게 조정할 수 있는 강력하고 본능적인 감각이 발휘될 것이다.

잘 알려지지 않았지만 '지속적 준비 태세perpetual readiness'라는 개념이 있다. 이 개념은 우리가 필요한 에너지를 발휘하도록 도와주는 내적 에너지 조절 장치가 존재한다는 개념이다. 초심자의 마음가짐에 속하는 이 개념은 마음을 열어서 변화에 유연하게 대응하고, 그 과정에서 흔들리지 않고 회복력을 유지할 수 있도록 도와준다.

지속적 준비 태세를 갖추자

새로운 것을 배우고 그것을 이미 알고 있는 지식과 연결할 때 우리는 듣기에 의존한다. 범위나 빈도는 사람마다 다르지만 연상 학습은 새로운 관계·상호 작용에 적응하도록 돕고, 특히 곤란한 상황을 무사히 넘기게 해준다. 면접에서 질문의 의도를 전혀 알 수 없었는데도 어떻게든 대답했다면 그 답변은 무작정 찍은 추측이기보다는 이전의 학습에서 비롯된 직관에 가까운 대답이었을 것이다.

심리학자들은 내면의 목소리를 이성적, 자기 비판적, 양육적, 직관적 유형이라는 4가지로 구분한다. 이성적 목소리는 4장에서 다룬 신뢰성 경청에서 살펴본 바로 그 목소리다. 이 목소리는 유용하지 않은 정보·잘못된 정보와 중요한 정보를 비판적으로 구분하는 데 반드시 필요하다. 심리학자들에 따르면 이성적 목소리는 자기 비판적인 내면

의 목소리와 다르다. 자기 비판적 목소리가 들려올 때면 정말 타당한
지 의문을 제기해야 한다. 이에 반해 심리학자들은 양육적 목소리와
직관적 목소리는 기꺼이 받아들이고, 대화 과정에서 적극적으로 활용
해야 된다고 조언한다.

　기호학자이자 철학자인 찰스 샌더스 퍼스Charles Sanders Peirce는 내
면의 목소리를 훈련하는 방법으로 지속적 준비 태세를 제안한 바 있
다. 퍼스가 말한 지속적 준비 태세는 세상과 능동적으로 관계를 맺고,
수많은 복잡한 상황을 마주하기 위해 의도적으로 마음을 열어두는 상
태를 뜻한다. 알다시피 살면서 일어나는 복잡한 상황들 가운데 상당
수는 이성적인 사고만으로는 해결할 수 없다.

　심리학자 대니얼 카너먼은 흔히들 우리는 인간이 합리적이고 이성
적으로 판단하는 존재라고 생각하지만 사실은 그렇지 않다고 말했다.
반면 퍼스는 세상이 끊임없이 변화하는 환경이라는 점에 주목하며,
그러한 변화 속에서 상호 작용을 조정하도록 도와주는 실용적인 방법
으로 지속적 준비 태세를 도입해야 한다고 했다. 퍼스의 주장에 따르
면 지속적 준비 태세란 내면의 목소리가 급변하는 환경에 적응하고
앞으로 나아갈 수 있도록 활용하는 직관이다.

　지속적인 준비 태세의 가장 중요한 장점은 적응력이다. 준비가 되
어 있으면 다양한 사람·상황에 유연하게 대응할 수 있다. 어릴 적 세
계 곳곳을 옮겨 다닐 때 새로운 환경에 적응하는 능력은 생존을 위해
내가 필수적으로 갖춰야 할 능력이었다. 다행히도 그때는 어린아이였

기에 불완전한 베타 상태에 머무는 일을 거부감 없이 받아들일 수 있었다. 뉴욕이든 도쿄든, 그 어떤 새로운 문화든, 어색함과 불편함은 점차 열린 마음과 지속적인 준비 태세로 바뀌었다.

어른도 지속적인 준비 태세를 활용할 수 있다. 초심자의 마음가짐을 다시 불러와 예상치 못한 상황이나 기회를 마주했을 때 유연하게 귀 기울이며 빠르게 대응하면 된다. 앞에서 직원이 CEO인 타쿠를 바텐더로 착각했던 이야기를 소개했다. 타쿠가 그 상황에 적응하고 직원에게 칵테일을 만들어준 이야기는 지속적인 준비 태세에 관한 일화라고도 할 수 있다.

지속적인 준비 태세란 변화하는 상황이나 요구에 대응해 행동하고, 배우고, 성장할 수 있도록 정신적·감정적·신체적으로 준비되어 있는 상태를 뜻한다. 앞으로 어떤 일이 일어날지 모르는 불확실한 상황에서도 능동적인 자세를 유지하는 태도다.

또한 지속적인 준비 태세는 멀티태스킹으로 여러 가지 일을 동시에 처리하며 대화를 이어갈 때, 특히 일이 계획대로 흘러가지 않을 때 유용한 경청 도구가 된다. 갈등 상황이나 오해가 생기기 쉬운 보완적 분열 생성의 순간에도 지속적인 준비 태세를 갖추면 일상에서 흔히 마주치는 난관을 뚫고 귀를 기울일 수 있다. 지속적인 준비 태세는 문제 상황을 피하지 않고 열린 태도로 기꺼이 받아들이게 해준다.

경청은 지속적인 준비 태세를 활용하는 방법 중 하나다. 은폐를 위해 늘어놓는 장황한 말 같은 언어 패턴을 인식할 준비가 되어 있으면 우리는 내면의 직관에 비판적으로 귀를 기울여 잘못된 정보를 찾을 수 있다. 마찬가지로 얼굴 표정을 시각적으로 경청할 준비가 되어 있으면 비언어적 신호를 인식하고 그 의미를 이해하게 될 것이다.

지속적인 준비 태세를 통해 우리는 단편적인 상호 작용 속에서 일어나는 일들을 분류하고 정리하며 내면의 대화에 귀를 기울인다. 적응적 경청이 지속적인 준비 태세와 연결될 때 우리는 끊임없이 변화하는 상호 작용 속에서 유연하게 대응하고 조정해나갈 수 있다. 이는 앞으로 나아갈 경청의 여정에도 큰 도움이 된다.

적응적 경청을 연습하고 연결성 강화하기

연습을 지속하면 경청 능력도 좋아지는 게 당연하다. 단어쌍을 기억하는 연구를 예로 들어보겠다. 주어진 단어에 자신이 직접 연관지은 단어를 덧붙여서 단어쌍을 만든 학생들은 미리 주어진 단어쌍을 읽은 학생들보다 더 뛰어난 기억력을 보였다.[4]

경청 연습의 원리도 비슷하다. 우리는 경청할 때마다 지식 체계를 확장하고, 앞으로를 위해 직관을 강화하며, 이를 반복적으로 시험하고, 연상을 통해 과거의 경험을 갱신함으로써 기억력을 더욱 탄탄히 다진다. 신경학자들에 따르면 직관은 뇌의 해마에서 처리된다. 해마는 학습과 기억에 중요한 영역으로, 보고 듣는 다양한 정보 사이의 연결을 만드는 부위다. 연상 기억으로 어떤 연결을 만들어낼 때마다 우리는 일종의 적응적 경청을 연습하는 셈이며 앞으로 다가올 상황들에 지속적으로 대비하는 상태가 된다.

한 연구에서는 참가자들에게 가상 현실 게임을 하도록 했다. 게임은 벽에 형형색색의 그림이 나타날 때마다 물 흐르는 소리가 들리도록 설계되었다. 이어진 게임에서도 앞서 보았던 것처럼 형형색색의 그림이 벽에 나타났는데, 이번 게임에서는 참가자들에게 그 그림이 상금 획득에 도움이 된다는 말을 덧붙였다. 물 흐르는 소리는 상금과 직접적인 연관이 없었지만 참가자들은 물 흐르는 소리를 상금과 연관 짓기 시작했다.

비슷한 실험이 쥐를 대상으로도 진행되었다. 연구진은 쥐들에게 LED 조명으로 만든 그림을 보여주기 전에 특정 소리를 들려주었다. 그다음 LED 조명이 켜질 때마다 설탕물이라는 보상을 주었다. 사람을 대상으로 한 연구와 마찬가지로, 쥐들도 보상을 찾으러 다니는 과정에서 이전에 들었던 소리와 보상을 연결지었다.[5]

인간과 쥐 모두 과거부터 축적한 경험을 연관지어서 적응적 경청을 지속적인 준비 태세를 갖추는 데 활용했다. 옥스퍼드대학교 MRC 뇌 네트워크 역학 연구소의 데이비드 듀프렛David Dupret에 따르면 쥐들이 휴식을 취하는 동안 뇌에서 직접 경험하지 않은 것들 사이에 새로운 연결이 만들어졌다고 한다. MRC 신경과학 및 정신건강 위원회의 프로그램 매니저인 사이먼 피셔Simon Fisher도 인간은 서로 다른 기억

들을 결합해 의사 결정에 활용한다고 언급했다.[6]

기억이 서로 잘 연결되어 있을수록 변화에 유연하게 적응한다. 과거의 경험에서 만들어진 기억을 소리나 이미지로 떠올릴 때 우리는 내면의 목소리에 귀를 기울인다. 방금 전까지만 해도 몰랐던 사실들을 서로 연결지어서 현재의 상황을 직관적으로 이해한다. 적응적 경청은 수많은 연결을 만들어내서 상황에 맞춰 조정하는 멀티태스킹을 수행하도록 한다. 마치 돛단배의 돛을 조절하는 선원처럼 우리는 맥락에 맞춰 말하기와 듣기를 조율하며 대화라는 여정을 이어간다.

적응적 경청은 대화에 맞춰 유연하게 반응하는 것을 넘어, 주변 환경에서 배움을 얻고 성장하도록 도와준다. 나는 그 사실을 중환자실에서 깨달았지만 사실은 그보다 훨씬 전, 그러니까 1990년대 햇살 가득한 애리조나 투산에서 강의하던 시절에 이미 경험했다. 그때는 그 의미를 알지 못했을 뿐이다.

_____ 그랜드 캐니언에서 적응적 경청을 연습하다

어느 날 학과장으로부터 한 통의 이메일을 받았다. 러시아에서 온 불교학자가 우리 대학교를 방문했다는 내용이었다. 이메일에는 그 러시아인 교수가 소련 시절 검열 대상이었던 경전을 몰래 읽으며 불교 전문가가 되었고, 놀랍게도 소련 당국이 외부 방송을 막기 위해 전파

를 방해하던 시절에도 단파 라디오를 통해 독학으로 일본어를 익혔다
는 내용이 담겨 있었다. 호기심이 동한 나는 학과장이 보낸 이메일을
자세히 읽어보았다.

> 그 교수는 생애 처음으로 해외에 나왔대. 그를 그랜드 캐니언에
> 데려가야 해. 하지만 그는 기록 보관소에서 불교 경전을 읽는 데
> 만 열중하고 있어서 아무리 설득해도 소용이 없어. 직접 설득해
> 줄 수 있겠어? 함께 경전을 읽어보는 것도 좋은 방법이 될 거야.

학과장에게 주저 없이 거절 의사를 밝혔다. 내가 팔리어를 읽지 못
한다는 사실도 강조했다. 팔리어는 인도 아대륙에서 기원한 고대 언
어로, 테라와다 불교(소승 불교) 경전이 기록된 언어로 잘 알려져 있다.
그러자 학과장은 고대 일본어로 된 경전도 있다며 "그 정도의 언어 차
이는 우리 같은 언어학자들에게는 라틴어를 읽는 것과 비슷한 수준이
잖아."라고 덧붙였다.

두 번째 거절도 역시 언어적인 이유에서였다. 영어는 인도유럽어
족에 속해 있으며, 문어와 구어 모두 라틴어와 연관되어 있다. 하지만
일본어는 계통적으로 고립된 언어다. 오직 문어에서만 중국 표준어와
연관이 있을 뿐이다. 4세기에서 6세기 사이, 여러 차례에 걸쳐 일본에
유입된 이 문어체는 기존 일본어의 구어 체계 위에 얹혀서 사용되었
다. 나는 "고대 일본어와 현대 일본어의 관계는 영어와 일본어의 관계

나 다를 바 없습니다."라고 학과장에게 답했다. 말끝에 느낌표가 달린 듯한 어조였을 테다.

학과장은 내 이메일을 보자마자, 자료실에 영어 번역본이 있다는 말로 나를 제압했다. 그리고 러시아인 불교학자를 만나보라고 했던 이유를 다시 꺼내며, 내가 더는 반박할 수 없게 분명히 못을 박았다. "그 교수는 이번이 생애 첫 해외 여행이래. 그러니까 그랜드 캐니언에 꼭 데려가야 해. 함께 불교 경전을 읽어보도록 해."라는 말투와 어조에서 학과장의 권위와 내게 주어진 임무가 분명하게 드러났다.

애리조나 사람이라면 누구나 손님에게 그랜드 캐니언을 보여주는 게 도의적 의무라고 굳게 믿는다. 특히 손님이 미국을 처음 방문했고 어쩌면 평생 단 한 번일지도 모를 여행이라면 더더욱 그럴 것이다. 나는 먼저 그랜드 캐니언이 유네스코 세계유산으로서 지닌 탁월한 가치에 대해 읽었다. 그다음에는 한숨을 쉬며 어떻게든 이 임무에서 조용히 빠져나가기 위해 기록 보관소를 최대한 멀리 돌아가는 동선을 계산하기 시작했다.

이 계획은 딱 3일간 효과적이었다. 도서관에서 그 러시아인 불교학자를 우연히 마주친 것이다. '대면'이라는 표현이 지금처럼 보편화되기 전이었지만 그렇게 직접 얼굴을 맞대는 대면 상황에 놓이자, 나는 어쩔 수 없이 머쓱하게 자기소개를 했다. 하지만 그는 인사를 받아주지 않았고, 내가 들고 있던 샌드위치를 가리켰다. 그가 샌드위치를 몇 번이나 칭찬하기에 결국 건네주었다. 그리고 그가 샌드위치를 먹는 동안 사서의 시선을 차단하기 위해 조용히 그와 사서 사이로 자리를 옮겼다.

샌드위치를 다 먹은 그는 따라오라는 손짓을 했다. 나는 "가야 한다."라고 중얼거리며 거절했지만 결국 따라 나섰다. 기록 보관소에 도착하자 그는 바닥을 가리키며 전 세계 누구나 알아볼 수 있는 손짓으로 앉으라는 신호를 보냈고, 나는 앉았다. 그가 취한 자세와 똑같이 책상다리를 하고 앉은 나는 그의 눈 한쪽이 없다는 사실을 모르는 척하려고 애썼다. 그를 먼저 만나 본 학과 사람들에게 들어서 이미 알고 있었던 사실이었지만 말이다.

어느새 그는 무릎 위에 경전을 펼치고 읽기 시작했다. 혹시라도 나에게 읽어보라고 할까봐 잔뜩 긴장했지만 다행히 그러한 일은 없었다. 며칠처럼 느껴지는 10분이 지나고 나서야 그가 입을 열었다. 나는 그가 한 말을 평생 잊지 못할 것이다. 정확히 어떻게 표현했는지는 중요하지 않지만 뜻을 짐작해보면 자신이 경전을 읽을 때 누군가 들어준 적이 처음이라는 말이었다.

그날 내가 그를 피하려다 실패한 일이 결국은 그의 마음을 돌려 그랜드 캐니언에 가게 만든 계기가 될 줄은 상상조차 하지 못했다. 학과장도 소식을 듣고는 믿을 수 없다는 듯 깜짝 놀랐다. 학과장은 내가 러시아인 교수에게 불교 경전을 읽어주었을 거라고 짐작했다. 사실을 바로잡기 위해 샌드위치 이야기를 해주려고 했지만 이미 학과장은 내 말을 듣고 있지 않았다.

아마도 학과장은 러시아인 교수가 좋아하는 경전 일부를 복사하는 특별 허가를 받느라 바빴을 것이다. 나는 머리를 뒤로 묶은 그 러시아인 교수가 그랜드 캐니언에서 불교 경전을 읽는 모습을 상상해보았다. 상상 속 그는 난생 처음 누군가가 자신의 목소리를 들어주었다는 사실에 만족하는 평온한 얼굴이었다.

내가 러시아인 불교학자에게서 배운 것은 경청이라는 도전을 받아들이면 진정한 변화가 일어날 수 있다는 사실이었다. 스토니브룩대학교 과학 커뮤니케이션 센터의 설립자 앨런 알다는 "경청이란 밖에서 일어나는 일들이 자신의 안을 바꾸도록 허락하는 일이다."라고 말했다.[7] 그가 진정으로 의미했던 바는 이것이 아닐까 싶다. 우리가 경청하지 않는 진짜 이유는 경청이 변화에 대한 두려움을 불러일으키고, 우리를 취약한 상태로 만들 수 있기 때문이다.

우리는 알지 못하는 것에서 눈을 돌리고, 자신의 깊은 내면이 드러날지도 모른다는 두려움을 주는 것들을 피하려고 한다. 내가 고대 불교 경전을 읽는 일에 대해 느꼈던 감정도 비슷했을 것이다. 하지만 변화는 자기 인식과 회복탄력성을 길러준다. 결국은 앞으로 마주하게 될 변화하는 환경에 적응하는 능력도 커진다.

또한 러시아 불교학자에게서 배운 것은 '사이의 공간'에서 말하는 이와 듣는 이를 이어주는 적응적 경청의 힘이었다. 언어와 목소리를 모두 들을 수 있는 공간에서 나는 고대 불교 경전과 러시아 불교학자를 모두 들을 수 있었다. 경청은 동시에 여러 가지를 수행하는 멀티태스킹이다.

교회 예배 시간에 일어서서 크리스마스에 받고 싶은 선물에 대한 대화에 빠져든 소년처럼 우리도 대화에 깊이 몰입하고는 한다. 말하면서 듣고, 들으면서 말하고, 다른 사람의 말을 듣는 동시에 내면의 목소리도 듣는다. 우리가 사람들과 이야기하는 것을 즐기는 이유는 누군가가 내 말을 들어준다는 기쁨 때문일 것이다. 그리고 우리가 상대방의 말을 듣는 행위도 두 사람 모두에게 기쁨을 준다.

러시아에서 초빙한 교수를 그랜드 캐니언에 데려가야 한다고 말하는 학과장이든, 좋아하는 경전을 읽는 교수든 마찬가지다. 경청은 자신에게 중요한 것을 누군가와 나누고 그 과정에서 느껴지는 즐거움을 함께 누리는 일이다.

적응적 경청의 7가지 핵심

● 우리는 듣기와 말하기 사이를 오가며 코드 스위칭과 멀티태스킹을 한다. 다른 사람의 말을 들으면서 말하기도 하고, 다른 사람에게 말할 때 자신의 내면에 존재하는 소리를 듣기도 한다.

● 연구에 따르면 대다수의 직장인은 멀티태스킹을 한다.

● 말하면서 듣고, 들으면서 말하는 행위를 포함한 멀티태스킹은 한 작업에서 다른 작업으로 이동할 때 집중력 저하라는 전환 비용을 초래할 수 있다.

● 많은 연구들이 단순하고 반복적인 작업에는 자유롭게 멀티태스킹을 하되, 복잡한 작업에는 하나의 일에만 집중하길 권장한다.

● 우리가 복잡한 과제를 해결할 때 사용하는 전략 중 하나는 적응적 경청이다.

● 적응적 경청은 끊임없는 연습과 지속적인 준비 태세를 바탕으로 이루어지며, 이를 통해 우리는 유연하게 대응할 수 있다.

● 적응적 경청이 중요한 이유는 모든 사람이 저마다의 고유한 목소리를 가지고 있으며 마땅히 존중받고 귀 기울여야 할 가치가 있기 때문이다. 사람들의 고유한 목소리에 진정으로 귀 기울일 수 있게 해주는 것이 바로 적응적 경청이다.

적응적 경청에 대한 3가지 성찰

● 직장과 집에서 어떤 방식으로 멀티태스킹을 하고 있는지 떠올려 보자. 다중 작업이 도움이 되는가, 아니면 방해가 되는가? 방해가 되는 멀티태스킹을 줄이기 위한 방법은 무엇일까?

● 대화가 끝나고 자신의 멀티태스킹 방식을 돌아보자. 말하면서 듣고 들으면서 말했던 멀티태스킹이 도움이 되었는지, 방해가 되었는지 생각해본다. 대화 속의 멀티태스킹 방식을 인식하는 것만으로도 앞으로 대화를 더 잘 이끌어가는 데 도움이 된다.

● 농구 선수들은 지속적인 준비 태세를 유지함으로써 튕겨 나오는 공을 다시 넣어 득점으로 연결한다. 당신도 대화 속에서 주제를 유도·전환하기 위해 '말하기에 관한 말하기'를 사용하는가? 앞으로 대화할 때 자신이나 다른 사람의 메타 토크를 의식해보고 이러한 말하기 방식이 얼마나 효과적인지 살펴보자.

이제 나이도 먹을 만큼 먹었고 유럽 끝자락의 런던에 자리잡고 살아
가는 나에게 초등학교 첫 등교일에 길을 잃었던 도쿄에서의 기억은
희미하게만 느껴진다. 일본에서는 길을 잘 잃어버리는 사람을 '방향
치'라고 부른다. 나는 여전히 자주 길을 잃어버리곤 하지만 다행히도
지금은 앱 하나만 누르면 길을 찾을 수 있다. 기술이 인간에게 제공하
는 엄청난 혜택이다. 나처럼 방향 감각이 떨어지는 사람들이 길을 제
대로 찾아갈 수 있으니 말이다.

　정확한 길을 안내하는 일을 포함해 기술은 우리에게 엄청난 도움을
준다. 하지만 여전히 사람에게는 14개의 마음으로 듣기를 이용한 '인
간적인 길잡이'가 필요하다. 자율 주행 자동차는 실시간으로 정보를

수신해서 신호를 무시하고 달려든 차량을 피할 수 있지만 길 건너편에서 친구를 본 당신이 길을 건너야 할지 말아야 할지는 알려주지 못한다. 오직 당신 자신과 14개의 마음으로 듣는 능력만이 내릴 수 있는 결정이다. 사람들은 그러한 결정을 하루에도 수십 번 내린다. 적어도 개인적인 문제나 인간관계와 관련된 일에서만큼은 여전히 사람이 기계보다 나은 길잡이다.

최근 나는 세상을 떠난 이웃 밀리 할머니를 통해 이 사실을 다시 실감했다. 밀리 할머니는 1900년대 초에 우리 동네에 처음 들어선 5채의 주택을 지은 사람들의 후손이었다. 할머니의 조카 제임스는 이웃에 대한 배려를 표하고자 나를 밀리 할머니의 집으로 초대해주었다.

나는 초대를 받아들였다. 할머니의 집에 들어가 본 적이 한 번도 없었기 때문이다. 밀리 할머니는 외국인들을 썩 달가워하지 않았다. 특히 할머니가 먹이를 챙겨주면서까지 아끼던 비둘기들을 쫓아다니는 고양이를 키운다는 이유로 더 우리를 멀리했다. 밀리 할머니는 시청에 민원을 넣었고 무장 경찰이 우리 집 고양이를 조사하러 오기까지 했다. 아무 문제 없이 끝났지만 우리는 밀리 할머니와 좋은 관계를 맺는 데에는 끝내 실패했다. 새해 인사 카드도 우편함을 통해 반송되었고, 봉투에는 '받기 싫음'이라는 분명한 메시지가 적혀 있었다.

제임스의 안내로 집 안을 둘러본 후에야 나는 할머니가 생전에 어떤 삶을 살았는지 비로소 알 수 있었다. 집으로 들어서자 제1차 세계대전 시절의 유품들 사이를 조심스레 걸어야 했다. 제임스는 집을 정리하다가 핀이 뽑히지 않은 수류탄을 발견해서 신고도 했단다. 경찰은 오후 내내 거리를 봉쇄했다. 밀리 할머니의 집 안에는 미폭발 탄약에 얽힌, 미처 전해지지 못한 이야기들이 많은 듯했다.

위층에는 침실이 있었다. 싱글 매트리스가 방에 놓여 있었다. 침실 옆에는 방이 또 있었는데 그 방은 상자로 가득했다. 제임스에 따르면 상자는 모두 56개였고, 안에는 신지 않은 구두들이 잔뜩 들어 있었다. 전부 밀리 할머니의 사이즈였다. '북부 지방 출신'인 구두 외판원이 매달 1켤레씩 할머니에게 판 신발이라고 했다.

"생전에 그 사람 목소리를 듣는 걸 정말 좋아하셨거든요."

전혀 예상하지 못한 이야기에 얼떨떨해졌다. 마치 밀리 할머니의 2층집 바닥이 약간 내려앉기라도 한 듯했다. 예전에 주택 감정사가 우리 집에 와서 언젠가 그렇게 될 수도 있다고 경고했다. 밀리 할머니를 '까칠한 노처녀'라고 불렀던 그 주택 감정사도 이 구두 상자들에 대해서는 알지 못했을 것이다. 이러한 사연을 알았더라면 아마 그도 나처럼 이해했을 테다. 까칠한 사람은 마음 속으로 누군가 자신의 이야기를 들어주기를 간절히 바라고 있다는 사실을 말이다.

우리는 알고리즘이 만든 소셜 미디어라는 고립된 세상에서 살아간다. 디지털 시대에는 그 어느 때보다 인간적인 경청이 절실히 필요하다. 공공 주거와 공공 의료의 부족은 고립감을 더욱 악화시킨다. 그동안 정부 주도의 정책이나 민간 자금으로 운영되는 지원책들이 사람들의 외로움을 해소해왔지만 오늘날에는 기술도 외로움이라는 문제를 해결하는 데 한몫하고 있다.

기술은 고립된 환경을 만드는 부정적인 영향을 끼치지만 한편으로는 디지털 세대의 건강 회복을 돕거나 새로운 방식의 예방 의료를 제공하는 등 긍정적인 힘도 발휘한다. 예를 들어, 청자가 현실에서 만나기 어려운 인물들의 입장이 되어볼 수 있게 해주는 게임은 기술과 14개의 마음으로 듣기가 멋지게 결합된 사례다. 또한 애니메이션과 영화 속 캐릭터들이 제4의 벽을 허물고 마치 실시간으로 상호 작용을 하듯 관객에게 직접 이야기함으로써 경청의 몰입감을 높여준다.

기술이 혁신적인 방식으로 사람들의 경청에 스며들면서 우리는 느리게나마 14개의 마음으로 듣는 능력을 점점 더 키워가고 있다. 아직 어리든 나이가 들었든, 학생이든 직장인이든, 학교 친구든 처음 보는 낯선 사람이든, 전화로 구두를 파는 세일즈맨이든 은퇴 후 연금으로 생활하는 사람이든, 예의 바르든 툴툴거리든, 당신이 14개의 마음으로 듣기를 계속 넓혀가길 바란다. 누군가 내 말을 '들어주는 느낌'을 세상 모두가 느끼게 하는 인류의 공동 과제를 함께 이어가자.

나는 여전히 고대 불교 경전을 읽을 줄 모르고, 더 이상 유네스코 세계유산이 있는 지역에 살고 있지도 않다. 하지만 지금 나는 러시아 불교학자가 그랜드 캐니언에서 느꼈을지도 모를 감정을 느끼고 있다. 이 책을 통해 독자들과 듣기에 대한 생각을 나눌 수 있었기 때문이다. 14개의 마음 깊숙한 곳에서 우러나온 감사를 전한다. 지금까지 들어주어서 감사하다.

참고문헌

[프롤로그]

1. '1 in 3 married women say their pets are better listeners than their partners', *Mercury Tribune*, 28 April 2010. https://www.guelphmercury. com/news/1-in-3-married-women-say-pets-are-better-listenersthan-their-husbands-survey/article_50c4a225-511b-5f75-88fd-072dfd0b8285.html.

[1장]

1. 'The Harvard Study of Adult Development'. https://www. adultdevelopmentstudy.org/, viewed 27 May 2024.
2. Valtorta, Nicole K., Mona Kanaan, Simon Gilbody, Sara Ronzi and Barbara Hanratty. 2016. 'Loneliness and social isolation as risk factors for coronary heart disease and stroke: Systematic review and metaanalysis of longitudinal observational studies', *Heart*, 102.13, 1009-16. https://pubmed.ncbi.nlm.nih.gov/27091846/, viewed 27 May 2024.
3. Cutten, Dave. 2024. 'The top 10 animals with the best hearing', *Hidden Hearing*, 19 February 2024. https://www.hiddenhearing.co.uk/hearingblog/case-studies/the-top-10-animals-with-the-best-hearing.
4. BioExplorer. 2024. 'Top 16 animals with the best hearing', reviewed 16 September 2024.
5. Kersken, Verena, Klaus Zuberbuhler and Juan-Carlos Gomez. 2017. 'Listeners can extract non-linguistic meaning from infant vocalisations cross-culturally', *Scientific Reports*, 7 41016. https://www.nature.com/articles/

srep41016, retrieved 21 August 2023.

6. Victory, Joy. 2021. 'Hearing loss statistics at a glance', *Healthy Hearing*, 15 March 2021. https://www.healthyhearing.com/report/52814-Hearing-loss-statistics-at-a-glance.

7. RNID. 2019. 'Our social research and evidence: Facts and figures'. https://rnid.org.uk/about-us/research-and-policy/facts-and-figures/#:~:text=In%20the%20UK%2C%20more%20than,the%20UK%20living%20with%20tinnitus.

[2장]

1. McBaugh, James. 2013. 'Making Lasting Memories: Remembering the Significant.' https://www.ncbi.nlm.nih.gov/pmc/articles/PMC3690616/.

2. Cunningham, Sheila J. and David J. Turk. 2017. 'Editorial, a review of self-processing biases in cognition', Volume 70, issue 6, June 1, 2017, https://doi.org/10.1080/17470218.2016.1276609.

3. Ethnologue. 2023. Languages of the World. 24th Edition. As of February 2023, there are 7,168 languages spoken in the world.

4. Brysbaert, Marc, Michaël Stevens, Paweł Mandela and Emmanuel Keuleers. 2016. 'How many words do we know? Practical estimates of vocabulary size dependent on word definition, the degree of language input and the participant's age', *Psychology of Language*, volume 7, 29 July 2016.

5. *Economist*. 2013. 'Lexical Facts', 29 May 2013.

6. Huld, Nickee Leon. 2017. 'How many words does a person know?' Word Counter, viewed 21 June 2023, https://wordcounter.io/blog/how-many-words-does-the-average-person-know#:~:text=According%20to%20a%20lexicographer%20and%20dictionary,vocabulary%20is%20around%2040%2C000%20words.%E2%80%9D

7. https://en.wikipedia.org/wiki/Most_common_words_in_English, retrieved 2 September 2023.

8. Ethnologue. 2024. 'What are the top 200 most spoken languages?'

Retrieved 30 October 2024.

9. https://thelanguagenerds.com/category/facts/.

10. Kotz, Sonja A. and Burkhard Maess. 2022. 'Study researches to see how the left and right halves of the human brain play a crucial role in processing language', Britannica transcript of conversation.

[3장]

1. Marler, Peter and Susan Peters. 1982. 'Long-term storage of learned birdsong prior to production', *Animal Behaviour*, 30.2, 479-482. https://www.sciencedirect.com/science/article/abs/pii/S0003347282800596, viewed 1 May 2024.

2. MacIntyre, P. D. and T. Gregersen. 2012. 'Emotional factors in L2 learning and use', *The Encyclopedia of Applied Linguistics*.

3. Doerksen, Sharon and Arthur Shimamura. 2001. 'Source memory enhancement for emotional words', Emotion, 1.1, 5-11. doi: 10.1037/1528-3542.1.1.5.

4. Johnson, J. S. and E. L. Newport. 1989.. 'Critical period effects in second language learning: The influence of maturational state on the acquisition of English as a second Language', *Cognitive Psychology*, 21.1, 60-99.

5. Lenneberg, Eric Heinz. 1967. Biological Foundations of Language. New York: John Wiley & Sons.

6. Crystal, David. 2006. *How Language Works*. London: Penguin.

[4장]

1. Evans, Robert. 1994. *The Kid Stays in the Picture*. Hyperion. Preface, 1.

2. Tannen, Deborah. 1984. *Conversational Style*. New Jersey: Ablex.

3. Yamada, Haru. 1997. *Different Games Different Rules: Why Americans and Japanese Misunderstand Each Other*. Oxford: Oxford University Press.

4. For a comprehensive study of frames, see sociologist Erving Goffman's 1974 book, *Frame Analysis: An Essay on the Organization of Experience*.

5. Lakoff, George and Mark Johnson. 1980. *Metaphors We Live By*. Chicago: The University of Chicago Press.

6. See short video of this, for example, https://www.youtube.com/ watch?v=Fg3DsTuG7yY.

[5장]

1. Willis, Janine and Alexander Todorov. 2006. 'First Impressions: Making up your mind after a 100-ms exposure to a face', *Psychological Science*, 17(7), 592-8, 1 July 2006.

2. Jiang, Jing, Kamila Borowiak, Luke Tudge, Carolin Otto and Katharina von Kriegstein. 2017. 'Neural mechanisms of eye-contact when listening to another person talking', *Social Cognitive Affective Neuroscience*, 12(2), 319-28, 20 October, 2016. https://www.ncbi.nlm.nih.gov/pmc/articles/ PMC5390711/, viewed 19 September, 2023.

3. Sheikh, Knuval. 2017. 'How We Save Face—Researchers Crack the Facial-Recognition Code', *Scientific American*, 1 June 2017. https://www. scientificamerican.com/article/how-we-save-face-researchers-crack-thebrains-facial-recognition-code/.

4. Masuda, Takahiko, P. C. Ellsworth, B. Mesquita, J. Leu, S. Tanida and E. Van de Veerdonk. 2008. 'Placing the face in context: Cultural differences in the perception of facial emotion', *Journal of Personality and Social Psychology: Attitudes and Social Cognition*, 94(3).

5. Binetti, Nicola, Charlotte Harrison, Alan Johnston and Isabelle Mareschal. 2016. 'Pupil dilation as an index of preferred mutual gaze duration', The Royal Society, https://royalsocietypublishing.org/doi/10.1098/rsos.160086, 1 July 2016.

6. Masuda, et al, 'Placing the face in context'.

7. Altieri, N. A., D. B. Pisoni and J. T. Townsend. 2011. 'Some normative data on lip-reading skills (L)', *The Journal of Acoustical Society of America*, 130, 1:1-4. viewed 6 April 2024.

8. Rule, Nicholas O. and Nalini Ambady. 2009. 'When two smiles are better than one: Enhancing the persuasive appeal of dual-smile requests', *Psychological Science*, 2009: 20, 8, 1029-31.

9. Ohira, Hideki, Maki Oribe, Mitsuhiro Takenaka and Shinobu Osanai. 2011. 'Effects of speaker's smiling expressions on free recall and recognition of narratives', *Japanese Psychological Research*, 2011, Volume 53, Issue 2, 175-83.

10. For example, Meltzoff, Andrew and M. Keith Moore. 1977. 'Infants' understanding of people and things: From body imitation to folk psychology', in *Social Development*, Vol. 6, Issue 328-39.

11. Jones, Colin. 2022. Edited by Sam Dresser. 'The smile: a history', Aeon, June 10, 2022. https://aeon.co/essays/a-history-of-the-smile-throughart-culture-and-etiquette, viewed 25 September 2023.

12. Collett, Peter. 2018. *Uncovered: The body language secrets of the key players involved in Brexit*. YouTube, 22 December 2018, https://www.youtube.com/watch?v=KHNyMtZk_jk.

13. Bogodistov, Yevgen and Florian Dost. 2017. 'Proximity begins with a smile, but which one? Associating non-duchenne smiles with higher psychological distance', *Frontiers in Psychology*, 10 August, 2017. https://www.frontiersin.org/articles/10.3389/fpsyg.2017.01374/full, viewed 25 September 2023.

[6장]

1. Wikipedia. https://en.wikipedia.org/wiki/List_of_countries_and_territories_where_English_is_an_official_language, reviewed 12 September 2024.

2. Wikipedia. https://en.wikipedia.org/wiki/List_of_multilingual_countries_and_regions, reviewed 17 September 2024.

3. Collins, Hanne K., Serena F. Hagerty, Jordi Quoidbach, Michael I. Norton, and Alison Wood Brooks. 2022. 'Relational diversity in social portfolios predicts well-being', Proceedings of the National Academy of Sciences of the United States of America (PNAS), 22 October, 2022, Vol. 119, No. 43, https://www.

pnas.org/doi/full/10.1073/pnas.2120668119.

4. Granovetter, Mark S. 1972. 'The strength of weak ties,' *American Journal of Sociology*, Vol. 78, No. 6, 1360-80.

5. Tannen, Deborah. 1984. *Conversational Style: Analyzing Talk Among Friends*. Norwood, NJ: Ablex Publishing Corp.

6. Yamada, Haru. 1997. *Different Games Different Rules: How Americans and Japanese Misunderstand Each Other*. Oxford: Oxford University Press.

7. Ibid.

8. Bounds, Paulina, Jennifer Cramer and Susan Tamasi. 2020. *Linguistic Planets of Belief: Mapping Language Attitudes in the American South*. London: Routledge.

9. For colourful maps of regional language in Britain, see https://starkeycomics.com/2023/11/07/map-of-british-english-dialects/.

10. *Saturday Night Live*. 2019. Air Traffic Control - SNL. [Video], January 27, 2019. https://www.youtube.com/watch?v=UGRcJQ9tMbY.

[7장]

1. Tannen, Deborah. 1990. *You Just Don't Understand: Women and Men in Conversation*. New York: William Morrow, 280-1.

2. Mehrabian, Albert. 1981. *Silent Messages: Implicit Communication of Emotions and Attitudes*. Wadsworth Publishing Co. Inc., second edition.

3. Floyd, Kory. 2024. *Interpersonal Communication*. New York: McGraw Hill.

4. Guy, Gregory, B. Horvath, J. Vonwiller, E. Daisley and I. Rogers. 1986. 'An intonational change in progress in Australian English', *Language in Society*. 15: 23-52.

5. Linneman, Thomas J. 2012. 'Gender in Jeopardy!: Intonation Variation on a Television Game Show', *Gender & Society*, Vol. 27, Issue 1, 30 October, 2012.

6. See for example, sociolinguist, William Labov's studies in, *Sociolinguistic Patterns*, 1984, Philadelphia: University of Pennsylvania Press.

7. Tannen, Deborah. 1990. *You Just Don't Understand: Women and Men in*

Conversation. New York: William Morrow, 226.

8. Ibid.

9. Miller, Anne Neville. 2011. 'Men and women's communication is different
   - sometimes', National Communication Association, 1 February, 2011,
   https://www.natcom.org/communication-currents/men-and-women's-
   communication-different—sometimes.

10. Jehn, Karen A. 1995. 'A multimethod examination of the benefits and
    detriments of intragroup conflict', *Administrative Science Quarterly*, 40m
    256-82.

11. Proyer, Rene, T., Fabian Gander, Emma J. Bertenshaw and Kay Brauer. 2018.
    'The positive relationships of playfulness with indicators of health, activity,
    and physical fitness', *Frontiers in Psychology*, 14 August 2018, Vol. 9. https://
    doi.org/10.3389/fpsyg.2018.01440.

12. Yip, Jeremy, Maurice E. Schweitzer, Samir Nurmohamed. 2018. 'Trashtalking:
    Competitive incivility motivates rivalry, performance and unethical
    behavior', *Elsevier*, Vol. 144, January, 2018, 125-44.

13. Ibid.

14. Ibid.

15. Brusoe, Peter W. 2020. 'I didn't realize you were on a first-name basis?'
    Pulse, 13 December 2020. https://www.linkedin.com/pulse/i-didntrealize-
    you-were-first-name-basis-her-peter-w-brusoe/.

16. Lambert, Mike. 2015. 'Identifying gender when you're blind'. BBC News,
    https://www.bbc.co.uk/news/disability-34776343, 11 November 2015.

[8장]

1. Dhawan, Erica. 2021. 'The digital communication crisis and steps to
   the solution'. https://ericadhawan.com/wp-content/uploads/2021/05/
   The-Digital-Communication-Crisis.pdf?utm_source=email&utm_
   medium=KIT&utm_campaign=ECON_BSW_KIT4_8/10/2024.

2. Grant, Adam. 2021. *Think Again*, London: WH Allen, p.158.

3. Brunner, Briggita R. 2008. 'Listening, communication and trust: Practitioners' perspectives of business/organizational relationships', *International Journal of Listening*, 22.1, 73-82.

4. Ibid.

5. Chokshi, Niraj, Sydney Ember and Santul Nerkar. 2024. 'Shortcuts everywhere: How Boeing Favored Speed over Quality', *New York Times*, 28 March 2024.

6. Larker, David F. and Brian Tayan. 2024. 'Boeing 737 MAX'. Harvard Law School Forum on Corporate Governance, 6 June 2024. https://corpgov.law. harvard.edu/2024/06/06/boeing-737-max.

7. O'Connell, Andrew. 2009. 'LEGO CEO Jorgen Vig Knudstorp on leading through survival and growth', *Harvard Business Review*, January 2009.

8. Sombret, Paulyne. 2023. 'Employee disengagement: an increasing issue for HR to tackle', deskbird, 28 June 2023, http://www.deskbird.com/, viewed 20 May 2024.

9. Johnston, Michelle Kirtley and Kendra Reed. 2017. 'Listening environment and the bottom line: How a positive environment can improve financial outcomes', *International Journal of Listening*, 31.2, 71-9.

10. Dewhurst, Martin, Matthew Guthridge and Elizabeth Mohr. 2009. 'Motivating people: Getting beyond money', *McKinsey Quarterly*, 1 November 2009.

11. Novak, David. 2018. 'Follow Indra Nooyi's example: Be a leader people are excited to follow', CNBC, 12 September 2018, viewed 19 April 2024. https://www.cnbc.com/2018/09/12/pepsico-indra-nooyi-be-a-leaderpeople-want-to-follow.html.

12. Gentry, William. A. and Claire M. Harbour. 2018. 'Always On, Never Done? Don't Blame the Smartphone', Greensboro, NC: The Center for Creative Leadership (CCL).

13. Nawaz, Sabina. 2017. 'Become a better listener by taking notes', *Harvard Business Review. https://hbr.org/2017/03/become-a-betterlistener-by-*

taking-notes, retrieved 19 April 2024.

14. Janusik, Laura and Andrew Wolvin. 2006. '24 hours in a day: A listening update in the time studies', paper presented at the meeting of International Listening Association, Salem, Oregon.

[9장]

1. Sky Mobile Research. 2023. 'CALL DECLINED. A quarter of 18-24s say they refuse to pick up the phone says new research', 12 October 2023. https://www.skygroup.sky/article/call-declined- viewed 15 February 2024.

2. Wise, Alyssa Friend, Simone Nicole Hausknecht and Yuting Zhao. 2014. 'Attending to others' posts in asynchronous discussions: Learners' online "listening" and its relationship to speaking', *International Journal of Computer-Supported Collaborative Learning*, 9.2, 185-209.

3. Wise, Alyssa Friend, Jennifer Speer, Farshid Marbouti and Yingting Hsiao. 2013. 'Broadening the notion of participation in online listening behaviors', *Instructional Science*, 41, 2, 323-43.

4. Storch, Sharon L. and Anna V. Ortiz Jarez-Paz. 2018. 'Family communication: Exploring the dynamics of listening with mobile devices', *International Journal of Listening*, 32.2, 115-26.

5. Maben, Sarah K. and Christopher C. Gearhart. 2018. 'Organizational social media accounts: Moving toward listening competency', *International Journal of Listening*, 32.2, 101-14.

6. Crawford, Kate. 2009. 'Following you: Disciplines of listening in social media', *Continuum: Journal of Media and Cultural Studies*, 23.4, 525-35.

7. Lacey, Kate. 2014. 'Smart radio and audio apps: The politics and paradoxes of listening to anti-social media', *Australian Journalism Review*, 36.2, 77-90.

8. Maben, Sarah K. and Christopher C. Gearhart. 2018. 'Organizational social media accounts: Moving toward listening competency', *International Journal of Listening*, 32.2, 101-14.

9. Wheatley-Hawkins, Raven. 2022. 'Top 10 "Should I" Google Suggestions'

following 10th May UK government announcement', Adroit Data and Insight, site visited 19 August 2022.

[10장]

1. Accenture Newsroom. 2015. 'Accenture finds listening more difficult in today's digital workplace', 26 February 2015. https://newsroom.accenture.com/news/2015/accenture-research-finds-listening-moredifficult-in-todays-digital-workplace.
2. Maxwell, John C. 2014. *Good Leaders Ask Great Questions*. New York: Center Street.
3. Wetzler, Jeff. 2024. *Ask*. London: Hachette Go.
4. Slamecka, Norman J. and Peter Graf. 1978. 'The generation effect: delineation of a phenomenon', *Journal of Experimental Psychology, Human Learning and Memory*, 4, 6, 592-604.
5. Barron, Helen C., Hayley M. Reeve, Renee S. Koolschiin, David M. Bannerman, Timothy E. J. Behrens, and David Dupret. 2020. 'Neuronal computation underlying inferential reasoning in humans and mice', Vol. 183, Issue 1, 17 September 2020, https://doi.org/10.1016/j.cell.2020.08.035, viewed 19 September 2023.
6. Ibid.
7. Alda, Alan. 2018. *If I Understood You Would I Have This Look on My Face?: My Adventures in the Art and Science of Relating and Communicating.* Random House.

⁑ p.264 사진(업무적 경청 순환 - Jason Cox, Atomic Squib Illustration)

Hall's Proxemic Zones - Jean-Louis Grall, CC BY-SA 3.0 <https://creativecommons.org/licenses/by-sa/3.0>, via Wikimedia Commons, redrawn by Jason Cox, Atomic Squib Illustration

KONO Taro - top: Dr Mazen Abudari; bottom: Mr UMEKI Takamori

경청의 기술

1판 1쇄 인쇄 2026년 1월 14일
1판 1쇄 발행 2026년 1월 30일

지음 야마다 하루
옮긴이 정지현

발행인 양원석 **편집장** 권오준 **책임편집** 김희현
디자인 부가트 디자인 **영업마케팅** 조아라, 박소정, 김유진, 원하경, 정민지

펴낸 곳 ㈜ 알에이치코리아
주소 서울시 금천구 가산디지털2로 53, 20층 (가산동, 한라시그마밸리)
편집문의 02-6443-8846 도서문의 02-6443-8800
홈페이지 http://rhk.co.kr
등록 2004년 1월 15일 제2-3726호

ISBN 978-89-255-7282-6 (03190)

※ 이 책은 ㈜알에이치코리아가 저작권자와의 계약에 따라 발행한 것이므로
　본사의 서면 허락 없이는 어떠한 형태나 수단으로도 이 책의 내용을 이용하지 못합니다.
※ 잘못된 책은 구입하신 서점에서 바꾸어 드립니다.
※ 책값은 뒤표지에 있습니다.